Y. 6230
J.C.4

Y 776

CHEFS-D'OEUVRE
DES
THÉATRES ÉTRANGERS.

2ᵉ Souscription.

HUITIÈME LIVRAISON.

THÉATRE ESPAGNOL.

Lope de Véga.

TOME II.

TRADUCTEURS

DES

THÉATRES ÉTRANGERS.

ANDRIEUX. }
AIGNAN.   } MEMBRES DE L'ACADÉMIE FRANÇAISE.
BARANTE (LE BARON DE).
BERR.
BERTRAND.
CAMPENON, MEMBRE DE L'ACADÉMIE FRANÇAISE.
CONSTANT (BENJAMIN.)
CHATELAIN.
COHEN.
DENIS (A.)
DENIS (F.)
ESMÉNARD.
GUIZARD.
GUIZOT.
LA BEAUMELLE.
LEBRUN.

MALTEBRUN.
MENNÉCHET, LECTEUR DU ROI.
MERVILLE.
NODIER (CHARLES).
PICHOT.
RÉMUSAT (ABEL), MEMBRE DE L'INSTITUT.
RÉMUSAT (CHARLES DE).
SAINTE-AULAIRE (LE COMTE DE).
SAINT-PRIEST (LE COMTE ALEXIS DE).
SALADIN (JULES).
STAEL (LE BARON DE).
TROGNON.
VILLEMAIN, MEMBRE DE L'ACADÉMIE FRANÇAISE.
VINCENS DE SAINT-LAURENT.
VISCONTI.

CHEFS-D'ŒUVRE

DES

THÉATRES ÉTRANGERS,

ALLEMAND, ANGLAIS, CHINOIS, DANOIS, ESPAGNOL,
HOLLANDAIS, INDIEN, ITALIEN, POLONAIS,
PORTUGAIS, RUSSE, SUÉDOIS;

TRADUITS EN FRANÇAIS.

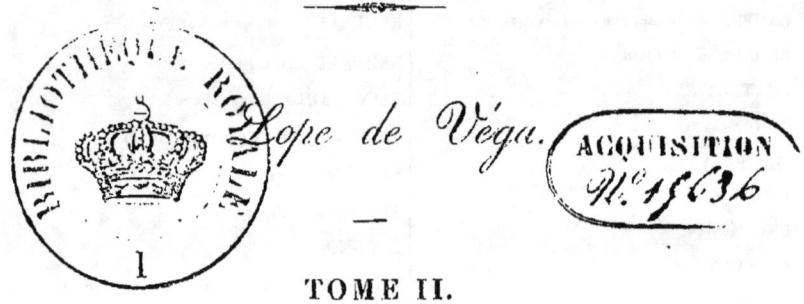

Lope de Véga.

TOME II.

A PARIS,

CHEZ RAPILLY, LIBRAIRE,

PASSAGE DES PANORAMAS.

M. DCCC. XXVII.

VIE
DE
LOPE DE VEGA.

VIE

DE

LOPE DE VEGA.

Lope Félix de Vega-Carpio naquit à Madrid le 25 novembre 1562, jour de la fête de saint Loup ou Lope, évêque de Vérone dont on lui donna le nom. Shakspeare vit le jour dix-huit mois après; Gongora était né vers la fin de l'année précédente. Quevedo, les deux Argensola, étaient aussi à très-peu près ses contemporains. Ce n'est pas cependant à un heureux hasard qui aurait fait naître à la fois tant d'écrivains remarquables, que la littérature espagnole doit l'éclat dont elle brilla de leur temps, mais ils se sont trouvés dans la force de l'âge et du talent, à l'époque où les circonstances dans lesquelles était l'Espagne, ont développé sa littérature. Son plus brillant période a été le commencement du dix-septième siècle, quarante ans après l'âge d'or de la littérature italienne, soixante ans avant le moment où celle de la France a commencé.

Nous n'avons que peu de renseignemens exacts sur la vie de cet illustre poëte. Le docteur Juan Perez de Montalvan, son élève, qui eût pu nous instruire à cet égard, a fait, sous le titre de *Fama postuma*, le panégyrique de son maître, et non pas son histoire. Encore même a-t-il souvent, entraîné par la vivacité de son imagination, non-seulement oublié des faits essentiels, mais encore commis de graves erreurs. Nicolas Antonio, rédacteur de la *Bibliotheca nova*, Sedano, dans le *Parnaso espanol*, n'ont fait que copier Montalvan. Lord Holland a écrit en Anglais une vie de Lope de Vega, mais n'a rien ajouté aux faits déjà connus. Il est fâcheux qu'aucun savant espagnol ne se soit livré sur notre auteur à des recherches aussi étendues que celles dont Cervantes a été l'objet. Il est plus fâcheux encore que l'histoire de la vie de Lope, écrite par lui-même, soit presque le seul de ses ouvrages détachés, qui ne se trouve pas dans la collection intéressante, mais mal ordonnée, de Sancha. Au reste, c'est surtout dans ses œuvres, dans ses préfaces, ses épitres dédicatoires, que j'ai cherché les faits omis par ses biographes, et j'y ai rencontré plus d'un renseignement important.

La famille de Lope était noble. Son père Félix était originaire de la vallée de Carriedo, dans la province dite la Montagne de Burgos; le plus grand nombre des habitans de ces contrées jouissent des privilèges de la noblesse. On n'est roturier dans la Montagne, les Asturies, la Biscaye, la Galice, etc., que par exception. La plupart des commissionnaires et des porteurs d'eau de Madrid, des cabaretiers de l'Andalousie, peuvent montrer des filiations bien constatées qui les rattachent aux premiers libérateurs de l'Espagne. Cette singulière constitution de la société, très-avantageuse sous le rapport moral, parce qu'elle étend et fortifie les idées et les formes de l'égalité, était sans inconvénient sous le rapport politique, parce que la noblesse n'avait point de priviléges onéreux, et que là, plus encore qu'ailleurs, la noblesse sans la fortune n'était pas grand'chose.

Félix de Vega vint à Madrid (autant qu'on le peut conjecturer du récit de son fils dans *l'épître à Amarillis*), pour y accompagner une maîtresse, « Hélène asturienne, qui bientôt se montra une habile Grecque. » Françoise Fernandez suivit son mari volage, et le rejoignit dans la capitale; aussi notre Lope dit-il qu'il fut le fils de la jalousie. Nous savons qu'il eût un frère; il ne paraît pas que Félix de Vega ait laissé d'autres enfans.

Luzan affirme que le père de Lope exerçait une profession *humble*. Il n'explique point laquelle, ce qui est indifférent dans un pays où il n'y a que celles de boucher, de bourreau et de crieur public, qui entraînent la dérogeance. Nous apprenons d'un autre côté, par notre auteur, que son père avait été poëte; il a fait mention de lui dans le *Laurier d'Apollon*, où il assure que ses vers étaient très-bons et remplis de sentimens de piété : alors, il est vrai, tout le monde se mêlait de faire des vers.

On pourrait supposer que le premier nom de famille de Lope était *Felix*; son fils aîné se nommait *Carlos Felix*; dans la dédicace des Triomphes, deux sonnets sont signés *Lope Felix* et *Feliciana Felix*, ses enfans; et dans celle de la vingt et unième partie de son théâtre, sa fille se nomme *Feliciana Felix del Carpio*. Il semble qu'elle n'aurait pas supprimé *Vega* si c'eût été le premier nom de famille, ni ajouté *Felix* si c'eût été un nom de baptême. D'ailleurs comme *Garcia*, *Alonso*, et plusieurs autres, *Felix* est du nombre des prénoms qui, pour devenir noms patronymiques, n'ont pas besoin de prendre le *z* ou le *ez* final.

Ces faits paraissent aujourd'hui peu important, mais

ils l'étaient beaucoup pour Lope de Vega, qui de son vivant avait des prétentions à une haute naissance. Il voulait se croire parent de Fernandez de la Vega, son contemporain, et celui-ci eût assez d'esprit pour tenir à honneur la prétention d'un grand poëte d'appartenir à sa famille. Lope parle aussi des dix-neuf châteaux qui étaient, dit-il, dans ses armoiries, et qui rattachaient sa race à Bernard del Carpio, l'un des héros semi-mythologiques de l'histoire d'Espagne; en revanche, il ne réclamait guère la parenté d'Alonso de Vega, poëte comique et comédien qui avait eu quelque réputation du temps de la Cueva.

Ce qui rend notre auteur excusable, c'est qu'à cette époque la prétention à la noblesse ne nuisait pas à celle d'être bon écrivain. On pouvait en Espagne être gentilhomme et savoir écrire. Les plus illustres auteurs de ce pays étaient non-seulement des nobles, mais de grands seigneurs appartenant au premières familles du royaume: tels étaient Diègue de Mendoza et le poëte Garcilasso de la Vega, que par une singulière erreur lord Holland confond avec un métis péruvien, de la race des Incas par sa mère, et qui a écrit une histoire de son pays.

Montalvan assure que dès l'âge de deux ans on pouvait voir l'esprit de Lope de Vega dans la vivacité de ses yeux. Je suis sûr que beaucoup de parens ont lu la même chose dans les regards de leurs enfans, mais il en est peu qui aient justifié ces prédictions aussi bien et aussitôt que le jeune Lope. A cinq ans, dit encore Montalvan, il lisait l'espagnol et le latin, et, avant que sa main fût assez forte pour tracer des lettres, il faisait des vers que ses camarades écrivaient sous sa dictée. Il échangeait ces compositions prématurées contre des images et des jouets, dit l'un de ses biographes;

et lord Holland voit dans ces échanges une indication précoce de l'art qu'il mit depuis à tirer parti de ses ouvrages. Je crois mal fondée l'imputation d'avarice qu'il fait à ce grand poëte; et comme un autre biographe contemporain nous dit qu'il payait avec le pain de ses déjeûners le travail de ses jeunes copistes, je serais autorisé à voir à mon tour dans ce trait une indication précoce de la générosité dont il a depuis donné tant de preuves.

Son père sentait le prix d'une bonne éducation. Il le mit dans les écoles publiques, où, dit Lope lui-même, ses progrès furent magiques. Il eut bientôt après à pleurer l'auteur de ses jours, mais on ignore en quelle année.

Au sortir des premières écoles, Lope était entré dans celle des jésuites, où en deux ans il apprit la grammaire et la rhétorique. Nous savons par lui-même qu'à douze ou treize ans il composait des comédies en quatre actes. Cette époque fixe le temps où travaillait pour le théâtre Juan de la Cueva, qui les avait réduites à ce nombre de cinq ou davantage qu'elles avaient avant lui. Les travaux scolastiques, les délassemens littéraires, ne suffisaient pas à la bouillante activité du jeune Lope; il se livrait avec ardeur aux exercices de son âge, et savait danser, chanter et faire des armes aussi bien qu'aucun de ses camarades.

Nous avons encore la première pièce de Lope de Vega, corrigée, il est vrai, puisqu'elle n'est qu'en trois journées. Il la dédia en 1620 à son fils Lope : « Je l'ai écrite, lui dit-il, au même âge que vous avez. » Or, cette même année, à l'époque du premier concours pour Saint-Isidore, Lope le jeune, qui y parut, n'avait pas encore quatorze ans.

On me permettra de donner quelques détails sur cette pièce. Il est toujours intéressant de voir les premiers pas du génie.

Les personnages sont des pasteurs. On sait qu'à cette époque la poésie dramatique empruntait ses formes, son style et ses acteurs à l'églogue. Ces bergers dont le modèle n'existe nulle part, qui adoraient les dieux du paganisme en suivant les usages des chrétiens, avaient des traits convenus, et, si l'on peut s'exprimer ainsi, une nature artificielle qu'on retrouve dans l'*Aminte*, le *Pastor fido*, ainsi que dans les pastorales françaises et espagnoles.

La pièce commence par le mariage de Doristée avec Amarante, dont Jacinte est amoureux. Celui-ci offre alors ses vœux à Belarde; ils sont agréés par elle.

Le berger Doristée meurt le lendemain de son mariage. Amarante veut retourner à ses anciennes amours; elle est rebutée par Jacinte, qui résiste aussi à l'autorité de son père.

Pour avoir le droit de l'épouser en le dégageant de la peine capitale, Amarante accuse Jacinte d'avoir empoisonné son mari; Ménalque, riche berger, amoureux de Belarde, ainsi que Coridon son confident, lui servent de témoins et confirment sa calomnie.

Ni les persécutions, ni les menaces de la mort ne peuvent changer le *véritable amant*: enfin, condamné, il refuse la grâce qu'Amarante lui offre avec sa main. Attendrie alors, elle avoue la fausseté de ses accusations. Jacinte épouse Belarde, et Ménalque s'unit à la veuve.

Cette pièce, faible de détails, mais assez bien conduite, fut favorablement accueillie. Nous serions choqués à présent de voir une femme accuser son amant d'un meurtre pour pouvoir l'épouser; mais cela tenait à des usages de peuples barbares qui se sont conservés long-temps en Espagne. Le meurtrier devenait la propriété des parens du mort qui pouvaient le tuer ou lui faire grâce de telle manière qu'ils l'entendaient. Une partie de l'*Estrella de Sevilla* est fondée sur cette législation dont on trouve encore quelques traces dans le *Cid* de Guillem de Castro.

Malgré la réussite de sa pastorale, il n'est pas étonnant qu'à cette époque de sa vie Lope ait cherché une existence plus active. A treize ou quatorze ans, il s'évada de Madrid avec un de ses camarades, Fernand Mugnoz, pour aller voir le pays. Ils avaient mieux consulté leurs forces que leurs ressources pécuniaires, espèce d'arithmétique que Lope ne put jamais apprendre. A peine arrivés à Astorga, sur les confins de la Galice, ils furent obligés de vendre une mule qu'ils avaient achetée; à leur retour, ils voulurent se défaire à Ségovie de quelques bijoux, et l'orfévre auquel ils s'adressèrent, les ayant dénoncés comme suspects d'avoir volé ces bagatelles, ils furent conduits en prison. Heureusement pour eux, le corrégidor, homme honnête et sage, se contenta de les faire escorter à Madrid par un alguazil.

Ce fut sans doute bientôt après son retour et la fin de ses études, que Lope entra ou fut placé par ses parens, comme domestique ou page, chez don Géronimo Manrique, évêque d'Avila et grand inquisiteur. La domesticité était alors, bien plus qu'à présent, empreinte d'une teinte féodale. Or, le système féodal, s'il écrasait ceux qui travaillaient les terres, était très-favorable aux fainéans qui servaient dans les maisons. En Espagne, ils faisaient partie de la famille sous le nom de laquelle ils étaient compris, et le mot qui répond à domestique, *criado*, signifie un homme né et élevé dans la maison. Ils appellent leur maîtresse *ama*, qui dans son sens propre veut dire nourrice.

Il ne pouvait exister de relations de cette espèce dans les maisons des évêques ; mais, comme les domestiques des nobles étaient gens d'épée, ceux des prélats étaient gens d'église. Ils portaient le petit collet, faisaient ou continuaient leurs études, et, après avoir assez long-temps brossé les soutanes ou surveillé la cuisine de l'illustrissime seigneur, ils étaient à leur tour promus à quelque bénéfice à sa nomination. Lorsqu'après son second veuvage, notre auteur entra dans les ordres sacrés, ce fut à son ancienneté au service de l'évêque, qu'il dut le bénéfice de Saint-Segond d'Avila. Si tout cela ne rendait pas la domesticité plus agréable ni plus honorable, on pouvait du moins la supporter plus aisément ; d'ailleurs il paraît que les talens de Lope de Vega ne tardèrent pas à l'élever rang de secrétaire.

Il composa pendant ce temps pour son évêque diverses églogues, et Montalvan rapporte au même temps la pastorale de *Jacinto*. Il prétend que ce fut la première écrite en trois journées, et il attribue à l'objet de son culte, cette innovation et tous les résultats qu'elle eut pour l'amélioration de la marche dramatique. Cependant Lope lui-même fait honneur de ce changement au capitaine D. Cristoval Viruès ; et Cervantes, qui composa ses ouvrages vers 1582, le réclame aussi comme étant de son invention. Il est donc probable que Montalvan s'est trompé, et que la pastorale de *Jacinto*, écrite peut-être avant que Lope n'allât à Avila, fut d'abord en quatre actes. Il est même aisé de reconnaître, dans l'édition corrigée que nous avons, le lieu où le second acte se trouvait partagé.

Lord Holland ne croit pas que la pastorale de *Jacinte* qui nous est demeurée soit une des premières compositions de Lope. Il se fonde sur ce qu'il ne l'a point inscrite dans la liste des 353 pièces qu'il a fait imprimer en 1605. Cependant si ce savant biographe avait lu l'épître dédicatoire de cette comédie, il aurait vu que l'auteur déclare lui-même que c'est un ouvrage de sa jeunesse.

Montalvan ajoute qu'à cette époque Lope avait déjà une vogue extraordinaire, et que son nom seul se lisait sur les affiches de spectacle. Si ce n'est un anachronisme, c'est au moins une exagération : ce n'est pas à seize ou dix-sept ans qu'on acquiert une telle influence.

Notre poëte, pour suivre avec plus d'avantage l'état ecclésiastique, renonça à la domesticité pour un temps, ou du moins quitta la maison de l'évêque d'Avila que sa charge retenait à la cour. Il étudia, dans l'université d'Alcala, la philosophie sous le docteur Cordova, les mathématiques sous J.-B. Lavagna et Ambroise Onderiz ; toujours désireux d'apprendre plus que les autres, il se livra aussi à l'étude des sciences occultes, et si bien, que Raimond Lulle, comme il le dit lui-même, pensa le faire devenir fou. Une autre folie le rendit à la raison : l'amour le dégoûta de l'étude et le fit poëte. Cependant il apprit, « par la puissance du destin et comme involontairement, quelques langues étrangères qui lui fournirent depuis les moyens d'enrichir la sienne. » Balmaseda nous atteste en effet qu'il savait cinq langues sans compter l'espagnol. C'étaient sans doute le latin, le portugais, l'italien et le français. Je ne puis affirmer si la cinquième était le grec, l'allemand, ou l'anglais. Dans la satire que Villégas a écrite contre Lope, il lui reproche aussi de faire parade de la connaissance qu'il avait de l'italien, et ses traductions prouvent qu'il était familier avec la langue latine.

Enfin il fut bachelier. Nous ignorons s'il chanta à cette époque autre chose que ses amours; mais, malgré l'opinion de lord Holland, je crois qu'il dut dès lors composer pour le théâtre. Celui qui avait fait le *Véritable amant* et la pastorale de *Jacinte*, ne pouvait rester quatre ans sans écrire des comédies. Le talent et la facilité ne lui manquaient pas, et l'audace était de son âge. Cervantes, son aîné de dix-huit ans, éloigné de son pays et de ses études par mille traverses, domestique d'un cardinal à Rome, soldat, blessé, prisonnier enfin à Alger, avait été retardé dans sa carrière. Ce ne fut qu'en 1582 ou 1583 qu'il publia ses premières comédies. Lope avait alors vingt et un ans. Dans le même temps Lupercio d'Argensola publia deux tragédies, étant âgé d'un an de moins; de sorte qu'on est fondé à regarder notre auteur comme contemporain de Cervantes; et il lui eût dès lors disputé le sceptre du théâtre, si les événemens qui agitèrent sa vie ne l'avaient bientôt éloigné de la capitale.

Après avoir resté quatre ans à l'université, à l'âge où il était près d'être ordonné prêtre, Lope renonça à cet état; il était devenu amoureux. Ses talens, ses agrémens personnels, avaient inspiré une vive passion à l'épouse d'un employé du gouvernement en Amérique. Le jeune étudiant ne fut pas ingrat; mais il était pauvre, et sa maîtresse le sacrifia à un particulier revenu avec une fortune toute faite du pays où son mari avait été faire la sienne. On peut conjecturer que c'était afin de suivre avec plus de facilité cette intrigue qu'il avait quitté l'université pour entrer au service du duc d'Albe, D. Fréd. de Tolède, fils du bourreau des Pays-Bas. Il ne cessa pas pour cela de conserver des relations avec l'évêque d'Avila; et, pour lui témoigner sa reconnaissance, il fit depuis de son aïeul Garceran Manrique l'un des héros de sa *Jérusalem*.

Il composa pour le duc d'Albe l'*Arcadie* ; c'est encore Montalvan qui nous l'apprend. En effet cet ouvrage contient des vers à la louange de ce seigneur, entre autres le Généthliaque de son fils, un des chefs-d'œuvres de Lope ; mais l'*Arcadie* ne fut imprimée qu'en 1601 et certainement avec des corrections, puisqu'il y est fait mention de Lupercio d'Argensola et de Gongora comme de poëtes fameux, et ils ne pouvaient encore avoir de réputation en 1583 ou 84.

L'*Arcadie* est une pastorale en récit, comme la *Diane* de George de Montemayor, Portugais, poëte, musicien et brave soldat qui fut tué en Piémont en 1561. La *Galatée* de Cervantes est une composition du même genre, et toutes les deux l'emportent par le plan et par les caractères sur l'*Arcadie*, qui semble n'avoir été pour Lope de Vega qu'un cadre commode pour placer et réunir en un seul corps un grand nombre de pièces fugitives de tous les genres. Aussi la variété y dégénère quelquefois en confusion ; mais si, au lieu de considérer le plan général de la composition, on se borne à en examiner les détails on ne sera pas étonné du succès que cet ouvrage a constamment obtenu chez les amateurs de la poésie. Lord Holland estime particulièrement les traductions qu'il contient.

Dans l'*Arcadie*, Lope se désigne lui-même sous le nom de Belardo ; il paraît que plusieurs de ses récits font allusion à ses amours, mais on ne peut point en tirer de grandes lumières pour sa vie. Belardo devint le nom poétique de Lope ; et dans beaucoup de pièces composées depuis en son honneur, il est ainsi désigné. Il l'emprunta lui-même dans son épître à Amaryllis et dans plusieurs des complimens obligés qui terminent les pièces espagnoles.

Je crois pouvoir fixer à la fin de 1584 l'époque de son premier mariage. Il n'a pu guère entrer à l'université, après avoir servi chez l'évêque d'Avila, avant l'âge de seize ans. Il en est donc sorti à vingt ; il est resté chez le duc d'Albe assez long-temps pour y composer un volume entier. Ces calculs servent à confirmer ce qu'il dit sous des noms empruntés dans *Dorothée*, qu'à vingt-deux ans, après une liaison de plusieurs années (le temps qu'il avait passé à l'université et chez le duc d'Albe), il se brouilla avec son infidèle maîtresse. Peu après sans doute il épousa dona Isabelle d'Urbina, fille de don Diègue d'Urbina, roi d'armes de la cour, et probablement parente de la mère de Cervantes d'après les ingénieuses conjectures de Pellicer. « La jeunesse et le peu de fortune des deux époux firent que cette union ne fut agréable aux parens de l'une ni de l'autre partie. L'amour leva tous les obstacles. » Lope dit encore ailleurs : « Élevé par D. Ger. Manrique, au moment ou j'allais devenir prêtre, je devins amoureux. Les yeux d'une femme m'aveuglèrent ; je suis devenu son époux, Dieu le lui pardonne ! Après un tel malheur les autres sont peu de chose. » Cette saillie de mauvais goût n'était pas sortie du cœur de Lope. Il était sincèrement attaché à sa femme, qui réunissait toutes les qualités qui auraient pu le rendre heureux. Sa mauvaise fortune ne le permit pas.

A cette époque vivait à Madrid un gentilhomme de noblesse douteuse, sans bien, mais doué d'adresse et surtout d'effronterie. Son industrie se bornait à aller dans les tripots demander impudemment, aux joueurs favorisés par le sort, l'étrenne qu'ils donnaient à ceux qui les environnaient, et qui, dans l'intervalle des parties, les amusaient par leurs bouffonneries et leurs médisances. Malheureusement pour lui, ce personnage choisit Lope de Vega pour l'objet de ses plaisanteries. Le poëte méprisa d'abord ses injures; mais, ayant appris qu'il continuait à le draper, il fit contre lui une romance si piquante, sans attaquer pourtant sa naissance ni ses mœurs, que les rieurs furent du côté de celui qui se défendait. Le médisant voulut se battre; Lope ne refusa pas, et mit si bien à profit les leçons d'escrime qu'il avait reçues, qu'il eut un procès fâcheux. L'affaire cependant aurait été facilement arrangée si la jalousie de la femme qu'il avait délaissée n'en avait poursuivi le jugement avec fureur. « Elle voila sa vengeance du manteau de la justice. » Lope fut mis en prison à Madrid. S'il fut formellement banni de la Castille, ou s'il fut forcé à quitter ce royaume par prudence, c'est ce que nous ignorons. Seulement, Montalvan nous apprend que le dérangement de ses affaires fut aussi au nombre des causes qui l'éloignèrent de la capitale.

Abandonnant ainsi sa patrie et sa jeune épouse, il se retira à Valence où, se trouvant dans les états de la couronne d'Aragon, il ne pouvait être poursuivi. Nous ne savons pas de détails sur cette époque intéressante de sa vie. Seulement il paraît avoir toujours conservé avec reconnaissance le souvenir de l'accueil qu'il reçut dans cette ville qui, pour le ton de la société, était alors comme à présent, la seconde de l'Espagne. Nous apprenons encore dans le *Huerto desecho*, que les Portugais le virent l'épée à la main dans l'île de Tercère. Il paraît, d'après un autre passage, qu'il avait côtoyé les états barbaresques; dans la préface du *Cavallero de Illescas*, il assure avoir appris en Italie l'événement qui en fait le sujet. Enfin quelques-uns de ses panégyristes disent qu'il voyagea en Italie et en France. Le royaume de Naples et le duché de Milan appartenaient à l'Espagne. Il est probable que notre émigré y fit quelque séjour, et qu'il y commença dès ce moment sa carrière militaire. « Dès mes jeunes années, je m'éloignai de mes parens et de ma patrie, j'endurai les fatigues de la guerre. Je passai dans les royaumes étrangers où je servis avec l'épée, avant de peindre avec la plume les aventures amoureuses. » (Ep. à D. Ant. de Mendoce.) Il ne paraît pas cependant qu'il ait fait les campagnes de Flandre avec Alexandre Farnèse; et s'il vit la France, ce ne fut que dans les provinces méridionales : du moins est-il sûr que s'il eût été à Paris, il n'eût pas, dans le *Villano en su rincon*, parlé de récoltes d'olives dans les environs de cette capitale.

On peut conjecturer de sa dédicace du *Faucon de Frédéric*, qu'il avait servi sous les ordres du comte de Lémos, vice-roi de Naples, et que ce fut à sa suite qu'il rentra en Espagne. Il en avait été absent quelques années, dit Montalvan, et n'y rentra qu'après avoir éprouvé beaucoup de gêne et de désagrémens. Probablement ce retour eut lieu en 1587; il trouva sa femme malade. Le plaisir de revoir son époux, les soins qu'il lui rendit, adoucirent ses derniers momens, mais ne purent prolong r sa vie; elle mourut peu de mois après son retour.

Il fut vivement touché de cette perte. Sa douleur lui inspira des élégies qu'il inséra depuis dans sa *Dorothée*, et qui sont au nombre de ses meilleurs ouvrages. Bientôt après, soit pour faire diversion à ses chagrins, soit dans l'espoir de les terminer pour toujours, il résolut de reprendre le service militaire. Philippe II armait alors la *flotte invincible*, pour venger Marie Stuart et conquérir l'Angleterre. Quatre-vingts gros vaisseaux, chargés de trois mille pièces de canon, montés de quarante mille hommes de troupes de terre et de mer, devaient protéger le passage en Angleterre de l'armée que le duc de Parme commandait dans les Pays-Bas. La plus brillante jeunesse de l'Espagne s'empressa de faire partie de cette expédition. Lope de Vega se rendit à Cadix, et de là à Lisbonne, où il trouva son frère qu'il n'avait pas vu depuis longtemps, et qui était enseigne de vaisseau. Funeste pour l'Espagne, cette campagne le fut sur-tout pour Lope. Dans un engagement partiel avec huit vaisseaux hollandais, son frère, atteint par un boulet, expira dans ses bras.

Heureusement, comme le remarque lord Holland, si les poëtes ont plus de sensibilité que les autres hommes, ils ont aussi plus de moyens d'en émousser l'action trop vive. Les muses, si elles ne consolèrent pas leur favori de la double perte qu'il venait d'éprouver, lui donnèrent les moyens de distraire sa peine. Ce fut pendant le temps de cette expédition, qu'il composa la *Beauté d'Angélique*, poëme en vingt chants, destiné à faire suite au Roland furieux de l'Arioste.

Il suppose que Lido, roi de Séville, mourant de chagrin de la perte d'une femme adorée qui ne pouvait le souffrir, laisse sa couronne au plus bel homme, à la plus belle femme qui viendront la disputer. Une foule de concurrens et de concurrentes se présentent; Angélique et Médor arrivent et sont choisis. Bientôt ils sont assiégés dans leur capitale; batailles, combats en champ clos, etc. ; enfin le roi Médor est enlevé par une reine fort laide, et Angélique par un roi qui n'est pas plus beau. Après maints périls et maintes aventures dont ils se tirent avec honneur, ils se retrouvent et, en se revoyant, meurent de joie; manière un peu brusque de finir un poëme, mais qui garantissait au moins à l'auteur qu'on ne continuerait pas son ouvrage.

On ne trouve pas plus d'unité de ton dans la *Beauté d'Angélique*, que dans l'inimitable poëme de l'Arioste. On n'y trouve pas, à la vérité, davantage cette complication d'intrigues que l'auteur italien semble s'être fait un jeu d'embrouiller et de croiser exprès, pour avoir le plaisir de les démêler ensuite ; mais on y rencontre quelquefois des détails très-agréables, tels que le portrait d'Angélique et celui de Médor, l'invective du roi de Tolède contre ce dernier, etc. La poésie est toujours riche de détails, et lors même qu'on y blâme l'inexactitude de quelques comparaisons et l'affectation de quelques idées, l'harmonie constante du style fait oublier ces défauts.

Il fallait assurément avoir une imagination éminemment poétique, pour composer un ouvrage plein d'idées gracieuses et de peintures champêtres, entre les manœuvres des vaisseaux de l'armée. « Le bruit des vagues pendant d'effroyables tempêtes, remplaçait les doux murmures des ruisseaux ; c'était la vapeur de la poudre enflammée, qui devait rappeler au poëte l'air embaumé par les émanations des fleurs ; le fracas de l'artillerie tenait lieu du ramage des oiseaux ; et au lieu d'arbres, de fleurs, de verdure, il voyait seulement des mâts, des voiles et des cordages goudronnés. » (Philom. 2e. part.) Il n'est pas moins remarquable, qu'au moment où le cœur de Lope était déchiré par la mort de sa femme et de son frère, un tel sujet se soit présenté à lui, et que la catastrophe de Marie Stuart, alors encore récente, et qu'il allait venger, ne lui ait fourni la matière d'un poëme que trente ans après, lorsqu'il était, à quelques égards, au comble de la prospérité.

Composée en 1588, l'*Angélique* ne fut imprimée qu'en 1603, et certainement avec des changemens, puisqu'il y est fait mention de Philippe III qui ne succéda à son père qu'en 1598. Dans une vision qui apparaît à un des personnages, le poëte montre la statue en or de ce monarque, sur le piédestal de laquelle est gravée une inscription en vers latins assujettis à la rime et à la mesure des vers castillans. Lord Holland peut avoir raison de s'étonner de cette poésie polyglotte; mais il est singulier que l'historien de Lope de Vega dise que c'est le seul exemple qu'il en connaisse. Dans la description de la *Tapada*, notre auteur a mêlé des stances latines, portugaises, italiennes, à ses vers espagnols; Cervantes lui a reproché un sonnet en quatre langues, et cent ans auparavant, Torres Naharro avait bien autrement bigarré le style de trois de ses pièces.

Cet intervalle entre la composition et la publication des ouvrages de Lope, confirme ce que D. Jos. Pellicer de Tovar nous apprend du soin qu'il mettait à corriger et à perfectionner ses travaux. « Il était, dit-il, rapide comme la foudre dans ses compositions, mais c'était avec la constance du dieu Terme qu'il les revoyait. » En effet, sauf quelques ouvrages, pour ainsi dire, de circonstances, il n'a jamais publié que ce qu'il avait composé depuis long-temps. Son *Véritable Amant* est resté au moins quarante ans dans son portefeuille, et sa *Dorothée* encore davantage. Il est probable que, sans qu'il voulût en convenir, ce fut la cause de la peine que lui faisaient les éditions furtives de ses comédies. Lorsqu'elles « passaient en vingt-quatre heures de son cabinet au théâtre, » il comptait sans doute un peu sur le prestige de la représentation, et il n'est pas étonnant qu'il tînt à revoir, avec maturité, ces fruits échappés à sa verve impétueuse.

Au retour des débris de *l'Invincible,* après une navigation de six mois, Lope, sans doute par un reste d'inconstance de jeunesse, s'aperçut « qu'il était éloigné par ses goûts de la carrière qu'il avait entreprise; il trouva dans le sein des muses une vie plus tranquille ; il ne pouvait résister à leurs impressions : elles étaient *infuses* dans son âme. » (Ep. à D. Ant. de Mendoce.) Il quitta une seconde fois le service militaire et fut successivement secrétaire du marquis de Malpica, et du comte de Lémos, Mécène de Cervantes et des Argensola; celui-ci fut son dernier maître. Il conserva toujours de la reconnaissance pour lui, et s'il fut constamment honoré pendant sa vie de la protection du comte, il s'acquitta avec usure, en employant ses talens dramatiques à illustrer les ancêtres de son noble patron.

En 1590, il reprit sous de meilleurs auspices qu'il ne l'avait fait six ou sept ans auparavant, les chaînes du mariage. Il épousa dona Juana de Guardia, comme lui née à Madrid. Jusqu'ici nous l'avons vu inconstant, changeant à tout vent d'état et de profession, fidèle seulement au culte des muses. Il paraît que son second mariage fut l'époque d'un changement presque total dans sa conduite; il devint sédentaire, ne quitta plus Madrid, ou du moins ne fit que de courtes absences.

Le caractère de Lope de Vega, donne lieu de penser que son mariage fut heureux, si toutefois sa femme ne fut pas jalouse. Il fut privé pourtant, pendant les dix premières années, de la consolation d'avoir des enfans; ce ne fut qu'en 1599 que naquit son fils aîné, Carlos : il eut six ans après Lope, le second, et Féliciana, née en 1608, coûta la vie à sa mère. Un des faits les plus singuliers de la critique historique, c'est que Montalvan, ami et disciple de Lope de Vega, son associé dans ses travaux, ait omis le second fils de Lope, qu'il devait avoir vu, et avec qui il avait concouru à la joute littéraire de 1620, relative à la béatification de saint Isidore de Madrid, et on n'est guère moins surpris que l'existence de ce second enfant prouvée par l'épître dédicatoire du *Véritable Amant,* et ses propres ouvrages, ne soit attestée que par un seul des panégyristes de Lope, Pellicer; que tous ses autres biographes aient suivi Montalvan en cela, jusqu'à lord Holland, qui cependant avait apparemment lu cette même épître dédicatoire, puisqu'il en a cité de longs passages.

Une omission du même genre est constatée par la dédicace d'*el Remedio en la Desdicha*, par la quatrième des épîtres et par celle à Amaryllis. Lope y parle de sa fille Marcelle, à qui est dédiée cette pièce en 1619, et qui prit le voile dans l'ordre des Trinitaires déchaussées, à l'âge de seize ans. Ici Montalvan n'est pas si répréhensible, car il parle deux fois de cette religieuse, en la désignant comme une *très-proche parente* de Lope. Cet euphémisme indique qu'elle était née d'une autre que de sa femme. Le panégyriste a été plus circonspect que l'auteur lui-même, qui l'appelle partout sa fille, et dans un passage, le premier fruit de son amour. Mais à quelle époque doit-on rapporter sa naissance ? Il suffirait de la réticence de Montalvan, pour faire penser qu'elle a suivi le second mariage de notre poëte, qui ne put pas changer subitement de mœurs, et qui ne passa pas sans transition, de la vie irrégulière et tumultueuse des camps, à la tranquillité du ménage. En effet, en 1619 elle n'était pas religieuse, et les ouvrages où il parle de sa profession sont imprimés de 1622 à 1624; ainsi, elle devait être née en 1604 ou 1605. Du moins est-il sûr qu'elle vivait dans la même maison que son père; car lorsqu'il dit qu'il était entouré à sa table de ses enfans et de sa femme, il faut admettre Marcelle pour en trouver plus de deux à la fois.

Si notre poëte ne fut peut-être pas un mari tout-à-fait irréprochable, il fut du moins un bon père. Il parle souvent avec la plus grande tendresse de son fils Carlos, et, dans son épître à D. Mathias de Parras, il peint avec la grâce la plus touchante, la sensibilité la plus vive, le bonheur dont le faisaient jouir ses innocentes caresses. Il ne décrit pas avec moins d'expression ses sentimens de regrets comme père, de joie comme homme religieux, à l'époque de la profession de sa fille naturelle. Le tableau de cette cérémonie que les illustres et puissans amis de Lope rendirent très-brillante, est un de ses morceaux les plus agréables.

Voici l'épître dédicatoire qu'il adressait à cette jeune personne avant son entrée au couvent. « J'ai dans ma jeunesse tiré cette pièce (*el Remedio en la Desdicha*) de la *Diane* de Monte-Mayor. Vous pouvez y lire cette histoire, dont les chroniques des guerres de Grenade nous attestent la vérité. Mais s'il est vrai qu'on doive davantage au sang dont on est né qu'aux plaisirs de l'esprit, faites à mon travail la grâce de le lire, et suppléez les défauts de ma jeunesse avec votre esprit, puisqu'il brille d'un tel éclat malgré votre âge si tendre, que sans doute la nature qui l'avait demandé au ciel pour la consolation et le dédommagement de quelque laide, vous l'a donné par erreur. C'est au moins ce qui me semble, et ceux qui vous ont vue ne prendront pas cette expression pour un compliment. Dieu vous conserve et vous rende heureuse, quoique vous ayez des qualités qui m'empêchent de l'espérer, surtout si vous héritez de ma destinée! que du moins, il vous donne des consolations aussi douces que celles qu'il m'a données en vous! Votre père. »

J'ai anticipé sur l'ordre chronologique; j'y reviens pour dire que c'est à l'époque de son second mariage qu'il s'adonna plus spécialement à l'art dramatique. L'académie espagnole, dans la vie de Cervantes, estime qu'il quitta le théâtre vers 1594, et que ce fut à cette époque, comme le dit Cervantes lui-même, que Lope commença de briller sur la scène. Je crois qu'on peut rapporter ces deux faits quelques années auparavant. De ce que Cervantes avait commencé de faire des comédies en 1584, il ne s'ensuit pas qu'il ait mis dix ans à en écrire trente. Au goût naturel qui portait Lope à ce genre de travail, se joignit la nécessité de faire subsister sa famille. Il n'avait encore rien publié, et les produits du théâtre offraient des rentrées promptes et assurées. L'usage était alors de vendre les pièces aux directeurs de *comédies*, qu'on appelait *autores*, de *auto*, acte. Comme ce mot signifie aussi *auteur*, quelques personnes inattentives ont confondu les deux sens. Voltaire a pris Lope de Vega pour un comédien; et lord Holland, Roque de Figueroa pour un auteur. Les directeurs payaient pour chaque pièce 500 réaux, environ cent trente francs; somme peu considérable, mais qui était une ressource pour un écrivain aussi expéditif que notre poëte.

Il dit lui-même : « La pauvreté et moi formâmes une société pour faire le commerce des vers. Nous nous mîmes à publier des comédies d'un meilleur goût; nous les retirâmes du bourbier ou elles étaient plongées; et j'ai formé plus de poëtes que l'air ne contient d'atomes imperceptibles. »

Il effaça bientôt tous ses concurrens; et, pour me servir des expressions de Cervantes, dans le prologue de ses comédies imprimées en 1614 : « Le prodige de la nature, le grand Lope de Vega, *s'empara* du sceptre de la comédie, assujettit et soumit à sa juridiction tous les acteurs; remplit le monde de pièces qui réunissaient la convenance du style, l'heureux choix des sujets, l'éloquence dans le dialogue; il en composa une si grande quantité qu'il a écrit plus de dix milles feuilles (environ 800 pièces). Ce nombre serait incroyable, si je ne pouvais attester que je les ai vues représenter toutes, ou que je parle de leur existence d'après des témoins oculaires. Tous ses concurrens ensemble n'ont pas publié autant d'ouvrages que lui seul. » Ceux qui ont avant moi cité cette phrase n'ont pas fait assez d'attention au sens du mot *alzarse*, analogue à ceux de *soulèvement*, *insurrection*, et qui indique une autorité violente, usurpée, illégitime; et en vérité Cervantes, auteur lui-même, ne pouvait guère s'exprimer autrement.

Ce travail n'empêchait pas Lope de s'occuper d'autres ouvrages, et il était toujours prêt pour les poésies fugitives : « Il ne se passait point de grand événement (c'est Montalvan qui parle) que ses éloges ne le célébrassent; il avait un épithalame pour le mariage de chaque grand, un chant généthliaque pour chaque naissance, une élégie pour chaque mort, une inscription pour chaque victoire, un vaudeville pour la fête de chaque saint. A toutes les réjouissances publiques, il paraissait des vers de lui ; à toutes les joutes littéraires, il était un des concurrens ou un des juges.

Lope disait lui-même qu'il avait écrit tant de vers que le compte montait à cinq feuilles par jour, c'est-à-dire à environ douze cents vers, comme on peut le déduire d'autres passages où il a employé la même mesure. On pourra croire qu'il y a quelque exagération dans cet aveu échappé à sa modestie ; mais dût-on en rabattre la moitié, ne compter que les jours où il a travaillé, il faudrait encore reconnaître en lui une organisation particulière.

Il dit qu'il lui est arrivé de composer une comédie en vingt-quatre heures, et non pas en trois ou quatre heures, comme dit M. Bouterweek dans son ouvrage, d'ailleurs très-instructif, sur la littérature espagnole ; elles sont de trois mille vers environ, et un témoin oculaire nous atteste qu'il avait écrit quinze actes en quinze jours. Pour concevoir que l'on compose avec une telle rapidité, qu'on fasse en un jour ce qu'un homme exercé peut à peine copier en quatre heures, il faut supposer qu'il était habituellement dans la disposition où se mettent les improvisateurs italiens ; il faut supposer que les pensées se présentaient à lui, non-seulement revêtues des expressions, mais de la mesure et de la rime, et que, comme il était arrivé à Ovide ;

Sponte suâ numeros carmen veniebat ad aptos.
Quidquid tentabat scribere versus erat.

Il est vrai que la versification espagnole a des règles moins sévères que la nôtre, et que les mots qui riment y sont plus nombreux, parce que les consonnances y sont moins variées ; mais il faut observer d'un autre côté que notre auteur n'a jamais fui la difficulté ; qu'il ne se permet que rarement le mètre de romance où la rime se borne aux assonnances; que quelque abondante que soit une langue, trouver des rimes pleines à des vers de huit syllabes est toujours un travail, et que l'ordre de ces vers en quintilles, redondilles ou dixains, étant déjà déterminé, augmente singulièrement la difficulté.

L'auteur le plus fécond de l'Espagne n'avait encore rien publié; car nous ne devons pas compter les éditions subreptices de ses comédies : il n'en avait pas moins de réputation. Lors des fêtes pour le mariage de Philippe III, il suivit la cour à Valence, et joua devant leurs majestés, dans une de ses pièces, un rôle de l'emploi de *Gracioso*. Il est probable que les seigneurs de cette ville opulente voulurent remplacer les acteurs au théâtre, comme ils remplissaient les rôles de *picadors* et de *matadors* dans les combats de taureaux qu'on donnait dans des circonstances pareilles. Lope composa à cette occasion la description des fêtes de Dénia.

Dès l'année précédente, Lope, trop long-temps jugé seulement par des auditeurs, avait soumis pour la première fois un de ses ouvrages à l'épreuve sévère de la lecture. Je crois, malgré l'amour-propre qu'on a, assez légèrement peut-être, reproché à Lope de Vega, que cette discrétion venait de la défiance qu'il avait de ses talens. D'ailleurs, il y a moins de contradiction qu'il ne paraît y en avoir, entre ces deux sentimens; plus on a la conscience de son mérite, moins on trouve ses ouvrages dignes de soi; le goût qui nous fait apprécier les beautés est le même qui nous indique les défauts.

Encore Lope mit-il sa première production sous une protection sacrée. Ce fut un poëme à la louange de saint Isidore, laboureur. Il est écrit en petits vers, et en quintilles; et le poëte avait choisi ce rhythme comme plus analogue à la simplicité que demandait l'éloge d'un saint agriculteur. Cette simplicité n'aurait pas été incompatible avec une sorte d'élévation que l'auteur n'a pas recherchée; ce n'est après tout qu'une légende rimée harmonieusement: cependant la description du mariage du saint, et le dernier épisode, où un chevalier qui a égorgé sa femme et ses deux filles pour les soustraire à la brutalité des Mores, les retrouve vivantes après que les mécréans sont repoussés, sont des morceaux remarquables.

Encouragé par le succès de cet ouvrage, Lope publia en 1601 l'*Arcadie*, composée depuis dix-sept ans; en 1602, la *Beauté d'Angélique*, qui datait de 1588. Il joignit à ce dernier ouvrage un poëme diffamatoire à la mémoire d'un des braves amiraux anglais qui avaient contribué à la défaite de l'*Invincible*. Le titre est *Dragontea*, et le lecteur est averti que le dragon dont il s'agit dans les dix chants du poëme, écrit en octaves héroïques, est sir Francis Drake. Dans cet ouvrage, Lope a tout sacrifié à son patriotisme, jusques à la vérité des caractères. On ne reconnaît pas dans son *Dragon*, qu'il peint non-seulement avide et féroce, mais parfois poltron, l'intrépide navigateur qui, le premier des Anglais, fit le tour du monde; il est vrai que cet amiral avait puissamment contribué à la destruction de la flotte sur laquelle était embarqué Lope de Vega, et le poëte, couvert des lauriers d'Apollon, avait conservé de la rancune contre celui qui l'avait empêché de cueillir ceux de Mars.

Drake mourut au commencement de 1596, et en 1597 le manuscrit de la *Dragontea* était déjà terminé; c'est une histoire assez froide de l'expédition de cet amiral à *Nombre de Dios*, et de sa mort que le poëte attribue au poison qui lui fut donné par ses officiers. Les premiers chants annoncent autre chose qu'une gazette. Le discours de l'Avidité qui va réveiller l'oisiveté de Drake est un beau morceau d'éloquence; les adieux de Richard, commandant en second, et de sa femme; les regrets de cette dame en apprenant la captivité de son mari, sont pleins d'intérêt. Dans le reste, on ne trouve rien de remarquable, que quelques descriptions de combats où la bravoure défensive des Espagnols est bien peinte, et une beaucoup trop grande quantité d'injures.

En 1605, il fit imprimer le *Pèlerin dans sa patrie* (*El peregrino en su patria*), avec un grand nombre de poésies détachées, sacrées ou profanes, entre autres deux centuries de sonnets. Il aimait ce genre de composition mis à la mode par les Italiens; et, non content d'en publier comme pièces fugitives, il en plaçait autant qu'il le pouvait dans ses comédies.

Le *Pèlerin dans sa patrie* est un cadre comme l'*Arcadie*, et encore avec moins d'intrigue. Un pèlerin est jeté par la mer sur les côtes de Catalogne; il est sauvé par des pêcheurs, et, chemin faisant, il entend ou il fait lui-même des vers. Dans chacun des quatre premiers livres, le poëte a inséré un acte *sacramental* tout entier. Le plus remarquable est celui du second livre, où, d'un bout à l'autre, l'allégorie est double; il fait allusion à la fois à l'union de l'âme à Dieu, et au mariage de Philippe III avec Marguerite d'Autriche. On trouve, dans l'ouvrage entier, peu de passages relatifs à l'auteur lui-même.

Le prologue ou la préface de cet ouvrage contient un document précieux pour l'histoire littéraire de son auteur. Plusieurs de ses comédies avaient été imprimées subrepticement, et on avait mis son nom à d'autres qui ne lui appartenaient pas. Il n'avait pas besoin qu'on le parât des dépouilles d'autrui. En conséquence, il donne à la fin de cette préface le catalogue, fort incorrect à la vérité, des pièces qu'il avait écrites jusqu'alors ; leur nombre, déduction faite de quelques doubles emplois, est de trois cent trente-une, dont il nous reste encore environ cent soixante, près de la moitié, sauf les erreurs que peuvent occasioner les doubles titres.

On avait déjà commencé, sans doute de son aveu, au moins les éditeurs l'assurent, une collection régulière de ses OEuvres dramatiques. Le premier volume fut imprimé à Valladolid, en 1604, par Louis Sanchèz, et réimprimé l'année suivante, à Valence, chez Gaspard Léga. Nicolas Antonio, auteur d'ailleurs exact, n'a pas eu connaissance de ces éditions, puisqu'il cite comme la première, dans sa *Bibliotheca nova*, celle de 1609, à Valladolid, chez Bustillos. Ce même volume fut réimprimé bientôt après à Anvers et à Sarragosse. Le second parut à Madrid, en 1609, et dès l'année suivante à Sarragosse et à Bruxelles.

En 1607 on avait imprimé à Valladolid une collection de 12 pièces dont trois seulement sont de Lope. Le même volume fut réimprimé en 1613, et mis tout entier sous le nom de notre auteur comme formant le troisième tome de son théâtre. Nicolas Antonio n'a point relevé cette erreur, que La Huerta et d'autres après lui ont religieusement conservée. Lope n'a jamais réclamé contre cette attribution de pièces étrangères, qui cependant ne pouvaient rien ajouter à sa gloire, et il a permis que le numérotage continuât sans rectification.

On peut être étonné du peu de soin qu'il mettait à la publication de ses comédies. Cela tient à plusieurs causes. La première, c'est qu'en vendant un manuscrit aux directeurs de spectacle, il se désaisissait, sans doute d'après l'usage d'alors, de son droit de propriété pour l'impression (1); du moins, voyons-nous dans les septième et huitième parties publiées en 1617, que le privilége en fut accordé à Gaspard d'Avila, libraire, cessionnaire des droits de Balthazar de Pignédo, et de la veuve de Louis de la Vergara, l'un et l'autre directeurs de troupes de comédiens. Or il y avait alors six de ces troupes à Madrid et dans les villes voisines, sans compter celles qui existaient dans le reste de l'Espagne au nombre de trente ou environ, et il est naturel que ceux qui traitaient avec Lope de Vega, fussent bien aises de garder pour eux les pièces de l'auteur qui était à la mode.

D'ailleurs en ce temps-là, comme à présent, les libraires seuls avaient les moyens de débiter les livres; en ce temps-là, comme à présent, un auteur aurait aventuré ses fonds ou ceux de ses créanciers en faisant imprimer à son compte, et le prix des copies était si bas que tous les ouvrages de Lope, dont la traduction formerait environ cent vingt volumes in-8°. ne lui rapportèrent pour ses droits que 17600 r^x. environ 4500 fr. ou moins de 1 f. 50^c. la feuille.

Il n'existait encore que peu de bibliothéques en Espagne. D'ailleurs ce vaste royaume formait une sorte de monarchie fédérative; chacune de ses parties intégrantes avait ses droits, ses priviléges, et le livre imprimé en Castille, pouvait l'être ensuite à Valence, en Navarre, comme à Naples ou à Bruxelles, sans donner lieu à l'action en contrefaçon; et qui pis est, du moins Lope l'as-

---

(1) On voit dans la *Vie de Shakspeare*, par M. Guizot, que le même usage régnait en Angleterre, et Lope le reconnaît positivement dans un de ses prologues.

sure, les libraires de Cadix et de Séville, pour exercer plus librement cette piraterie, prenaient impudemment le nom des imprimeurs du royaume d'Aragon. Aussi tous les auteurs de ce temps se plaignent-ils du peu d'avantages qu'ils retiraient de la publication de leurs ouvrages; Cervantes entre autres ne se fait faute d'accuser l'ingratitude et l'avarice des libraires.

Pour comble de malheur, le prix des livres était fixé par l'autorité à tant la feuille; et le conseil de Castille ne faisait, dans cette taxe, aucune attention au mérite de l'ouvrage, mais seulement aux frais matériels de l'impression; l'inquisition sans doute a beaucoup gêné l'essor de la littérature espagnole, mais cette taxation des ouvrages de l'esprit n'a pas dû lui faire moins de tort, et il est étonnant que sous une législation telle, il ait encore existé un aussi grand nombre de bons écrivains.

Quand à l'inconvénient des éditions subreptices, Lope n'a cessé de s'en plaindre sous le rapport de la correction. Il paraît qu'il existait de son temps des hommes qui prétendaient avoir assez de mémoire pour se rappeler une pièce entière, et qui en vendaient les copies en fraude. Quoique cet effort soit possible, surtout s'ils s'aidaient du rôle d'un acteur, il est probable qu'ils étaient souvent obligés de suppléer par des vers de leur façon à ceux de l'auteur, qu'ils gâtaient après l'avoir volé.

Cette époque de 1599 à 1608 fut sans doute, comme le dit lord Holland, la plus heureuse de la vie de Lope de Vega. Dans la force de l'âge et du talent, content dans son intérieur, jouissant d'une honnête aisance et d'une grande considération personnelle, il voyait sa famille croître, sa fortune s'améliorer, sa réputation se consolider de jour en jour. Il était dans cet état de prospérité active qui constitue le bonheur bien plus que ne le fait la jouissance paisible des succès.

Cette félicité fut bientôt troublée par les pertes les plus douloureuses. « J'avais vu ma table modeste entourée et parée de mes rejetons qui l'entouraient, de ces ruisseaux si doux et si amers nés pour moi de la mer du mariage ; et bientôt, la mort exigeant le fatal tribut qui lui est dû, je vis de la joie la plus pure sortir le plus funeste deuil. » Son fils aîné, Carlos, mourut âgé de huit ans, probablement en 1607 ; sa femme, vivement frappée de cette perte, ne recouvra jamais une santé robuste, et expira bientôt après, en donnant le jour à Féliciana, qui survécut à son père. Montalvan ne fait pas mention de cette circonstance, mais Lope de Vega l'atteste positivement dans l'épître à Amaryllis.

Notre poëte fut consterné de ces pertes. L'ode qu'il a faite sur la mort de son fils, et où il peint les combats de la résignation chrétienne et de l'amour paternel, est un de ses chefs-d'œuvre. A la mort de sa première épouse, âgé de vingt-six ans, il avait quitté les muses et l'Espagne pour aller combattre : lorsqu'il perdit la seconde, ayant vingt ans de plus, ce fut dans les idées religieuses qu'il chercha les consolations, ou plutôt les fortes émotions qu'il avait trouvées à la guerre lors de son premier veuvage ; encore ces idées se présentèrent-elles à lui sous une forme poétique. Ce fut à cette époque qu'il composa ses soliloques, où le plus beau style revêt les idées les plus ascétiques.

Déjà, avant la mort de son fils, il avait cherché dans la religion des idées de poésie. C'est à cet enfant qu'il dédia les Pasteurs de Bethléem, pastorale sacrée en cinq chants, qui ne fut publiée qu'en 1612. Voici cette dédicace :

« Cette prose et ces vers adressés à l'Enfant-Dieu conviennent à vos jeunes années. S'il daigne vous en accorder un grand nombre, souvenez-vous que lorsque je vivais dans l'ignorance j'écrivis une Arcadie de pasteurs profanes, et qu'aujourd'hui détrompé j'écris celle-ci. Commencez à étudier en Christ en lisant son enfance. Ce sera lui qui vous enseignera comment vous devez vous conduire dans la vôtre. Puisse-t-il vous garder! Votre père, etc. »

La partie historique des Pasteurs de Bethléem, contient, comme on peut le penser, l'histoire de la naissance de N.-S. J.-C. C'est un long noël dialogué, en vers et en prose. Les deux premiers chants sont relatifs à l'annonce de cet événement par les anges, le troisième à la visite au berceau, le quatrième finit à la circoncision, le dernier au voyage en Égypte.

Le principal mérite de cet ouvrage est dans les pièces de poésie qui coupent fréquemment la narration; on y trouve des traductions de psaumes, de cantiques, une ode à la Vierge, qui passent pour des chefs-d'œuvre du genre lyrique. La traduction de la première lamentation de Jérémie est aussi très-remarquable. Tout n'est cependant pas sur le même ton. On y remarque une imitation très-élégante de l'ode d'Horace, *Beatus ille;* on lit dans le premier livre une ode à l'amour; dans le second, des stances sur une abeille qui s'était posée sur la bouche de Zélie; ces deux pièces sont pleines de grâce; et dans un dialogue entre Rachel et Jacob, le poëte a su conserver la simplicité des mœurs patriarchales, sans descendre de la majesté du style qui convenait aux personnages, chose plus difficile peut-être en espagnol qu'en toute autre langue.

Je ne citerai pas des tours de force, comme une églogue tout entière en vers dactyliques, des échos, des bouts-rimés, etc. Lope n'avait pas besoin d'en enrichir son ouvrage, pour que ce fût un de ceux qui prouvaient le plus la souplesse et la variété de son talent.

Bientôt après la mort de sa femme, il rendit un nouveau témoignage de sa dévotion. Il fut reçu frère du tiers-ordre de Saint-François, au mois de septembre 1609; et bientôt après il se lia aux autels d'une manière indissoluble; il reçut à Tolède les ordres sacrés; il en remplit toujours les devoirs sans relâchement et sans hypocrisie. Il fit construire dans sa maison (1), une chapelle où il disait la messe tous les jours, sauf ceux où, par affection pour sa fille Marcelle, il allait la célébrer au couvent des trinitaires déchaussées.

Lope de Vega était depuis long-temps familier de l'inquisition; ce n'était pas une fonction qu'il eût à exercer; ce n'était pas précisément, comme le pense M. Bouterweck, une distinction rare accordée par ce sanglant tribunal, mais ses employés ne pouvaient être pris que parmi ceux dont les ancêtres, jusques à la quatrième génération, ne présentaient point de mélange de sang more ou juif. Les preuves qu'il fallait faire pour obtenir ce titre, équivalaient à des preuves de noblesse; c'était ce qui le faisait rechercher de ceux dont le nom n'était pas assez connu pour être au-dessus des généalogies.

Ni le nouvel état de Lope de Vega, ni les chagrins qui l'avaient déterminé à l'embrasser, ne changèrent rien à ses

---

(1) Cette maison était située rue de *Francos*, et lui appartenait. Cervantes et Quevedo logeaient dans la même rue et à très-peu de distance.

goûts non plus qu'à ses occupations. Ce fut en 1609 qu'il composa son *Arte nuevo de hacer comedias*, ou Nouvel art dramatique, dont la traduction suit cet essai. Il ajouta à cette publication celle de plusieurs poésies fugitives.

On doit rapporter à la même époque une dispute littéraire qui dut troubler un peu le repos de Lope, quoiqu'elle n'éclatât pas au dehors. Il reçut un sonnet en vers tronqués. C'était une espèce de composition bizarre dans laquelle on retranchait la dernière syllabe des mots, pour présenter une sorte d'énigme continuelle. Ce sonnet, attribué à Gongora dans un des manuscrits de la bibliothéque royale de Madrid, contient une revue des écrits de Lope, lui conseille d'effacer tous ses ouvrages, sauf saint Isidore, auquel on pardonne par dévotion seulement, et de ne pas publier la Jérusalem conquise à laquelle il travaillait depuis long-temps. Lope ou ses amis crurent pouvoir attribuer cette pièce à Cervantes, qui avait publié des vers de cette sorte à la tête de son Don Quichotte; et l'un des partisans du premier fit un sonnet injurieux, où il se montra aussi mauvais prophète qu'écrivain grossier, en annonçant que le destin de l'histoire de Don Quichotte serait d'envelopper des épiceries et pis encore. Il paraît que c'est ce sonnet que l'on envoya à Cervantes à Valladolid, et dont il se plaint, dans l'épilogue de son voyage au Parnasse, qu'on lui ait fait payer le port.

Lope de Vega pouvait être piqué contre Cervantes, qui, dans ce qu'il avait écrit de l'art dramatique à la fin de la première partie de Don Quichotte, tout en faisant à quelques égards un grand éloge de notre auteur, avait étendu ses censures de manière que celui-ci pût s'y trouver compris; mais ce qui dut l'offenser davantage, c'est qu'en citant comme bonnes trois pièces de Lupercio de Argensola, le chanoine n'en nomma qu'une seule de Lope, et le confondit avec Tarrega, Avila et Cervantes lui-même.

Quant à Gongora, il était le modèle et le promoteur du style *culto*, contre lequel Lope n'a jamais cessé d'écrire. Il en fait dans ses pièces le sujet de ses plaisanteries; il parodie les expressions *cultas* tantôt dans un sonnet qu'il met dans la bouche d'une fille d'auberge, tantôt dans un galimatias inintelligible. Il désigne même assez clairement Gongora, ne fût-ce que par les louanges franches qu'il lui donne dans son discours sur la poésie nouvelle.

Il faut observer que ces trois auteurs gardaient au milieu de leurs démêlés la dignité qui convient à des gens de lettres; ils ne mirent pas le public dans la confidence de leurs discussions. Cervantes, dans le voyage au Parnasse qui parut en 1613, rend justice à Lope, par qui il fut encore plus favorablement traité dans le Laurier d'Apollon. Ce dernier poëme contient aussi un éloge franc de Gongora, sans la moindre restriction, sans allusion à l'obscurité et à l'affectation de son style, enfin, sans aucun souvenir des plaisanteries contre le *cultisme* dont Lope remplissait tous ses ouvrages. Mû par le même sentiment, il rendit justice au talent d'Estevan de Villegas, talent très-brillant, mais qui avait été employé à une satire personnelle contre Lope, où non-seulement l'irrégularité de ses pièces est vertement tancée, mais où il est encore peint comme un orgueilleux, un bavard, un importun.

Lope n'avait pas de rancune contre ceux qui le critiquaient. « J'aime ceux qui m'aiment, dit-il dans une de ses épîtres, et je ne hais pas ceux qui me haïssent. » Il n'en était pas pour cela moins sensible à la critique, et, si elle ne l'irritait pas, elle l'affligeait profondément ; et même, dans les plaintes continuelles que cet homme, au faîte de la gloire littéraire, faisait contre ceux qui le blâmaient, et qui disait-il, l'enviaient, on rencontre souvent des expressions amères et même dures, à la vérité sans aucune application personnelle. Mais s'il pardonnait aux critiques leurs avis, cela ne signifiait pas qu'il fût disposé à les suivre ; il termina sa *Jérusalem*, et ajouta, suivant l'expression du sonnet, au malheur qu'elle avait d'être sous le joug turc, celui d'être chantée par Lope. Il est vrai qu'il fut encore moins heureux quand il voulut continuer le Tasse qu'en continuant l'Arioste. Le cavalier Marini, l'auteur de l'*Adone*, qui écrivait en style de Gongora, et qui était l'admirateur passionné de Lope de Vega, fut le seul qui osa mettre le poëme de celui-ci au-dessus de l'épopée du chantre d'Armide.

Le titre de *Jérusalem conquise*, n'est clair qu'autant qu'on a oublié celui de la Jérusalem délivrée. C'est la conquête de la cité sainte, mais par les Sarrazins, c'est sa perte pour les chrétiens qui est l'événement principal du poëme, et c'est par-là qu'il commence. Il s'ensuit que dix-huit chants sur vingt, ne sont que le détail des efforts inutiles faits par la seconde croisade, sous les ordres de Philippe, roi de France, et de Richard, roi d'Angleterre, pour rétablir le trône de Godefroy de Bouillon. Le poëte à ces deux rois a ajouté Alphonse VIII, sur des autorités au moins très-équivoques ; mais il ne pouvait s'empêcher, en bon Castillan, de soutenir que dans une guerre entreprise pour la religion chrétienne, des Espagnols avaient dû jouer le premier rôle.

Les fautes contre la vérité historique sont pardonnées à un auteur épique, sur-tout lorsqu'il fait un bon ouvrage. Malheureusement le style n'est pas tout dans un poëme, et la fable n'est guère plus intéressante que le récit n'est exact.

Dans les quatre premiers chants, l'intérêt se porte sur Lusignan chassé de sa capitale, sur sa femme Sibylle qui meurt de faim dans Saint-Jean d'Acre.

Le reste du poëme mène de front deux actions. D'abord, les malheurs d'Élise, sœur de Sibylle, mariée à Herfrand, enlevée par Conrad, prince de Tyr, et qui finit au quatorzième chant, après la mort de ses deux maris, par épouser le comte de Champagne.

En même temps, une princesse de Chypre, Isménie, belle comme Angélique, et vaillante comme Bradamante ou Marfise, suit par amour à la croisade le roi d'Espagne qui la refuse par amour pour la sœur de Richard qu'il n'a jamais vue. Elle finit de désespoir par épouser Garceran Manrique, chevalier espagnol, le Renaud de cette *Jérusalem*.

Au milieu de ces trois intrigues, sont jetés des récits de batailles, de combats singuliers, un abrégé chronologique de l'histoire d'Espagne jusqu'au temps d'Alphonse, une vision qui apprend à ce prince tout ce qui doit arriver à ses successeurs jusqu'à Philippe III.

L'action finit sans se dénouer, puisqu'il n'y a point de nœud, et d'une manière plus historique que poétique. Au quatorzième chant, les Français envieux et jaloux abandonnent l'entreprise. Au dix-huitième, Richard en fait autant, parce que Philippe attaque ses états; au dix-neuvième, Alphonse retourne en Espagne pour se défendre contre les Mores. Au vingtième Henri, mari d'Élise, meurt d'une chute, Richard est fait prisonnier par le duc d'Autriche, Saladin meurt, et Jérusalem reste aux Sarrasins.

Il n'y a d'autre merveilleux que l'introduction de quelques personnages allégoriques.

L'ange de Jérusalem se plaignant devant Dieu de ce que souffre cette ville, au troisième chant; la peinture de la mort de Sibylle au quatrième; la description de la peste au cinquième; les amours de Cloridant et de Brazaïde, et la dispute des chevaliers sur l'épée de don Juan d'Aguilar, au dixième; l'épisode de la juive Rachel au dix-neuvième, et plusieurs autres morceaux isolés, sont remarquables par la vigueur des peintures. La description voluptueuse de la lutte de Garceran Manrique avec Isménie, qui ne sait pas que le chevalier connaît son sexe, et celle des combats intérieurs qui précèdent le consentement d'Élise à son mariage avec Henri, ont un mérite d'un autre genre.

En 1613, l'impression des ouvrages dramatiques de Lope devint à peu près régulière. Les dix-huit volumes depuis le troisième jusqu'au vingtième, qui parut en 1625, furent mis au jour en douze ans. On a déjà vu que ce ne fut qu'à compter du neuvième, qui parut en 1617, que le poëte en dirigea lui-même la publication, qu'il en fit les préfaces, les épitres dédicatoires, etc.

Les querelles de notre écrivain avec Cervantes et Gongora étaient à peu près restées dans l'ombre. En 1617, un auteur osa l'attaquer en public, mais non pas à visage découvert. Pedre de Torres Ramila, agrégé à l'université d'Alcala, et chanoine de cette ville, prit le nom de Drepus Ruitanus Lamira; et dans une diatribe latine, intitulée *Spongia*, il accusa Lope de ne pas savoir le latin, d'avoir fait de ses bergers de l'Arcadie des philosophes et des physiciens, d'avoir mal ordonné l'*Angelique*, d'avoir rempli ses comédies de sottises, enfin d'avoir mis une triple action dans la *Jérusalem*. Ramila n'osa pas faire imprimer son livre dans son pays, et ce fut aux imprimeurs de Paris qu'il eut recours pour trouver des presses qui voulussent multiplier des injures contre le phénix de l'Espagne. C'était le titre qu'on donnait déjà à Lope dans l'édition de ses comédies.

S'il fut attaqué avec emportement, il fut défendu avec fureur. François Lopez de Aguilar, prêtre et chevalier de Malthe, écrivit une réfutation en forme, sous le titre de l'*Expostulatio spongiæ*, et de plus un songe badin dans lequel il représente Ramila comparaissant devant un tribunal établi dans la boutique d'un libraire, et là condamné à être fouetté, et puis pendu; ce qui n'est pas très-plaisant.

Alonze Sanchez, professeur de grec, d'hébreu et de chaldéen à Alcala, prit la défense des comédies, et prouva que, loin d'avoir violé l'art dramatique, Lope était lui-même un art dramatique vivant.

Le P. Mariana lui-même, qui n'aimait pas le théâtre, mais qui était irrité que Ramila eût osé comprendre dans ses censures un jésuite (P. Louis de la Cerda), fit aussi une épigramme en grec, dans lequel il traita le critique de fils de l'ignorance, d'orgueilleux, de plagiaire, de fléau des poëtes, et enfin de gibier de potence. Cette épigramme fut traduite en latin par Mariner de Valence, qui y ajouta une élégie de sa façon, où il disait que Ramila était un onagre de la voix, du cœur, de la tête aux pieds, et qu'enfin il n'avait rien en lui qui ne fût d'un onagre.

Malgré ces vigoureux auxiliaires, Lope voulut entrer lui-même dans la lice. Il avait composé un poëme en trois chants, intitulé *Philomèle*, et qui n'est que le récit de la fable dont la sœur de Progné est le sujet. En publiant cette composition, il y ajouta une seconde partie qui ne tient à la première que par un fil très-léger, et dont le sujet est un combat entre la grive ou le merle, et Philomèle ou le rossignol. Le merle peint de couleurs peu flattées est sans doute Ramila, et c'est Lope lui-même qui, sous le nom de rossignol, défend successivement ses divers ouvrages, en général avec justice, mais non pas toujours avec assez de modestie. L'allégorie est un peu froide, ou plutôt il n'y a point d'allégorie; car les oiseaux appelés pour juges sont des hommes désignés par leurs noms et qualités. Le poëme parut en 1621; mais, comme nous l'avons déjà vu, Lope ne faisait pas ordinairement imprimer tout de suite, et l'on peut rapporter l'époque de sa composition à celle de la dispute de la *Spongia*, sauf les corrections qu'il faisait toujours en livrant ses livres à la presse.

En 1618, Lope fut pourvu de la charge fiscale de protonotaire apostolique de l'archevêché de Tolède. Il est probable que pour lui cette place ne fut qu'honoraire, du moins Montalvan ne parle pas de son exactitude à en remplir les devoirs, et il n'eût pas manqué ce sujet d'éloge.

En 1620, le pape avait béatifié saint Isidore de Madrid; il le canonisa en 1622, ainsi que sainte Thérèse, saint Philippe de Neri, et quelques autres saints espagnols. Dans ces deux occasions la ville de Madrid fit des réjouissances solennelles, et suivant l'usage du temps, une joute ou concours poétique fut l'une des parties importantes de la fête. Les principaux poëtes s'y présentèrent et avec plus de zèle à la seconde, où l'on admit cent quarante-deux concurrens. Lope remporta dans les deux le prix de l'ode (*cancion*), qui était le premier. Il fut encore chargé de la présidence, et de faire le discours en vers de la fin, dans lequel se trouvaient les éloges de tous les concurrens.

Dans le premier concours on voit figurer Lope de Vega le jeune, âgé, dit-on, de moins de quatorze ans; il ne travailla point au second : le plus fécond des concurrens était le licencié Tomé de Burguillos, vicaire de Nava-la-Gamella, qui traita tous les sujets, sans exception, d'une manière burlesque. Ce licencié, c'était Lope lui-même qui avait jugé à propos de se déguiser sous ce nom.

Outre la rédaction du concours, on lui dut encore deux comédies, l'*Enfance* et la *Jeunesse de saint Isidore* qui furent jouées dans les fêtes.

Lord Holland a rapporté à l'année 1598, époque de la publication du poëme de *Saint Isidore*, les concours qui eurent lieu environ vingt-cinq ans après.

Ce fut en 1621 que Philippe IV monta sur le trône à l'âge de seize ans. Ce prince, ami des lettres, favorisa beaucoup l'art dramatique, mais au commencement de son règne il n'exerçait pas encore une influence bien puissante sur ce genre de littérature. Aussi ce changement de monarque n'en apporta-t-il aucun dans la situation de Lope. Cependant il fut appelé à travailler pour la cour, et composa, vers le commencement de ce règne, *la Selva sin amor*, petite pastorale faite pour être chantée. C'est le premier opéra qui ait été joué en Espagne. Les machines furent faites par Cosme Cotti, Florentin.

Duperron de Castera attribue aussi à Lope de Vega une pièce à machines, appelée *Hercule*. Il paraît que, soit conscience de son talent, qui ne se souciait pas de prendre la mécanique pour auxiliaire, soit par la longue habitude qu'il avait contractée d'un autre genre de travail, il ne s'attacha pas à cette sorte de drames. Ceux dont nous venons de parler, sont avec la *Toison d'or* (*el Vellocino de oro*) les seuls qui se soient conservés. Calderon brilla depuis dans ce genre, mais on ne cessa pas, dit Larramendi, d'admirer le génie de Lope, au milieu des prodiges de mécanique qu'étalaient les spectacles du Buen-Retiro.

En 1623 parut *Circé*, poëme mythologique en trois chants tiré de l'Odyssée, de l'Énéide et des Métamorphoses. Le désespoir de Circé au départ d'Ulysse est peint des mêmes traits que celui de la reine de Carthage. La plus grande différence qu'il y ait entre la narration de notre poëte et celle des anciens, c'est que ne voulant point donner de faiblesse à son héros, craignant de peindre infidèle l'époux de Pénélope, il le représente comme repoussant constamment les avances de Circé.

Les *Triomphes*, composés avant *Philomèle* ne parurent qu'après : à l'imitation de Pétrarque qui avait publié les Triomphes de l'amour, de la chasteté, etc., Lope composa en tercets ceux du Pan céleste (1), de la loi naturelle et de celle de Moïse, de la loi de grâce, des or-

---

(1) Pan, nom d'un dieu de la fable, est un mot grec qui signifie tout. On a appliqué ce nom à l'Être Suprême et universel. De plus, *pan*, en espagnol, veut dire *pain*, et les deux idées de Dieu et du pain de l'Eucharistie sont souvent mêlées dans cet ouvrage.

dres monastiques et de la virginité de la croix, et de l'amour divin. Son style, dans quelques tirades de ces ouvrages, s'élève à la sublimité des sujets, malgré la gêne de la mesure, moins propre que celle des octaves à des ouvrages de cette sorte. A la tête de cet ouvrage, sont deux sonnets dédicatoires, l'un de Lope Félix, l'autre de Féliciana Félix, ses enfans.

Le jeune Lope vivait donc encore en 1624. On pourrait s'étonner qu'il n'eût rien fourni au concours de 1622, mais on n'a imprimé que les pièces les plus remarquables. Son père lui dit dans l'épître dédicatoire du *Véritable amant*, de ne point s'adonner à la poésie ; et l'on voit par quelques passages de ses ouvrages postérieurs, qu'il avait quelque regret d'avoir été si bien obéi. Le jeune Lope choisit la carrière des armes ; il y entra sous les auspices du marquis de Santa-Cruz, en l'honneur de qui son père avait déjà fait une comédie. Comme on ne trouve dans aucun ouvrage de Lope l'expression des regrets que lui donna la mort de son fils, et que cependant il est sûr que ce jeune homme mourut avant lui, il y a lieu de conjecturer que le fils ne précéda que de peu de temps son père dans le tombeau.

Vingt sonnets sacrés, douze adressés à la rose, où la brièveté de la vie est douze fois présentée, sous la même allégorie, en termes divers ; d'autres poésies sacrées furent jointes au recueil des *Triomphes*, ainsi qu'un poëme historique en trois chants sur la manière dont fut cachée dans un mur, lors de l'invasion des Maures, et miraculeusement retrouvée après leur expulsion, l'image de Notre-Dame de la Almuneda.

Fatigué peut-être de la louange ; craignant que dans ses ouvrages on n'applaudît plus que son nom ; voulant s'assurer qu'il n'y avait pas seulement de l'habitude dans les hommages qu'on lui rendait, il publia sous le nom supposé de Gabriel Padocopéo, des soliloques qui, plus que les premiers, sont remplis d'élévation et de sentiment. Il donna aussi, à ce qu'on prétend, au jeune Montalvan son disciple, qui depuis fit son panégyrique, et qui alors était âgé seulement de dix-sept ans, un poëme intitulé *Orphée* qui commença la réputation du jeune écrivain.

L'accueil que reçurent ces travaux pseudonymes de Lope l'encouragea à de nouveaux efforts.

Il s'occupait depuis long-temps d'un ouvrage important, qu'il publia sous le titre de la *Couronne tragique*. La mort de Marie Stuart en est le sujet. Dans le premier chant il paraît vouloir adopter la marche épique. Il transporte dès l'entrée son lecteur au milieu du sujet, et fait raconter par Marie à Rodolphe, qui lui est envoyé de Rome, les principaux événemens de sa vie jusques à l'époque de la mort de Rizzio. On devine que tout y est peint en beau, sauf le musicien italien dont l'auteur fait un vieillard difforme. Mais dès le second chant il reprend le genre historique, et continue en son nom la narration jusques à la mort de Darnley.

Le troisième chant conduit les événemens jusqu'à l'arrestation de la reine; le quatrième et le cinquième sont consacrés à son jugement et à sa mort.

Ce n'était pas sans dessein que Lope avait suivi la méthode chronologique, assurément la moins poétique de toutes; il intitula son livre, *Épopée tragique*, mais c'était bien un poëme historique qu'il voulait faire; son but était d'écrire une vie de Marie Stuart, et de la venger des calomnies dont, suivant lui, les auteurs protestans avaient faussement entaché son innocence.

Le morceau le plus brillant, je dirais presque le seul bon de cette composition, est le discours que Marie Stuart adresse à ses amis en montant sur l'échafaud.

Lope comptait beaucoup sur le succès de son ouvrage, et il fut favorablement accueilli dans sa nouveauté; depuis il a déchu du rang où l'enthousiasme l'avait placé. Les idées religieuses avaient beaucoup contribué à sa première réputation; alors un poëme en l'honneur d'une reine martyre ne pouvait être qu'excellent. C'est ainsi qu'en jugea Urbain VIII, à qui il fut dédié; il donna à l'auteur des preuves de satisfaction telles qu'un pontife suprême les pouvait donner à un poëte catholique et prêtre. Lope fut fait docteur en théologie et chevalier de Malte. Depuis lors, il remplaça le titre de *don*, par celui de *Frey* ou chevalier, ce qui a fait penser à quelques personnes, qui ont cru que les initiales *Fr* voulaient dire *Fray*, que notre auteur s'était fait moine.

Ce fut dans ce temps qu'il publia ses *Nouvelles*. Les cinq premières sont dédiées à une dame et la narration lui est constamment adressée; les trois autres sont de simples récits. Cet ouvrage n'a pu ni ajouter ni nuire à l'immense réputation qu'avait déjà son auteur. Son talent pour inventer et raconter était assez connu par des ouvrages plus importans, pour qu'il n'eût pas besoin de le montrer dans de simples nouvelles. On les aurait peut-être remarquées sortant d'une autre plume; mais, écrites par le premier poëte de l'Espagne, on s'aperçut qu'elles étaient au-dessous de celles de Cervantes et de dona Maria de Zayas.

Il avait depuis deux ans suspendu l'impression de ses comédies, et je crois que peu après il cessa aussi d'en composer. Nous savons que des scrupules tardifs l'avaient éloigné de cette occupation vers la fin de sa vie, et que, pour l'indemniser des pertes que lui causait ce scrupule, le duc de Sessa lui avait assuré une pension. L'époque où il prit cette résolution est inconnue, mais la suspension de l'impression de son recueil semble l'indiquer. Peut-être pourrions-nous la connaître avec plus de précision, si nous savions l'époque à laquelle il fut nommé prieur de la congrégation des prêtres originaires de Madrid dont il était membre. Moreto et quelques autres prêtres, auteurs dramatiques, ont aussi, par dévotion, abandonné le théâtre vers la fin de leur vie. Le seul Calderon a composé jusqu'au dernier moment de sa longue carrière.

Il paraît cependant que c'est vers 1630, date que l'on donne à l'épître à Claudio, que fut composée sa dernière pièce, *La Moza de Cantaro*. Au moins dit-il à la fin qu'il en a fait quinze cents, nombre qu'il a aussi consigné dans la pièce dont nous venons de parler. Au reste, ce fruit tardif de sa veine peut être rangé parmi ses bons ouvrages dramatiques; il n'avait rien perdu ni de la vigueur de son génie, ni de la gaieté de son imagination, ni de l'élégance de sa poésie : exempt d'infirmités au moral comme au physique, il avançait en âge, mais ne vieillissait point.

Lope ne cessa pas cependant de publier d'autres ouvrages, tels que l'*Isagoge*, etc. *Proserpine*, un de ses poemes mythologiques, qui paraît être perdu, date de la même époque.

Cervantes avait en 1615 fait le Voyage au Parnasse, où, sous le même titre et en suivant la même marche que Caporali, il avait fait pour les poëtes espagnols, ses contemporains, ce que l'autre avait fait pour les écrivains Italiens. Lope, qui dans la comédie avait dépassé Cervantes de bien loin, qui avait voulu lutter contre lui dans les nouvelles, crut pouvoir aussi le surpasser dans cette autre carrière; mais au lieu de varier son ton, de mêler l'éloge au blâme, ou du moins l'ironie aux louanges sérieuses, il prit le parti de composer un ouvrage entièrement encomiastique; il le publia en 1630 sous le titre de *Laurier d'Apollon;* longue et fatigante énumération en neuf chants ou sylves, de tous les poëtes espagnols; chacun eut sa portion d'éloges. La seule chose remarquable de ce poëme est la prodigieuse variété des louanges adressées à trois cent trente personnes, sans que l'auteur se répète. Le sujet n'est presque rien, et une ou deux épisodes tirées des métamorphoses d'Ovide et correctement écrites ne suffisent pas pour l'animer. Apollon veut couronner le meilleur poëte espagnol, on fait valoir les titres de chacun, et, embarrassé du choix, le dieu remet le prix au roi Philippe IV, et le charge de le donner.

Dorothée est intitulée *action* en prose. C'est une pièce du genre des anciennes comédies historiques dont *Célestine* avait fourni le modèle. Cet ouvrage de la première jeunesse de l'auteur contient évidemment, comme la *Mélite* de notre Corneille, le récit de ses propres aventures sous le nom de Fernand. Il y a inséré quelques pièces de vers qui en sont le plus grand ornement, quoique d'ailleurs le dialogue ne manque pas de vivacité, que les caractères soient bien peints, et que celui de Gérarde, de la vieille femme qui remplit le même office que Célestine dans la pièce de ce nom, soit traité avec beaucoup d'art.

Ce fut le dernier ouvrage important de Lope. Il ne s'occupa plus qu'à réunir plusieurs morceaux qui restaient encore dans son portefeuille; il en composa deux recueils : le premier, formé de poésies burlesques, comprend environ cent cinquante sonnets, des romances, et surtout un poëme en cinq chants du mètre de *sylve*, et qui serait peut-être le premier des ouvrages de Lope, s'il n'avait été poëte lyrique et dramatique. Il est intitulé la *Gatomachie*, ou la guerre des chats. Les amours du brave Marrimaquiz pour la belle Zapaquilda qui préfère Mizizouf, les combats des deux rivaux, leur jalousie, sont pleins de vie et de gaieté. Il faut même avouer que l'imagination de notre auteur l'a mieux servi dans cet ouvrage que dans la *Jérusalem* et l'*Angélique*, qu, bien que plus sérieux, sont au fond du même genre. Cette collection fut publiée sous le nom du même licencié Tomé de Burguillos, qui avait joué le rôle de bouffon dans les joutes de Saint-Isidore. Avec l'esprit que Lope avait de reste, il avait de quoi faire la réputation d'un autre nom que le sien. Cette collection fut approuvée par Quevedo, qui assurément se connaissait en poésies burlesques.

Ses œuvres sérieuses devaient former une collection plus volumineuse. Le titre, *La Vega del Parnasso*, le *Vallon du Parnasse*, faisait allusion au nom de l'auteur. Il mourut la veille du jour où le censeur donna son approbation. On trouve dans *La Vega* plusieurs pièces fugitives, entre autres l'épître à Claudio, mal intitulée églogue, où l'auteur fait une espèce d'histoire de sa vie littéraire; car il n'en connaissait pas d'autre, et, comme il l'avait dit à Amaryllis, son histoire était dans ses ouvrages. On y trouve aussi huit comédies. Il n'est pas aisé de comprendre pourquoi il n'avait pas continué à publier par volumes celles qu'il avait encore inédites, s'il croyait cette publication innocente, ni pourquoi il mettait au jour celles-là, s'il la regardait comme scandaleuse.

Quoiqu'il ne s'occupât plus d'ouvrages de longue haleine, quoique les idées et les pratiques religieuses l'absorbassent tout entier, quoiqu'il eût passé la moitié de son quinzième lustre, le feu poétique qui l'avait si long-temps animé, s'il brillait de moins d'éclat, n'était pas encore éteint. Il avait déjà composé la plus grande partie d'un éloge de Camoëns et de Manuel de Faria son commentateur, et il s'occupait de le terminer lorsque la mort l'atteignit. La veille du jour où il tomba malade, il avait fait une sylve intitulée le *Siècle d'Or*, pleine d'un doux intérêt, et un sonnet sur la mort d'un gentilhomme portugais. Le sujet et l'idée que ce sont les derniers mots d'un grand poëte, donnent à ce petit ouvrage une teinte profonde de mélancolie. Il fallait pour que Lope cessât d'être poëte, qu'il cessât de vivre.

Dans le mois d'août 1635, il se trouva un peu incommodé ; il avait éprouvé dans le cours de l'année deux chagrins très-vifs dont un seul eût suffi pour abattre le plus grand courage ; c'est ce que nous apprend Montalvan, qui, dînant avec lui vers le commencement de ce mois, l'entendit parler avec une sorte de pressentiment de sa fin prochaine. Cependant, le vendredi 18, ne se sentant pas malade, il ne voulut se dispenser ni de la discipline qu'il se donnait chaque semaine, ni de l'observance du maigre. Il sortit le soir du même jour pour assister à des thèses de philosophie ; il s'y trouva mal, et dès le premier moment, on reconnut que sa maladie était mortelle. Il accomplit avec une dévotion sincère les devoirs que sa religion lui prescrivait, donna sa bénédiction à sa fille, s'entretint avec ses amis de pensées pieuses, et mourut le lundi 21 du même mois.

Quel est ce vif chagrin qui causa ou qui du moins accélébra sa mort? Montalvan n'en dit rien. Si j'osais hasarder une conjecture, je dirais que c'est la mort de son second fils, Lope, et j'expliquerais le silence du panégyriste et sur sa vie et sur sa mort, en supposant qu'il a eu pour taire son existence, les mêmes raisons que pour ne parler de Marcelle que comme d'une proche parente de son héros. Il est vrai que l'époque de la naissance de Lope le jeune étant bien constatée, et se rapportant à 1606, le vice de son origine était bien évident; et il aurait été singulier qu'il l'eût fait figurer dans une dédicace à la comtesse d'Olivarès avec sa fille légitime. Cependant, comme le peuple espagnol qu'on représente de ce côté des Pyrénées comme plein de préjugés, est celui qui en a le moins; comme la bâtardise n'est ni dans les mœurs, ni dans les loix, aussi déshonorante qu'elle l'était en France ; comme enfin l'amour paternel était dans Lope de Vega une passion très-vive, ma supposition pourrait être fondée, et alors elle expliquerait tout ce qu'il y a d'incompréhensible et dans le silence de Montalvan sur la naissance du jeune Lope, et dans le silence du père sur sa mort.

Le duc de Sessa, petit-fils du fameux Gonzalve de Cordoue, était nommé l'exécuteur testamentaire de Lope; il accepta cette charge honorable, et présida à ses funérailles dont il fit les frais. La réunion des différentes sociétés auxquelles avait appartenu l'illustre mort, le concours de toutes les personnes qualifiées de la cour, de tous les gens de lettres, de tous les artistes, la foule du peuple, donnèrent à cette cérémonie encore plus d'éclat, que les dépenses que fit le duc pour la pompe du convoi et la décoration de l'église. Le cortége était si étendu, qu'encore qu'on eût fait un détour pour passer devant le couvent des carmelites, par égard pour sœur Marcelle de Jésus, qui avait désiré de rendre un dernier hommage à son père, la tête du convoi était arrivée à la paroisse Saint-Sébastien, où l'inhumation devait se faire, avant que le corps ne fût sorti de la rue de Francos. Le duc de Sessa eut l'attention de faire mouler la figure du défunt, pour servir de modèle à une statue qu'il ne fit jamais exécuter. La confrérie des prêtres natifs de Madrid, fit, à l'expiration de la neuvaine, un service solennel où l'on prononça une seconde oraison funèbre, et le lendemain les cérémonies religieuses se terminèrent par celui que fit faire la confrérie des comédiens de Madrid, établie sous l'invocation de Notre-Dame de la neuvaine.

Ces honneurs funèbres n'étaient que le prélude de ceux qu'il devait recevoir. Tous les poëtes espagnols, et beaucoup d'Espagnols qui n'étaient pas poëtes, se hâtèrent de couvrir sa tombe d'odes, de dixains, de gloses, de sonnets, d'inscriptions, d'oraisons funèbres. Depuis le grand d'Espagne, jusques au commis, depuis le quatrain jusques à la comédie en trois actes, on trouve des auteurs de tous les rangs, des ouvrages de toutes sortes, dans ceux que cent soixante admirateurs ou admiratrices de Lope, fournirent au docteur Montalvan son ami, pour en former un volume de 400 pages in 4°., intitulé : Renommée posthume. Le temps des bons poëtes de l'Espagne était passé. Gongora, Quevedo, les Argensola, Villegas, avaient précédé Lope au tombeau, Calderon lui survivait, et son nom manque à cette liste : on en est fâché pour lui.

La France envoya pour tribut un sonnet ; mais l'Italie rendit son hommage à part ; et sous le titre d'*Esequie postiche*, honneurs funèbres, il parut un assez volumineux recueil à la louange de notre poëte ; ainsi du moins sa renommée lui survécut. Puis, d'autres auteurs vinrent occuper l'attention ; puis le style précieux prit le dessus ; puis l'Espagne qui avait déjà perdu son influence politique, perdit aussi son influence littéraire ; puis dans ce pays même, des savans à l'eau rose (*eruditos à la violeta*), après avoir appris les principes d'Aristote dans les traductions des critiques français, et s'être pénétrés du génie de Sophocle et d'Euripide, en lisant le père le Bossu, décidèrent que Lope qu'ils ne comprenaient pas, était un auteur pitoyable ; puis enfin il subit l'affront d'être remanié, corrigé, tronqué, réglé ; et de ce colosse de gloire du *prodige de la nature*, du *phénix des écrivains*, il est resté si peu de renom après deux cents ans, que peut-être quelques personnes s'étonneront que je me sois donné la peine de faire les recherches dont ce petit nombre de pages est le résultat. Mais on voudra bien m'excuser ; s'il avait existé une bonne biographie de Lope de Vega, j'aurais pu y renvoyer le lecteur ; mais comme cet ouvrage n'était pas fait, j'ai cru devoir en réunir les principaux documens, et j'ai pensé qu'ils ne seraient point ici hors de leur place.

Lope, par son testament, avait donné l'un de ses portraits au duc de Sessa, un autre au docteur Montalvan. J'ignore si c'est l'un de ces deux qui, venu en la possession d'Iriarte, a servi de modèle pour la gravure qui orne le tome III du Parnasse espagnol ; du reste son image était extrêmement multipliée de son vivant ; on voyait son portrait partout. Il nous est resté de ces estampes contemporaines ; et c'est sur elles, comme plus certaines, qu'a été fait le dessin de la gravure qui accompagne ce volume.

Lope était d'une taille moyenne, n'avait pas d'embonpoint, mais était agile et robuste. Il conserva jusqu'à la fin de ses jours l'habitude de faire beaucoup d'exercice, et exempt d'infirmités, parvint jusqu'à un âge assez avancé, sain de corps et d'esprit. Il était bon dans sa famille : ses ouvrages rendent témoignage de ses sentimens paternels. Très-zélé pour servir les autres, il était négligent pour ses propres affaires. Une seule chose l'intéressait : c'était la composition, et sa seule distraction était la culture de son jardin. Rien ne pouvait le détourner lorsqu'il était occupé à écrire; souvent sa main fatiguée lui refusait de le servir; lui-même nous fait un tableau charmant de sa préoccupation lorsque, travaillant à un poëme, les domestiques venaient l'avertir que le repas était servi, qu'il les renvoyait avec brusquerie, et qu'il ne cédait que lorsque son jeune *Carlitos* (diminutif de *Carlos*) venait, envoyé par sa mère, l'arracher à son travail. Cet acharnement à l'ouvrage aide à concevoir sa prodigieuse facilité. Montalvan nous assure que, faisant en société avec lui une comédie (le *Tiers-Ordre de Saint-François*), chacun d'eux fit un acte le premier jour; que, s'étant partagés le troisième, le jeune poëte voulut devancer son vieux maître, et, s'étant levé à deux heures du matin, eut fini à dix heures la tâche qui lui était imposée. Il court chez Lope, le trouve occupé à émonder dans son jardin un oranger qui avait souffert de la gelée. — « J'ai fini mon demi-acte. — J'ai aussi fini le mien, répond Lope. — Et quand ? — Je me suis levé à cinq heures, j'ai fait le dénoûment de la pièce; voyant qu'il était encore de bonne heure, j'ai écrit une épître en cinquante tercets; j'ai déjeuné avec des fritures, et je suis venu arroser mon jardin. Je viens de finir; mais je vous assure que je suis fatigué. »

Dans la société, il était affable avec les étrangers, galant auprès des dames, respectueux envers ses supérieurs, gai et même badin avec ses amis. Il aimait naturellement la paix ; s'il se plaignait quelquefois d'avoir des envieux, il ne répondit jamais qu'à regret aux attaques dirigées contre lui ; et si une juste impatience ne lui eût jamais arraché la seconde partie de *Philomèle*, il aurait pu dire avec notre Crébillon :

Aucun fiel n'a jamais empoisonné ma plume.

On ne trouve pas une épigramme dans ses cinquante volumes ; ses rivaux, ses ennemis furent franchement loués par lui ; il dédia une de ses pièce à Gongora, dont il n'avait pas à se louer. L'âge avait entièrement dissipé l'humeur volage et querelleuse qui avait occasioné les traverses de sa jeunesse. Un jour, un homme sans égard pour son état de prêtre, l'ayant grièvement insulté, et en recevant des reproches amers, lui dit : « Si vous n'êtes pas satisfait, marchons ! — Oui, marchons, répondit Lope ; marchons à l'autel, moi pour y dire une messe et vous pour me la servir. »

Notre auteur sentait son mérite, et peut-être sans cela il en eût eu moins. Il avait sans doute tort de permettre que de son vivant on intitulât ce recueil de ses comédies : OEuvres du *phénix* de l'Espagne ; il avait tort de se vanter lui-même comme il le faisait, s'il faut en croire Villegas ; mais il conserva, au milieu de ses succès, cette timidité, cet embarras de louanges, la seule modestie qui ne soit pas feinte. Il ne pouvait souffrir de s'approcher de la cour et haïssait les cérémonies ; il disait à un évêque : « Si votre seigneurie veut que je vienne plus souvent chez elle, il faut qu'elle me fasse moins d'honneurs. » Enfin, avec les goûts de l'aisance et ceux du luxe, il avait le sentiment de l'indépendance et l'amour de la retraite. L'homme qui a été le plus loué de son vivant, avait fait écrire sur son portrait ces mots de Sénèque : *laudes et injuria vulgi in promiscuo habendæ sunt.*

Sa dévotion était vive et sincère ; c'est à la piété qu'il a dû ses plus belles inspirations lyriques. Peut-être est-ce notre faute, si nous ne trouvons pas le même mérite comparatif à ses compositions dramatiques religieuses. Il s'est souvent exercé sur des sujets sacrés, depuis la création du monde jusqu'à la vie d'un moine d'Alcala, presque son contemporain. Une comédie était pour lui un acte de de piété ; et nommé chapelain de Saint-Second, à Avila, il crut devoir faire une comédie sur le patron de sa chapelle : c'était le fêter à sa manière.

Mais de tous les préceptes de la morale évangélique, l'exercice de la charité fut celui que Lope suivit avec le plus d'étendue. Jamais un pauvre ne trouva sa main fermée. La monnaie destinée aux mendians était toujours sur sa table, pour qu'ils la reçussent avec moins de retard. Il donnait de grands secours à des pauvres honteux ; et un jour ayant vu un prêtre mal vêtu qui venait lui demander la charité, il le revêtit de ses propres habits, et lui donna même son chapeau, quoique obligé de sortir, et n'en ayant point d'autre chez lui dans ce moment.

Lord Holland dit : *qu'on voit avec une surprise mêlée d'indignation*, que Lope se plaigne continuellement de l'état de sa fortune ; et il fait une longue addition prise dans Montalvan, de tout l'argent qu'il avait touché dans le cours d'une vie de soixante-treize ans. Quant à moi, j'ai vu *avec surprise, mais sans indignation*, que l'historiographe de Lope de Vega se soit exprimé d'une manière qui semble inculper d'avarice et d'avidité, le plus désintéressé des hommes, celui qui laissa à sa mort, en capital, deux années de son revenu ordinaire.

Montalvan compte que son ami avait reçu 880,000 réaux pour le montant de ses pièces de théâtre; plus, 66,000 réaux, pour ses actes sacramentaux; 17,600 seulement pour l'impression de ses livres, et 110,000 de cadeaux de différens seigneurs. Le docteur n'était pas très-fort sur l'arithmétique, car, après avoir dit que Lope avait reçu en cadeaux 10,000 ducats de différens seigneurs, il estime à 24,000, les présens du seul duc de Sessa, ce qui réduirait ceux des autres à des quantités négatives. On verra bientôt qu'il faut diminuer beaucoup la principale partie de cette somme, et qu'on ne peut guère compter que Lope ait tiré de son travail plus de 15,000 réaux, environ 4000 francs par an. Il est vrai qu'il avait 8140 réaux de revenu en bénéfices (environ 2000 francs) et une pension du duc de Sessa, lorsqu'il eût renoncé au théâtre. De son temps, les objets de nécessité valaient le quart de ce qu'ils coûtent aujourd'hui; mais pour les objets de luxe, de fantaisie, la différence était beaucoup moindre, elle n'était pas d'un tiers sur les livres; si bien, qu'à la tête d'une famille qui avait été nombreuse, faisant beaucoup de charités, ayant toujours sa maison et sa table ouvertes pour un ami, amateur de tableaux et de livres de toutes les espèces, formant la plus belle bibliothéque qui existât en Espagne de son temps, aimant la propreté sur ses vêtemens, l'élégance dans ses meubles, le luxe même dans sa chapelle, probablement très-peu adroit dans l'art de se faire payer de ses débiteurs, n'ayant point de femme à la tête de sa maison, Lope de Vega a dépensé chaque année l'équivalent de douze ou quinze mille livres de rente d'aujourd'hui; il eut pu économiser sans doute. Il était plus riche que Cervantes, qui le valait bien, c'est certain ; mais de ce qu'il se sentait dans la gêne et de ce qu'il le disait, on peut conclure qu'il fut dérangé, mais non pas qu'il fut avare, et l'on pouvait avoir étudié les mathématiques à l'université d'Alcala, sans avoir appris cet art de compter qui donne de l'aisance (1).

Voici, au reste, sur quel ton il se plaignait, dans son épître dédicatoire du *Verdadero amante*, à son fils Lope.

« Si par malheur, ou par l'influence du sang, vous vous trouvez de l'inclination à composer des vers, ce dont Dieu puisse vous préserver ! songez bien à n'en faire que l'accessoire de vos occupations, de peur qu'ils ne vous détournent sans aucun avantage de votre objet principal. Suivez vos études sans distraction, et si vous avez besoin d'un motif pour vous y déterminer, voyez qu'elle est ma destinée. Vous écrirez beaucoup d'années, que vous n'auriez pas encore autant travaillé que moi pour l'honneur de votre patrie; vous n'auriez pas droit à en demander davantage, et cependant vous voyez ce que j'ai, une petite maison, une table modeste, un ameublement simple, et un jardin resserré dont les fleurs distraient mes chagrins, et me fournissent des pensées... A mes neuf cents comédies, à mes douze volumes imprimés en prose et en vers, à mes nombreux ouvrages détachés, j'ai gagné des ennemis, des censeurs, des envieux, des critiques, des craintes, des soucis; j'ai perdu un temps précieux et la vieillesse est arrivée... je vous dédie cette comédie, parce

───────────

(1) Je ne sais sur quels renseignemens M. Bouterweck dit qu'il se trouva une fois possesseur de cent mille ducats (880,000 réaux) à la fois. Je ne puis, par conséquent, que citer cette opinion que je ne partage pas.

que je l'ai écrite à l'âge que vous avez; et pour que vous voyiez, quoiqu'elle ait été applaudie, quelle fut la faiblesse de mes commencemens : mais c'est à condition que vous ne me prendrez pas pour modèle, de peur d'être comme moi écouté de la multitude, estimé du petit nombre. Dieu vous garde ! »

Ces plaintes se retrouvent assez fréquemment dans les œuvres de Lope, mais presque nulle part il ne sollicite directement des secours. Voici peut-être la seule demande formelle qu'il ait faite, et c'est au roi Philippe IV qu'elle s'adresse. Il est rare qu'on implore l'assistance d'un monarque avec autant de simplicité et aussi peu de bassesse.

« Lope dit, sire, qu'il a servi votre aïeul de son épée en Angleterre. Il ne fit rien de bon alors, et a fait moins encore depuis; mais il avait du zèle et du courage.

» Il a servi votre père de sa plume. Si elle n'a pas étendu son vol pour porter ses louanges d'un bout du monde à l'autre, c'est la faute de son peu de mérite, mais non de son désir de servir son roi.

» Lope a une fille et beaucoup d'années, les muses lui ont donné de l'honneur et non des rentes, il est pauvre en actif, riche en passif. Dieu crée, le soleil fait croître, le roi soutient. Créez-moi, augmentez-moi, réparez mes maux : je suis en marché d'un fiancé.

» La fortune me menace, la foi seule me reste. Donnez-moi, grand Philippe, une part dans vos richesses, et puissiez-vous avoir plus d'or et de diamans que je n'ai de rimes à mon service ! »

Montalvan ne nous donne point de ces détails particuliers, qui plaisent tant quand ils se rattachent à la mémoire d'un grand écrivain. Tout ce que nous apprenons de lui, c'est que Lope n'aimait pas ceux qui prenaient du tabac, les prêtres qui croyaient aux prédictions des bohémiens, les curieux qui demandaient l'âge des autres lorsqu'il ne s'agissait pas de mariage, et les hommes qui, étant nés de femmes, disaient du mal du sexe auquel ils devaient leur mère.

Pour réunir autant qu'il est possible tout ce qui pouvait donner une idée de ce grand poëte, nous donnons un *fac simile* de son écriture et de sa signature que nous avons emprunté à l'ouvrage de lord Holland. On y verra du moins qu'il écrivait vite, et si vite qu'il oubliait des lettres et toute la ponctuation.

La Vega del Parnasso fut imprimée par sa fille Féliciane et son gendre don Louis Usatégui, dans l'année de sa mort. Ils publièrent aussi, la même année, le vingt-unième volume de ses comédies, dont la dédicace est souscrite par la fille de Lope, et le vingt-deuxième qui fut dédié par son gendre. Ils mirent encore au jour, l'année suivante, un volume d'œuvres posthumes.

Ce ne fut que plusieurs années après qu'il parut à Madrid chez Coëllo, à Sarragosse chez Verges, des tomes 23, 24 et 25 de ses comédies. Les deux collections n'étant pas identiques, les six volumes contiennent au lieu de trente-six, environ cinquante pièces différentes. La totalité des comédies ainsi recueillies est d'à peu près trois cents, mais il en existe un grand nombre qui ont été imprimées séparément.

On n'a point fait de nouvelle édition de son théâtre, depuis sa mort; on a seulement réimprimé sur de mauvais papier, avec de vieux caractères, celles de ses pièces le plus en vogue, à mesure qu'elles manquaient dans le commerce. Il n'existe nulle part de collection complète de ses comédies. Dans les bibliothéques de Paris même on n'en trouve qu'environ trois cents vingt.

Quant aux ouvrages de Lope sur d'autres sujets, le libraire Sancha les a réunis sans ordre, sans critique, en une collection, ou un tas de vingt et un volumes.

N'ayant pas adopté l'ordre chronologique, qui présentait quelques difficultés à cause de l'intervalle écoulé entre la composition et la publication de chaque ouvrage, il eût dû tout au moins classer d'après leurs genres divers, les nombreux matériaux qu'il avait à sa disposition.

Lope de Véga a composé :

1°. Deux poëmes héroïques d'invention : la *Beauté d'Angélique* et la *Jérusalem conquise*.

2°. Quatre poëmes historiques : *Saint-Isidore*, la *Dragontéa*, la *Couronne tragique*, *N.-D. de la Almuneda*.

3°. Quatre poëmes mythologiques : *Circé*, *Andromède*, *Philomèle* et *Proserpine*, (ce dernier est perdu).

4°. Un poëme burlesque : la *Gatomachie*.

5°. Plusieurs poëmes descriptifs, didactiques, etc., de peu d'étendue, la *Description de la Tapada*, les *Larmes de Magdeleine*, le *Nouvel art dramatique*, etc.

6°. Une foule de sonnets, de romances, poësies lyriques, élégiaques, d'épîtres, tant sacrés que profanes.

7°. Quatre ouvrages mêlés de prose et de vers : l'*Arcadie*, le *Pèlerin*, les *Pasteurs de Bethléem*, *Dorothée*.

8°. Huit nouvelles en prose.

9°. Les récits de deux joutes littéraires, et plusieurs autres ouvrages en prose.

10°. Enfin un nombre de comédies sur lequel on varie beaucoup. Cherchons à l'établir sur des données probables.

En 1604, Lope donna le catalogue de ses comédies. On en trouve trois cent trente et une en déduisant trois doubles emplois. Plusieurs de ses pièces étaient antérieures à 1590; de sorte que l'on peut supposer qu'il en avait fait trois cent huit dans ces quatorze dernières années, ou vingt-deux par an.

En 1609, il dit dans le nouvel Art dramatique qu'il en a composé quatre cent quatre-vingt-trois; et dans la même année, Pacheco, dans la préface de la *Jérusalem*, porte ce nombre en compte rond à cinq cents, c'est environ cent soixante en cinq ans, ou trente-deux par an.

Dans le prologue de la onzième partie, 1618, il annonce 800 pièces. C'est trois cents en neuf ans, ou trente-trois pour chaque année.

En 1620, il dit dans la dédicace d'un *Véritable Amant* et dans la préface de la quatorzième partie, qu'il en est à neuf cents. C'est beaucoup, puisque ce serait cinquante par an; mais il n'en annonce que le même nombre en 1622, lorsqu'il publie la *Philomèle*.

Trois ans après, en 1625, en publiant le dernier volume qu'il ait fait imprimer de son vivant, il énonce en nombres exacts mille soixante-dix. Enfin, après 1630, dans l'épître à Claudio, il se vante de 1500.

Nous savons qu'il avait renoncé au théâtre pendant plusieurs années (*muchos años*) avant sa mort, ainsi 1500 est le *maximum* des suppositions possibles. Cependant, dans une de ses oraisons funèbres, on l'élève à 1600; quelques mois après, dans le prologue de la vingt-deuxième partie, son gendre Usategui le porte à 1700, et Montalvan, l'année d'après, à 1800. *Vires acquirit eundo.*

Il est clair, au reste, qu'on ne doit compter qu'en gros sur les nombres même de Lope; il ne calculait pas mieux dans son cabinet que dans son ménage, et il n'est pas plus croyable qu'il n'ait rien fait de 1620 à

1622 qu'il ne l'est qu'il ait composé 430 pièces entre 1625 et 1630.

Il y a plus : des 331 comédies composées avant 1604, nous en possédons la moitié; serait-il possible que nous n'eussions que le tiers ou même le quart de celles qu'il a faites depuis cette époque?

Cependant dans ces comptes faux il y a un fonds de vérité, et l'analogie doit nous le faire trouver. Nous pouvons admettre 900 pièces vers 1622, 1000 en 1625, et 1100, 1200 tout au plus à la fin de la carrière dramatique de Lope. Mais d'où viendra alors le compte des 1500? des actes sacramentaux, des intermèdes qui auront été tantôt compris, tantôt oubliés, et qui, ajoutés de nouveau aux 1500 de Lope, auront fait les 1800 de Montalvan.

Or, 1100 comédies, réparties sur environ trente-cinq ans de carrière dramatique, donnent trente pour le travail d'une année, et à 500 réaux chacune, elles correspondent à un revenu de 15,000 réaux, comme je l'ai dit plus haut. Je ne compte pas à la vérité les actes sacramentaux, qui étaient en général mal payés; mais je ne compte pas non plus les non-valeurs, les pièces données, celles qui furent composées dans sa première jeunesse, etc.

De cette énorme quantité de pièces, il nous en reste, suivant La Huerta, qui en a dressé le catalogue, un peu plus de 500; mais d'un côté, s'il en a oublié au moins treize, de l'autre il en a attribué à Lope au moins vingt et une qui sont bien à d'autres auteurs : le *Mentiroso* (le *Menteur*), à D. Juan d'Alarcon; le *Prince D. Carlos*, à Ximenès de Enciso; *El medico de su honra* (le *Médecin de son honneur*), et l'*Alcade de Zalaméa* à Caldéron; l'*Examen des maris*, à Montalvan; les *Sept Infans de Lara*, à Hurtado Velarde; d'autres à Guevara,

Mira de Mescua, Grajal, etc. Quoique je n'aie pas lu les 316 qui existent à Paris, j'ai reconnu quatorze doubles emplois, ce qui doit réduire à environ 480 les comédies qui existent encore aujourd'hui. Je ne donne ce calcul que comme une hypothèse; car il semble que le dénombrement de ces pièces ait porté malheur à l'exactitude de tous ceux qui ont voulu l'entreprendre.

Toutes ces comédies sont en trois actes, et d'environ trois mille vers chacune.

Nous avons encore dix-neuf actes sacramentaux, une vingtaine d'intermèdes, et une ou deux pièces faites pour être chantées.

Dans cette immense collection, tout à beaucoup près n'est pas bon; quelque universel que fût le génie de Lope, il n'était pas également heureux dans tous les genres. Ses vers sont toujours faciles et harmonieux; mais il réussissait moins bien dans les octaves héroïques que dans les mètres plus courts. Ses poëmes ne sont point sortis de l'enceinte de l'Espagne, et n'y jouissent pas même d'une grande réputation, sauf la *Gatomachie*, qui est encore regardée comme le chef-d'œuvre du genre burlesque.

Les traductions ou imitations qu'a faites Lope de Véga sont plus estimées; et lord Holland a cru pouvoir en conclure que c'était l'imagination qui lui manquait. L'imagination manquer à Lope de Véga! Je crois qu'on doit plutôt attribuer les louanges qu'on accorde à ses ouvrages, à ce qu'ils nous rappellent des idées avec lesquelles nous avons déjà été familiarisés par les originaux; les Espagnols, et ce sont eux qui sont seuls juges compétens en cette partie, accordent à Lope un très-grand talent pour la poésie lyrique : la plupart de ses ouvrages dans ce genre, sont des hymnes sacrés ou des élégies.

Mais si les sujets sacrés ou sérieux l'inspiraient d'une manière favorable, il ne réussissait pas moins dans le genre gai.

M. Bouterweck assure que Lope de Vega est toujours pur et simple, qu'il était né pour la poésie dramatique, et c'est vrai; mais il ajoute que dans les autres genres, il ne fut qu'imitateur. Si ce savant critique entend par imiter, composer des ouvrages dans le genre de ceux qui existaient déjà, Lope fut imitateur dans ses comédies, comme ailleurs; si pour imiter il faut emprunter les idées des autres, personne ne fut plus original que Lope, et ses plus mauvais ouvrages sont toujours faits d'une manière qui n'appartient qu'à lui.

Il abhorrait le cultisme et voulait être un écrivain *llano*, clair et sans affectation. Ceux, cependant, qui ne connaissent point Gongora et les auteurs de son école, pourront croire que notre auteur ne s'est pas toujours préservé des défauts qu'il reconnaissait, qu'il blâmait, qu'il poursuivait avec acharnement dans les autres. Mais dans ces sortes de questions, il faut séparer ce qui appartient à la langue, de ce qui appartient à l'auteur qui l'emploie.

Par le mot de langue, je ne veux pas dire uniquement les règles de l'étymologie et de la syntaxe des mots, mais tout ce qui constitue l'ensemble d'un idiome. On reproche aux auteurs espagnols, à notre poëte en particulier, l'abus des métaphores, soit par leur excessive multiplication, soit parce qu'elles prennent trop haut leurs objets de comparaison. Mais les peuples du Midi ont leur langage plus figuré que ceux du Nord; et quant à l'exagération, le défaut d'habitude seul nous en fait trouver dans les langues étrangères. Les Espagnols disent : *Estoy rabiando de hambre, estoy rabiando por verla* : Je suis enragé de faim, du désir de la voir. Nous trouverons ces expressions exagérées ; et les nôtres : je meurs de faim, je meurs d'envie de la voir, ne nous choquent pas, quoiqu'elles soient bien plus éloignées de la vérité.

Ce n'est point seulement dans la classe élevée, dans la conversation choisie que ces métaphores sont en usage : elles font partie du langage populaire, de l'idiome vulgaire et national. Avoir du sel dans la conversation, c'est, en espagnol, *être salé* ; à la bonne heure, mais ce n'était pas assez d'appeler *salada*, une jeune fille aimable, on l'appelle *salero*, salière ou grenier à sel. Un ouvrier en buvant du vin ordinaire, pour exprimer qu'il est bon, dira : *sabe á gloria*, il a le goût du paradis, c'est un avant-goût de la gloire éternelle. Un soulier qui va bien, est un soulier comme un *ciel* ; un poisson qui est cher, coûte un *œil de la tête* ; une grosse imposture est un mensonge *comme une maison*. On demandait à un paysan de la Manche, de combien de troupes se composait le corps qui défendait le passage de la Sierra Morena ; il répondit : *un medio mundo delante, un mundo entero detras, y mas atras la santissima Trinidad :* Un demi-monde en première ligne, un monde entier derrière, et en réserve la Très-sainte-Trinité ; et dans ces expressions il n'y avait que la dernière qui fût emphatique.

Le nom de Lope lui-même nous fournit encore un exemple de cet abus des métaphores. Sa réputation était telle de son temps, que pour dire qu'une chose était bonne, on disait : *Es de Lope*, c'est de Lope, ou c'est du Lope. Qu'on s'exprimât ainsi en parlant d'une comédie, d'un sonnet, d'un poëme, tout le monde le conçoit ; mais ce que l'on ne comprend que lorsqu'on est familiarisé avec la langue, c'est que l'on dit d'une belle maison, *elle est de Lope*, et il était logé médiocrement ; d'une belle femme, *elle est de Lope*, et il était célibataire par état. Cette métaphore fut cependant bien placée, lorsqu'une femme du peuple, en admirant la beauté de son convoi dit : *es de Lope.*

Cette exagération, ou cette incohérence des métaphores, tient à une vivacité d'esprit qui fait saisir les rapports de plus loin. Les Français du Midi se rapprochent à cet égard des Espagnols leurs voisins. « Ah ! Chataine, Chataine, disait un laboureur languedocien à sa vache, tu ne vaudras jamais ta défunte mère, qui labourait comme un autre Cicéron. »

Les antithèses sont aussi un sujet de reproches que Lope partage avec sa langue. Ce n'est pas le seul poëte qui coupe ses phrases de traits brillans et antithétiques : c'est le genre de leur poésie nationale, presque toute coupée en couplets de trente à quarante syllabes, qui les a forcés de hacher leur style. On danse toujours aux chansons ; chaque couplet n'a que quatre ou sept vers, et les couplets ne se suivent pas ; il faut que chacun contienne quelque chose qui ressemble à une pensée.

D'ailleurs l'influence du climat doit aussi y compter pour beaucoup. Même lorsqu'ils parlaient la langue nombreuse et périodique des Romains, les Espagnols avaient le même genre d'écrire ; du moins les trois ou quatre Annœus et Martial et Silius Italicus, nous montrent-ils les mêmes défauts qu'on reproche aux auteurs qui, quinze cents ans après, ont brillé dans le même pays. Les traits d'esprit, les pointes immuablement attachés *à l'air*, *aux eaux*, et *au climat*, ont, comme le *fandango*, traversé sans altération les changemens de mœurs, de races, de religion et de langage.

Les jeux de mots ont été familiers à Lope, ainsi qu'à ses prédécesseurs et à ceux qui l'ont suivi. Les calembourgs proprement dits, les jeux sur les homophonies ne sont pas très-fréquens, parce que la langue espagnole, très-polysyllabique, ne présente pas beaucoup de mots qui se prêtent à cet abus de l'esprit; mais en revanche, les poëtes espagnols ont déployé sur l'homonymie, ou les sens différens de la même expression, toute la richesse de leur imagination. Souvent ce jeu est devenu assez facile pour les auteurs comiques, parce qu'afin de se mettre à leur aise, ils donnaient à leurs acteurs des noms significatifs, affectation qui détruit le peu de comique que ces équivoques peuvent présenter. Ce défaut, de tous le plus insupportable pour un traducteur, était, au reste, celui de Shakspeare et de tous les auteurs de ce siècle.

Le style de Lope de Vega est décent; mais j'avertis que cela ne signifie pas que la traduction littérale fût décente. Plusieurs expressions, qui sont aujourd'hui hors d'usage dans la bonne compagnie, y étaient reçues alors, et beaucoup de celles dont on peut encore aujourd'hui se servir à Madrid, ne peuvent être transportées qu'à l'aide de circonlocutions dans notre langue française, la plus chaste de toutes, parce qu'elle appartient au peuple où les femmes ont le plus de liberté, et par conséquent le plus de mœurs.

Mais dans un ouvrage de la nature de celui-ci, c'est surtout comme auteur dramatique que nous devons le considérer, et pour cela, je vais présenter sa propre doctrine sur l'art qu'il cultiva, pour qu'on puisse le juger d'après les lois qu'il reconnaissait lui-même.

NOUVEL ART DRAMATIQUE.

Illustres amis, beaux esprits, l'élite de l'Espagne, qui dans cette savante académie dépasserez bientôt, non-seulement celle que Cicéron, émule de la Grèce, établit dans les contrées où dort l'eau de l'Averne, mais encore celle où Athènes voyait se réunir, dans l'école de Platon, une si brillante société de philosophes; vous m'avez ordonné d'écrire pour vos assemblées un art dramatique conforme aux goûts actuels du public: cette tâche paraît facile; celui même d'entre nous qui a le moins écrit pour le théâtre n'en connaît que mieux les règles; et ce qui me fait craindre de ne pas réussir auprès de vous, c'est que mes ouvrages ont été écrits contre les principes de l'art: non que je les ignore; grâces à Dieu, j'étais encore écolier, le soleil n'avait pas depuis ma naissance passé dix fois du bélier aux poissons, que toutes ces idées m'étaient familières; mais je trouvai la scène déjà pleine de compositions dramatiques bien différentes de celles que nous laissèrent pour modèles ceux qui les premiers inventèrent cet art, et telles que les avaient composées des barbares qui avaient accoutumé le vulgaire à leur grossièreté. Sous cette forme elles ont prit un tel crédit, que celui qui maintenant suit les règles de l'art, meurt sans gloire et sans récompense; tant il est aisé à la coutume de l'emporter sur la raison, chez ceux qui ne sont point éclairés de sa lumière.

J'ai écrit quelquefois, il est vrai, suivant ces principes que peu de pesonnes connaissent; mais aussitôt que je vois paraître ces ouvrages monstrueux pleins d'apparences magiques, de tableaux merveilleux où accourent en foule le peuple et les femmelettes idolâtres de ces sottises, je retourne à mes habitudes barbares; et lorsque j'ai à composer une comédie, j'enferme sous de triples verroux tous les préceptes, j'éloigne de mon cabinet Plaute et Térence, de peur d'entendre leurs cris; car la vérité réclame à haute voix dans ces volumes muets. J'écris alors suivant l'art dramatique qu'inventèrent ceux qui voulurent obtenir les applaudissemens de la foule. En effet, c'est le public qui nous paye, et il est juste que nous écrivions des sottises pour lui complaire.

La véritable comédie a un but, comme toute espèce de poëme, et ce but est d'imiter les actions des hommes et de peindre les mœurs du siècle où ils ont vécu. Toute imitation poétique se compose de trois choses, la déclamation ou le chant, les vers ou l'harmonie. La tragédie et la comédie conviennent en ces deux points; mais elles diffèrent sur le troisième, le sujet, en ce que la comédie traite des passions humbles des plébéiens, et que la tragédie s'occupe des rois et des princes. Jugez maintenant combien on peut trouver de fautes dans notre manière de composer.

On appela d'abord nos pièces *actes*, parce qu'elles représentaient les actes de la vie commune. Lope de Rueda, dans ceux qu'il composa, encouragea par son exemple à suivre les règles. Ses comédies qui sont imprimées, sont en prose, et d'un genre si bas, qu'il y a introduit des artisans et retracé les amours de la fille d'un forgeron; maintenant ces ouvrages, vraiment dans le style antique et conformes aux préceptes de l'art, ces pièces où l'action est simple et se passe entre les citoyens de bas étage, nous les nommons *intermèdes*. Jamais on n'y a fait figurer de rois; mais aussi par la bassesse de leur style elles nous ont paru avilir l'art dramatique, et nous avons transporté le nom de comédie à des ouvrages où, à la grande satisfaction des ignorans, figurent des princes et des héros.

Aristote raconte, d'une manière assez obscure à la vérité, au commencement de sa Poétique, le débat qu'il y eut entre Athènes et Mégare, sur le premier inventeur de la comédie. Les Mégariens en attribuaient la gloire à Épicharme, les Athéniens la revendiquaient pour Magnètes. Donat lui donne pour origine les anciens sacrifices, et, suivant en cela Horace, attribue l'origine de la tragédie à Thespis, comme celle de la comédie à Aristophanes. L'Odyssée d'Homère fut composée sur un plan comique; mais l'Iliade fut un modèle du genre tragique. C'est à l'imitation de ce poëme que j'ai donné à ma *Jérusalem* le titre d'Épopée tragique. On donne ordinairement le nom de comédie, aux poëmes du Dante, de l'Enfer, du Purgatoire et du Paradis, et Maneti en donne les raisons dans son prologue.

On sait comment la comédie fut, comme suspecte, condamnée quelque temps au silence. Les satyres (1) plus cruels encore, durèrent moins long-temps, et l'on parvint enfin à la comédie nouvelle.

Les ouvrages dramatiques, dans leur principe, ne se composaient que de chœurs. Bientôt on y ajouta un certain nombre de personnages. Mais Menandre. suivi en cela par Térence, rejeta les chœurs comme ennuyeux. Ce dernier fut le plus rigoureux observateur des préceptes;

---

(1) Nom d'une sorte d'intermède.

jamais il n'éleva le style de la comédie à la hauteur tragique; plus prudent en cela que Plaute à qui on a reproché ce défaut.

Les tragédies sont fondées sur l'histoire, les comédies sur des fictions. On appelait celles-ci des ouvrages de plainpied, parce qu'on les jouait sans cothurne, ni décorations somptueuses, et que les sujets en étaient pris dans la vie vulgaire. Cependant, alors comme à présent, on en reconnaissait divers genres, puisqu'il y avait des pièces à pallium, à toge, des mimes, des atellanes, des tabernaires.

Les Athéniens reprenaient dans la comédie les vices et les mauvaises mœurs avec cette élégance que depuis on a, d'après leur nom, appelée atticisme. Ils décernaient des prix à l'auteur, et à celui qui avait dirigé la représentation. Cicéron voyait le théâtre du même œil, et il appelle la comédie, le miroir des mœurs, l'image de la vérité : sublime attribut qui élève Thalie au rang de la muse historique et lui donne le droit d'aspirer à toute sorte de prix et de gloire.

Mais il me semble déjà que je vous entends vous récrier, me dire que je ne fais que traduire des livres, et qu'il est inutile que je vous fatigue de cette confuse érudition. Cependant ce n'a pas été sans motif, qu'au moment où vous me demandez de développer l'art de faire des comédies en Espagne, où on les fait sans aucune espèce d'art; au moment où vous me chargez de vous expliquer en quoi elle sont contraires aux règles consacrées par l'antiquité et la raison, je vous ai rappelé quelques-unes de ces règles. Je ne vous en occuperai pas davantage : c'est à mon expérience que vous vous adressez, et non à ce que j'ai pu apprendre des principes d'un art qui nous dit la vérité, mais auquel le vulgaire préfère l'erreur.

Ainsi, si vous vouliez apprendre les règles, je vous adresserais à Robortelo; vous y verriez de savantes dissertations sur la comédie, de beaux commentaires d'Aristote, vous y trouveriez dans un ordre clair et facile, tout ce que vous chercheriez avec peine au milieu de la confusion d'une foule d'autres critiques.

Mais puisque vous voulez savoir quelles sont les opinions de ceux qui sont en possession de la scène, puisque vous croyez que le vulgaire a le droit d'établir par son suffrage les lois disparates de notre monstre dramatique, je vous dirai quel est mon sentiment. Il y a peut-être de la témérité de ma part, mais l'obéissance que je vous dois est mon excuse. Puisque le vulgaire est dans l'erreur, je voudrais du moins qu'elle fût parée de couleurs agréables ; puisqu'il ne nous est plus possible de suivre les règles anciennes, je voudrais trouver un terme moyen entre les deux systèmes opposés.

Choisissez un sujet, et s'il se trouve qu'un prince doive être au nombre de vos personnages (sauf le respect dû aux règles) ne vous en mettez pas en souci. Je sais que notre roi et seigneur, Philippe le prudent, se fâchait chaque fois qu'il voyait un monarque sur le théâtre. Peut-être était-ce par respect pour les règles de l'art, ou plutôt parce qu'il pensait que l'autorité royale, même feinte, ne doit jamais être présentée de trop près aux regards du peuple (1).

Or en cela nous ne nous éloignons pas de la comédie antique, car nous voyons que Plaute y plaça même des

---

(1) Peut-être prévoyait-il, dans sa prudence, que trois Anglais, quatre Français, un Italien, un Allemand et deux Espagnols, le traduiraient sur la scène à l'occasion de la mort violente de son fils.

dieux : dans *Amphitrion*, par exemple, il fit jouer un rôle à Jupiter. Je voudrais avoir le droit de l'en blâmer, puisque Plutarque, en parlant de Ménandre, n'approuvait pas cette comédie antique ; mais il faudra du moins que ces savans qui nous reprochent de nous écarter des règles de l'art, de les violer sans cesse, aient cette fois la bouche close.

Le mélange du tragique et du comique, du style de Térence à celui de Sénèque, sera si l'on veut, un monstre comme le taureau de Pasiphaé ; une partie de la pièce sera sérieuse, une autre bouffonne, mais cette variété plaît beaucoup : la nature même nous en donne l'exemple, et c'est dans de tels contrastes qu'elle puise sa beauté.

Ayez soin seulement que le sujet que vous avez choisi ne présente qu'une action : qu'il n'y ait point dans votre fable d'épisodes, c'est-à-dire, rien qui s'écarte assez du sujet principal pour qu'on pût l'en détacher sans renverser tout l'édifice. Je ne vous dirai point de renfermer toute l'action dans le temps que le soleil emploie à parcourir sa course journalière. C'est, il est vrai, un des conseils d'Aristote, mais nous nous en sommes déjà écartés en mêlant les deux genres du drame. Contentons-nous de la rendre aussi courte qu'il est possible, à moins toutefois que le poëte n'écrive une histoire pendant laquelle s'écoulent plusieurs années ; dans ce cas, il devra placer les intervalles de temps dans les entr'actes. Il aura la même liberté, si quelqu'un de ses personnages a un voyage à faire. Les connaisseurs s'offensent de ces changemens de lieu que présentent nos pièces ; mais que ceux à qui cela déplaît n'aillent pas les voir.

Combien de gens qui se signent d'effroi qu'on donne des années à une action qui autrefois devait s'accomplir dans le terme d'un jour naturel, car ils n'accordaient pas même les vingt-quatre heures ! mais qu'ils veuillent bien se rappeler que lorsqu'un Espagnol est assis au spectacle, son impatience ne peut-être satisfaite, si on ne lui représente en deux heures, tous les événemens depuis la Genèse jusqu'au jugement dernier, et, certes, si notre devoir est de donner du plaisir, ce qu'il est juste et convenable de faire, c'est ce qui remplit ce but.

Écrivez d'abord en prose le sujet que vous avez choisi; divisez-le en trois actes, et faites vos efforts pour que chacun d'eux se passe en un seul jour. Le capitaine Viruès, illustre écrivain, mit en trois actes la comédie qui auparavant allait à quatre pieds comme un enfant : l'art aussi était encore dans l'enfance. Moi-même, à l'âge de onze et de douze ans, j'en écrivis en quatre actes, et en quatre feuilles, car chaque acte était contenu dans une seule feuille de papier. Alors on jouait dans chacun des trois entr'actes un petit intermède. A présent on n'en joue qu'un qui est suivi d'une danse. La danse est si convenable à la comédie, qu'elle est approuvée par Aristote; qu'Athénée, Platon, Xénophon, en parlent, et qu'ils ne la blâment que lorsqu'on y commet des indécences, comme dans celle de Callipides. Il paraît que les danses remplacent chez nous le chœur des anciens.

Le sujet étant divisé en trois parties, qu'elles soient unies par une étroite liaison dès le commencement, jusqu'à ce que l'intrigue s'achève; mais qu'on ne prévoie le dénoûment qu'à la dernière scène, parce que, lorsque les spectateurs le connaissent d'avance, ils tournent leur figure vers la porte, et leur dos aux acteurs qu'ils ont écoutés avec intérêt pendant trois heures, et dont ils ne se soucient plus lorsqu'ils n'ont plus à apprendre d'eux la fin de l'événement.

Que le théâtre reste rarement vide de personnages. Ces délais impatientent le spectateur et prolongent inutilement le spectacle; et outre que c'est un grand vice, l'art qu'il faut pour l'éviter donne plus de grâces à la composition.

Commencez alors à versifier, et dans votre langage toujours chaste n'employez ni pensées relevées, ni traits d'esprit recherchés, lorsque vous traitez des choses domestiques; il faut alors imiter la conversation de deux ou trois personnes : mais lorsque vous introduisez un personnage qui exhorte, conseille ou dissuade, vous pouvez vous servir de sentences et de phrases brillantes. En cela, vous vous rapprocherez de la vérité; car lorsqu'un homme veut donner des conseils, il parle avec un autre ton, dans un langage plus étudié, plus véhément que celui de la causerie familière.

C'est ce que nous recommande le rhétoricien Aristide, en nous disant que le langage comique doit être clair, pur et facile, semblable à celui des discours ordinaires, et ajoutant qu'il diffère en cela du style poétique. Celui-ci pourra employer des expressions pompeuses, sonores et brillantes.

Ne citez pas les saints livres, et ne blessez pas la pureté du langage par des mots insolites; car pour imiter la conversation, vous n'avez point à nommer les hippogryphes, ni les autres monstres de la mythologie.

Si vous faites parler un roi, que ce soit avec la majesté royale; qu'un vieillard s'exprime avec une gravité sentencieuse; que les discours des amans peignent leurs sentimens avec tant de vivacité qu'ils animent celui qui écoute;

que les monologues soient tels que l'acteur devienne lui-même le personnage qu'il représente, et qu'en se changeant ainsi, il force le spectateur à s'identifier avec lui. Il peut alors se parler et se répondre ; mais ayez soin, s'il se plaint de l'amour, qu'il garde toujours le respect qui est dû au beau sexe. Que les dames conservent la décence de leur personnage : si elles se travestissent, que ce changement de vêtement, qui est toujours très-agréable au public, soit motivé par de bonnes raisons. Enfin, ne peignez jamais des choses impossibles, parce que c'est une maxime invariable que le vraisemblable seul peut être l'objet de l'imitation.

Que le valet ne traite point de sujets élevés ; ne mettez point dans sa bouche de ces traits d'esprit recherchés, que nous avons vus dans les pièces étrangères. Que jamais vos personnages ne contredisent leur caractère ; qu'ils se souviennent toujours de ce qu'ils sont, et qu'on ne puisse pas leur adresser le reproche qu'on fait à l'Œdipe de Sophocle, qu'il a oublié son combat contre Laïus.

Embellissez de quelque sentence, de quelque plaisanterie, de vers plus soignés, la fin de vos scènes, pour qu'à la sortie de l'acteur, il ne laisse pas l'auditoire mal disposé.

Renfermez toute l'exposition dans le premier acte ; que l'intrigue se noue dans le second, de telle sorte que jusques à la moitié du troisième, personne ne puisse prévoir le succès : trompez la curiosité du spectateur en lui indiquant toujours la possibilité d'un résultat différent de celui que les événemens semblent annoncer.

Appropriez avec goût la mesure des vers au sujet que vous avez à traiter. Les dixains sont convenables pour les plaintes ; le sonnet est à sa place dans les monologues ; les récits demandent des romances, quoiqu'ils brillent encore davantage dans les octaves. Les tercets sont destinés aux choses graves ; les redondilles aux conversations amoureuses. Servez-vous avec goût des figures de rhétorique ; employez la répétition, la métaphore au commencement ; l'ironie, la dubitation et même l'apostrophe dans la suite du discours.

Tromper en disant vrai est un artifice qui plaît toujours. Miguel Sanchez, digne de mémoire pour l'art avec lequel il traitait ces conversations à double entente, a employé cet artifice dans toutes ses comédies. Le public ne cesse jamais d'applaudir à ce langage équivoque, à cette incertitude amphibologique, parce que le spectateur croit seul comprendre ce que disent les acteurs, et jouit ainsi de l'erreur où tombent les personnages.

Les événemens où l'honneur est intéressé, sont les sujets qu'ils faut préférer, parce qu'ils émeuvent puissamment les âmes ; les actions vertueuses sont aussi vues avec plaisir, parce que la vertu est partout aimée. Aussi voyons-nous que lorsqu'un acteur joue le personnage de traître, il devient si odieux que le peuple même s'écarte de lui dans la rue, tandis qu'on fait bon accueil à celui qui joue le rôle d'un homme loyal.

Bornez à quatre feuilles l'étendue de chacun des actes ; trois mille vers remplissent la durée qu'il convient de donner au spectacle, et plus de longueur lasserait la patience des auditeurs. Si vous vous permettez des critiques, qu'elles ne dégénèrent point en satires claires et manifestes. C'est pour réprimer les abus de cette liberté que la comédie fut jadis défendue dans Rome et dans la Grèce. Piquez, mais ne blessez pas ; et songez que celui qui outrage, ne peut espérer ni applaudissemens de ses contemporains, ni renommée dans l'avenir.

Voilà ce que vous pouvez regarder comme des aphorismes, vous qui ne tenez point aux préceptes de l'art ancien. Le temps ne me permet pas d'en dire davantage ; et quant aux trois parties de l'appareil extérieur ou de la décoration, c'est l'affaire du directeur de la troupe : qu'il consulte Valère Maxime, Petrus Crinitus, les épîtres d'Horace, il y trouvera l'art de disposer les temples, les arbres, les cabanes, les maisons et les marbres en peinture.

Julius Pollux lui apprendra l'art des costumes, s'il en a besoin ; et vraiment c'est une des barbaries qui rendent plus répréhensible la comédie espagnole, que de voir un Turc paraître avec une collerette de Castillan, ou un Romain porter des chausses.

Mais, de tous les barbares, nul ne mérite ce titre plus que moi, puisque je me hazarde à donner des règles contre les règles, et que je me laisse entraîner par le courant, au risque d'être appelé ignorant par l'Italie et la France. Mais qu'y pourrai-je faire ? En comptant celle que j'ai fini cette semaine, j'ai composé quatre cent quatre-vingts-trois comédies ; et, excepté six, toutes les autres pêchent grièvement contre les principes de l'art. Je dois défendre mes ouvrages ; d'autant plus que je sais bien que s'ils eussent été composés d'une autre manière, quoique meilleurs, ils auraient donné moins de satisfaction aux spectateurs. Il n'arrive que trop souvent, que ce qui est contre la justice et les lois, est ce qui nous satisfait davantage.

POÉTIQUE DE LOPE DE VEGA.

Tel est *el Arte nuevo de hacer comedias* de Lope de Vega, ouvrage dont quelques vers ont été cité des centaines de fois par des auteurs qui probablement ne connaissaient pas le poëme entier. Je n'ai cru pouvoir mieux faire pour exposer la poétique de Lope de Vega, que de traduire ses propres pensées, j'y ajouterai seulement quelques développemens.

On a cru voir dans quelques expressions de ce morceau, une amende honorable que faisait l'auteur. Je pense qu'on n'en a pas saisi l'ironie. M. Bouterweck dit avec beaucoup de jugement que Lope n'a voulu que se moquer de ses détracteurs. Le poëte y dit qu'il est un sot, passe : on peut avouer ces choses-là sans conséquence, lorsqu'on est sûr que personne ne les répétera; mais à coup sûr il avait bien trop d'esprit pour penser que cela fût vrai. Son nouvel art dramatique, destiné à être lu dans une des nombreuses sociétés académiques qu'il y avait alors à Madrid, porte les caractères d'une légère improvisation, et non ceux d'un poëme didactique. Il est en vers blancs, seulement les deux derniers vers des paragraphes inégaux qui le composent sont rimés. Ce mètre seul, *sermoni propior*, indique que ce n'était point un ouvrage sérieux; car si Lope avait voulu donner solennellement des règles pour son art, il les aurait écrites en tercets. D'ailleurs dans tous ses autres ouvrages, dans ses préfaces il répète à chaque instant, et de la meilleure foi : ici, que la comédie n'a point de règles en Espagne ; là, qu'elle ne doit en avoir d'autres que le goût du public. Ailleurs il dit : « Les nouvelles, comme la comédie n'ont d'autre but que de plaire; et si elles atteignent leur but, que les règles aillent se faire pendre. » Enfin dans un de ses derniers ouvrages, l'épître à Claudio, qui est, si l'on peut s'exprimer ainsi, son testament poétique, il dit : « L'art dramatique me doit ses principes, quoique mes préceptes diffèrent de ceux de Térence, et que je ne refuse pas mon admiration aux trois ou quatre grands génies qui ont vu le théâtre dans son enfance. Retracer la colère d'Achille armé ; conserver la dignité des palais brillans d'or et souillés de flatteries ; représenter dans les villes la fureur d'un amant emporté, la coquetterie d'une jeune femme, le vieillard sentencieux ; et là, où, dans d'âpres montagnes, on trouve la bure sous des chaumières mieux garanties de la foudre par les arbres que par le porphyre et l'or, peindre le villageois au coin de son feu, lorsque le cristal pendant des toits retient ses brebis dans la bergerie, ou joyeux de voir se remplir ses caves et ses greniers...... A qui doit-on cet art, sinon à moi ? » Il est évident par ces citations qu'on pourrait multiplier, par la conduite de Lope lui-même, toujours constant aux principes qu'il s'était faits, qu'il croyait sérieusement suivre la bonne route en obéissant à la toute-puissance de l'opinion. Il reconnaissait sa compétence, et ce n'est que pour faire une plaisanterie qu'il disait : il faut parler en imbécile, pour plaire à cet imbécile public.

Schiller, dans son discours sur les chœurs, qui précède la Fiancée de Messine, est d'une opinion contraire et prétend que le goût des spectateurs ne doit influer en rien sur les ouvrages de l'auteur dramatique ; il dit aussi que le poëte ne doit point peindre le réel ; mais s'attacher à l'idéal, tandis que Lope ne lui demande autre chose que la nature telle qu'elle est. J'ai cité le tragique allemand pour rappeler combien est mal fondée une classification qui le rapproche de notre auteur ; il n'existe pas deux poétiques, je ne dis pas plus différentes, mais plus antipathiques que celles de ces deux écrivains. Mais du moins le dramaturge espagnol, plus modeste que le germain, n'a pas prétendu pouvoir donner de Madrid des lois à des nations étrangères ; il a dit ce que faisaient les Espagnols et ce qui était bon pour les lecteurs et les auditeurs espagnols.

On a beau écrire : l'art dramatique ne sera jamais que ce que le feront les applaudissemens du public. Tel homme tracera une route nouvelle, il pourra forcer les suffrages par des qualités brillantes ; mais si la manière qu'il a adoptée, ne convient pas au goût des spectateurs, ses successeurs y échoueront et elle tombera d'elle-même ; il n'est pas besoin pour établir la souveraineté de l'opinion publique à cet égard, d'entrer dans des discussions métaphysiques, le seul besoin de la gloire, n'y eût-il point de motifs plus terrestres, fera toujours que les comédies seront écrites suivant le goût de la nation, et que par conséquent elles en seront un témoignage. Celui qui, parce qu'il trouve un système dramatique étranger, meilleur que celui de son pays, voudrait l'adopter, serait, ou plus ou moins dans le cas de celui qui, trouvant le grec plus harmonieux que le français, voudrait faire jouer à Paris, une pièce écrite dans la langue d'Euripide.

L'autorité des spectateurs est la principale base des argumens de Lope de Vega. Il ne fait en cela que suivre

Aristote qui, dans sa poétique, ne dit pas : *faites ceci*, mais bien : *ceci a réussi;* qui ne défend, n'ordonne rien d'après des principes généraux et à priori ; mais qui déclare seulement ce qui a été applaudi ou blâmé. C'est cependant l'autorité d'Aristote que Lope cherche à combattre ; à la vérité il se plaît à couper ses raisonnemens par des digressions fréquentes ; que ce désordre soit un effet de l'art ou le résultat de la rapidité de sa composition, je ferai pour ses idées, ce que nous faisons pour les mots quand nous traduisons les langues anciennes. Je tâcherai d'établir la construction analytique de son poëme.

On reprochait aux auteurs espagnols de s'être écartés des règles du philosophe de Stagyre, Lope examine ces règles. Il ne parle pas de l'unité d'action, parce qu'il en adopte le principe et qu'il le développe dans son ouvrage ; mais il s'occupe de la grande division des genres en tragique et comique, d'après la condition des personnages, et en effet c'est le principal caractère auquel Aristote reconnaît les différentes espèces de composition. Lope, comme Corneille, a entendu par les expressions grecques *bons* et *mauvais*, les conditions sociales et non les caractères des hommes, comme l'ont fait tant d'autres interprètes ; il était naturel que des poëtes tragiques comprissent une poétique mieux que des érudits.

« Regrettez-vous, dit alors Lope, la comédie antique ? nous l'avons avec sa simplicité grecque, et son unité de style. Les *Autos* oubliés de Lope de Rueda, les intermèdes bouffons que vous regardez avec dédain, voilà la comédie d'Aristote ; nous avons dû l'ennoblir en y admettant des personnages d'une plus haute classe.

» Et en cela même nous ne manquons pas d'autorités imposantes. Quant au mélange des acteurs, nous voyons

Plaute nous offrir dans Amphitryon des personnages héroïques et même divins (1). Quant au mélange des styles, c'est Térence qui quelquefois s'élève jusqu'à la dignité tragique, et Plaute qui lui est bien inférieur, conserve toujours la trivialité de la comédie (2).

» Enfin nous avons pour nous la nature qui nous donne le modèle de pareils contrastes et qui en emprunte sa beauté. »

Se croyant inattaquable de ce côté, il passe à ce qu'on appelle l'unité de temps. J'observerai en passant qu'il n'existe pas d'expression plus fausse que celle-là. Ces mots *l'unité de temps* ont un sens lorsqu'ils signifient une collection d'instans d'une durée donnée, destinée à mesurer une durée plus grande ; mais pris abstractivement ils n'ont aucune signification raisonnable. Le temps ne peut être *un*. Il serait inappréciable ou il deviendrait l'éternité ; quoiqu'il en soit, Lope s'excuse sur l'impatience des auditeurs qui veulent connaître tous les détails d'une action ; il donne seulement deux préceptes qu'il a suivis en général. Le premier, c'est de rendre l'action la plus courte possible, la seconde de rejeter dans les entr'actes les longs intervalles de temps. Jamais en effet, notre poëte n'a inutilement prolongé l'action. Il la rend même continue autant qu'il le peut. Seulement, zélé partisan de la vraisemblance historique, qu'il ne distingue pas de la vraisemblance

---

(1) Il aurait pu citer encore la moitié des pièces d'Aristophanes.

(2) Il paraît que Lope, par inadvertence, car il connaissait bien l'un et l'autre, a écrit Plaute pour Térence et réciproquement. J'ai dû relever ici cette erreur que je ne pouvais corriger dans la traduction.

dramatique, toutes les fois que le temps s'est écoulé hors de la présence du spectateur, il a soin de le lui rappeler. Il faut observer que Corneille donne précisément le précepte opposé; et il me semble que la règle établie par le père de la tragédie française, qui suivait le système des unités, est fondée sur le même principe que l'exemple contraire donné par le père du théâtre espagnol.

On peut regarder comme un artifice particulier à Lope de Vega, lorsqu'il se trouve obligé à faire disparaître un intervalle de temps, de supposer un changement de lieu. La violation d'une des unités lui servait de moyen pour cacher la violation de l'autre.

Le nombre des pièces de Lope qui durent plusieurs années n'est pas considérable. *El genizaro de Ungria, Urson y Valentin, El bastardo Mudarra,* les *Mocedades de Bernardo del Carpio, los pleytos de Ingalaterra, la Mocedad de Roldan; El sol parado; Dios hace reyes,* sont à peu près les seules de ses pièces profanes dont Boileau ait pu dire que

> Là, souvent le héros d'un spectacle grossier,
> Enfant au premier acte, est barbon au dernier.

Encore faut-il observer que dans ces cas-là les actes sont absolument séparés, que chacun a sa péripétie, que les pièces de cette espèce sont des dilogies, ou des trilogies grecques plutôt que des ouvrages simples et complets.

Il en est de même des pièces qui comprennent un intervalle de plusieurs années, mais dans lesquelles les personnages ne sont pas censés changer d'une manière notable. Telles sont *El Postrer Godo de Espana, El conde Fernan Gonzales, El rey Vamba,* et plusieurs autres.

Ce sont des faits successifs, enchaînés l'un à l'autre comme la mort de Clytemnestre se rattache à celle d'Agamemnon, et celle-ci au sacrifice d'Iphigénie, mais qui pourraient faire aussi bien trois pièces que trois journées de la même. Notre auteur avait d'abord fait en deux parties son Urson et Valentin; la première comprenait le mariage de leur mère et son exil, la seconde les exploits, la reconnaissance des deux héros et le rétablissement de la reine. Depuis il en fit une seule pièce, faisant de la première partie, la première journée; de la seconde, les deux autres.

Quant à l'unité de lieu, Aristote n'en parle pas, aussi Lope de Véga, traite-t-il légèrement ceux à qui déplaît la violation de cette règle. Ils n'ont qu'à ne pas venir au spectacle. La réponse est péremptoire, mais elle n'est pas polie.

On voit que la conscience littéraire de Lope était tranquille sur cet article; aussi a-t-il pris ses aises : la terre n'a pas été trop grande pour lui, et dans son *Nouveau Monde* découvert par Colomb, la scène se passe tantôt à Séville, tantôt à Guanahani, et enfin à Barcelone. Encore dans ce cas, puisqu'il voulait traiter ce sujet, il était forcé au changement de scène; mais parfois il est moins motivé. Dans la *Folle pour les autres, sage pour elle-même*, il transporte Fabio à plusieurs lieues d'Urbin, pour avoir une conversation très-courte avec Alexandre de Médicis, et revenir ensuite à la capitale. Quelques vers de récit auraient sauvé ce déplacement, mais il paraît que Lope de Véga avait profondément gravée dans l'esprit, la maxime d'Horace.

Segnius irritant animos demissa per aures
Quam quæ sunt oculis subjecta fidelibus.

Dans les *Embastes de Fabia*, Aurélio, qui se trouvait dans le salon de sa maîtresse, dit : « Me voici maintenant au palais ; voilà notre empereur Néron qui sort ; notre auteur l'a voulu ainsi, parce que si ce personnage ne paraissait pas, vous auriez ici une relation si compliquée et si hors de propos, qu'aucun de vous ne l'entendrait. » On voit par-là, soit dit en passant, que les décorations ne changeaient pas alors toutes les fois qu'on en avait besoin, et qu'après avoir demandé de la complaisance à l'imagination du spectateur, on réclamait encore celle de ses regards.

C'est en grande partie à cette antipathie de Lope pour les relations, qu'on doit attribuer le prolongement de ses actions, parce qu'il ne manque jamais de mettre l'exposition sous les yeux du spectateur, au lieu de la lui raconter. A la fin de sa carrière pourtant, il sembla se rapprocher du goût des récits : peut-être voulut-il montrer qu'il n'y avait pas que Caldéron qui sût en faire. Au moins dans *las Bizarrias de Belisa*, une de ses dernières pièces, trouve-t-on en différentes narrations plus de mille vers, un tiers de l'ouvrage entier.

Ceux qui ont cherché dans les comédies de Lope, quelles étaient les six pièces conformes aux règles dont il parle à la fin de son *Nouvel art dramatique*, ont oublié qu'il ne comptait pas comme un précepte de rigoureuse observance, l'unité de lieu. Il se vante dans la *Noche de San Juan*, d'avoir fait une pièce régulière, parce que l'action ne dure que douze heures ; il ne parle pas des changemens de décoration. On ne serait pas embarrassé de trouver plus de douze de ses comédies dans le même cas.

Quant aux autres différences entre la comédie et la tragédie, il s'en occupait très-peu. Il a cependant donné ce dernier titre à six de ses compositions, *El Marido mas firme*, *El duque de Viséo*, *la Estrella de Sevilla*, et trois autres. Il n'y a point de différence pour le style et la conduite entre ces pièces et celles qu'il nomme comédies; seulement elles ne finissent pas par des mariages. Il a appelé aussi tragi-comédie, *las Almenas de Toro*, et plusieurs autres pièces, sans beaucoup plus de fondement.

Il est assez singulier que Lope de Véga ne fasse aucune mention des préceptes d'Horace, encore que ce qu'il dit du langage qui convient aux divers personnages soit imité de l'Art poétique. Sans doute le poëte latin s'étant permis d'ajouter aux lois données par Aristote quelques préceptes sur le nombre des actes, celui des interlocuteurs, il était pour Lope, plutôt un complice de sa rébellion, qu'un ennemi auxiliaire qu'il eût à combattre.

Au reste, tous les principes de la poétique de notre auteur sont dans cette phrase: « La véritable comédie a pour but d'imiter les actions des hommes, et de peindre les mœurs du siècle où ils ont vécu. » De cette maxime, dont M. Étienne a fait le principe de la comédie française, dans son discours de réception à l'Institut, découlent toutes les parties fondamentales de l'art chez les modernes: il n'en était pas de même chez les anciens, qui cherchaient à donner à leurs pièces un but moral ou religieux. M. Bouterweck se plaint de ce que les Espagnols dispensaient leurs auteurs de tirer de leurs ouvrages aucune utilité morale. En effet, ils se contentent de raconter ou de peindre. C'est au spectateur à tirer du tableau exact qu'on lui offre, les conséquences qu'il juge à propos. Ce goût de raconter pour raconter, et non pour instruire, n'est pas particulier aux auteurs dramatiques. On remarque, dans beaucoup de nos anciens fabliaux, une affabulation, une moralité; on n'en voit presque jamais dans les romans espagnols qui racontent le bien et le mal, indifféremment sans louange ni blâme. Lope ni ses sectateurs ne cherchent ni le rire, ni la terreur, ni la pitié, ils racontent avec vérité, c'est aux auditeurs à s'émouvoir comme ils l'entendront. On n'oubliera pas qu'en poussant à ses dernières conséquences, le système d'Aristote, on en a conclu avec raison, qu'il ne devait y avoir que des pièces d'imagination, que l'histoire ne pouvait fournir à l'art dramatique que les noms tout au plus. Telle n'était pas l'opinion de notre poëte, qui mettait toute sa gloire à imiter, et ne se doutait pas le moins du monde d'être prédicateur ni magistrat. Mais afin que cette imitation, sans cesser d'être vraie, soit agréable, il est encore des conditions conventionnelles qui sont nécessaires; Lope énonce celles qu'il admet, et trace des préceptes d'après son expérience et celle de ses contemporains.

Quelque fut le cas qu'il fit de l'opinion publique, encore savait-il mettre de la différence dans la valeur des suffrages. Il ne pensait pas que l'auteur dramatique dût travailler exclusivement pour les savans et les gens de lettres; mais il distinguait le public, de la populace et « de ces femmelettes qui couraient en foule aux apparences magiques et aux tableaux merveilleux. » Il faisait peu d'estime de la magie des décorations et des prestiges de la mécanique théâtrale qui, à la vérité, n'était pas de son temps au point où Philippe IV la porta depuis au palais de Buen-Retiro. En vrai poëte, c'était à son art qu'il demandait des succès.

Le premier précepte qu'il donne c'est l'unité d'action, non qu'il défende les épisodes, mais il veut que tous les accessoires soient intimement liés à la fable principale. Il a suivi en général la règle qu'il établit, surtout dans les pièces d'invention. Dans celles qui sont historiques ou du genre historique, il n'existe quelquefois d'autre liaison entre les trois actes que l'unité du héros; mais dans chacun le principe de l'unité d'action est conservé. Sous ce rapport, ce sont ses comédies tirées de la légende des saints qui sont les plus vicieuses.

L'une des plus irrégulières est le *Remède dans le mal même* (*el Remedio en la desdicha*), où les amours d'Abindarraëz et de Charife, de Rodrigue de Narvaëz et d'Alara se partagent tour à tour l'attention du spectateur. Le caractère de Narvaëz est la seule chose qui soit *une* et rattache ensemble les deux intrigues. Dans *l'Arauco Domado*, la jolie scène de Gualève avec don Philippe ne tient à l'action que par un fil léger.

Quelquefois il faut aller chercher l'unité hors des personnages. Dans *el postrer Godo de Espana* (le *dernier des Goths*), le premier acte nous présente don Rodrigue amoureux et séducteur de Florinde, fille du comte Julien; dans le second ce prince est vaincu et disparaît. Le sujet du troisième est la restauration de la monarchie chrétienne par Pélage. On voit que c'est ici l'Espagne, sa perte et son rétablissement qui forment le sujet de l'ouvrage.

Il faut observer de plus que notre auteur ne croyait point violer l'unité d'action lorsqu'il se contentait de mêler au développement de l'intrigue l'histoire des événemens contemporains. C'est ainsi qu'il a intercalé dans *Pobreza no es Vileza*, la narration de la campagne du comte de Fuentès en Flandre.

Les pièces que j'ai citées ne sont que des exceptions, et il ne faut pas prendre à la lettre ce que dit M. Bouterweck, « qu'il y a plusieurs intrigues dans chaque pièce, qui se croisent et s'enlacent en divers sens, jusqu'à ce que le poëte prenne le parti de trancher le nœud qu'il ne peut plus dénouer. » Ce serait plutôt à Caldéron que cette phrase serait applicable.

Le nombre prodigieux des ouvrages de Lope rend plus difficile l'étude de sa poétique; s'il n'eût fait que des pastorales ou des pièces d'intrigue, etc., on retrouverait plus aisément un type commun; mais dans trois cents pièces qui nous restent, il ne serait pas difficile de trouver plus de vingt types différens.

Lope a lui-même indiqué comme une classe à part les poëmes historiques; en disant qu'on peut, si l'on veut, introduire des rois sur la scène, il fait encore allusion à ce genre de composition qui lui était familier. On peut en effet diviser tout son théâtre en drames historiques et comédies d'invention.

Dans cette première classe, on doit encore établir des divisions. Quelquefois la pièce, quoiqu'elle soit fondée sur la réalité, ne représente qu'un fait comme *el Asalto de Mastrique*, qu'une anecdote comme *el Marques de las Navas*, et alors elle se rapproche de la comédie d'invention et des pièces des théâtres anciens par la simplicité de l'action.

Plus souvent, dans Lope de Vega, c'est l'histoire d'un homme ou du moins celle d'une partie notable de sa vie qui fait le sujet d'une pièce. Lors même qu'il n'y est question que d'un seul fait, il y est présenté dans ses différens périodes et avec ses progrès et ses développemens successifs.

Je ne suis qu'historien et ne cherche point à établir ni à défendre le mérite de cette espèce de drames; mais je dois du moins rappeler que c'est à lui que l'on doit la première des conceptions dramatiques modernes, la comédie de caractère, genre de pièces dont les anciens ne se sont pas doutés, et que Molière a porté à un degré de perfection qui n'a pas encore été atteint. Il est évident qu'on ne peut représenter un fait, sans peindre avec plus ou moins d'étendue, les caractères de ceux qui y prennent part; mais quelque bien que ces tableaux soient faits, ils ne retracent jamais que des individus; ils peuvent faire partie d'un tableau, mais chacun n'est qu'un portrait, et d'ailleurs de ce qu'on a vu un homme dans une situation, il ne s'ensuit nullement qu'on le connaisse, il faut l'avoir vu dans des positions diverses. C'est à cela que conduisait ce que je nomme la comédie personnelle. Dans *los Tellos de Meneses*, on voit le vieux laboureur Tello avec ses domestiques, avec son fils, avec ses voisins, avec des quêteurs, avec le roi enfin. Dans *El valiente Cespedes*, on le trouve successivement cultivateur dans la Manche, et soldat en Flandre. La nécessité de conserver l'individualité forçait l'auteur à étudier le caractère de son héros, à démêler et à indiquer ce qui, dans les événemens, tenait aux circonstances et ce qui tenait à la personne. Cette composition une fois déterminée dans ses formes (et Lope de Véga fut probablement celui qui l'établit le premier, car avant lui on avait peint des faits et non des individus historiques), cette composition, dis-je, une fois réglée, il ne manquait pour en faire la comédie de caractère, qu'à substituer au personnage historique un personnage d'invention. De cela même il devenait un être abstrait et le représentant d'une classe d'individus. C'est ce que fit quelquefois Lope, par exemple dans la *Dama melindrosa*, dans *Los Hidalgos de la Aldea, el Desconfiado*, etc.: et d'ailleurs, dans tous ses autres ouvrages, cette habitude de peindre se reconnaissait aux vigoureuses esquisses qu'il traçait, lorsque l'espace lui manquait pour le développement complet du caractère. C'est ainsi que Molière, voulant peindre la marâtre, et trouvant peut-être ce personnage trop odieux pour être montré seul et sur le premier plan, lui a donné une place dans le Malade imaginaire.

De même Lope de Vega montre souvent son talent dans de petits tableaux qui font partie de ses grandes pièces. Lorsqu'il fait paraître des bergers, et qu'il n'entre pas dans son plan d'en faire des bouffons, leurs naïves amours sont peintes avec la plus grande grâce. Mais ceux qui ne sont pas aussi persuadés qu'il l'était lui-même de l'utilité du mélange des genres, trouvent parfois ces beautés déplacées. Ce n'est ni dans l'histoire du roi Vamba, ni dans celle de saint Diègue d'Alcala qu'un lecteur Français irait chercher deux scènes d'alcades et de régidors de villages (de conseil municipal) qui sont tracées avec la vérité la plus comique.

Lope avait à un haut dégré le talent de l'observation, et l'amour de la vérité (1). C'est ce qui lui a fourni le moyen de mettre de la variété dans ses nombreuses comédies. Ce n'est qu'en observant et marquant les nuances qu'il a évité l'écueil de la monotonie. Cependant, quoiqu'il ne donnât pas assez à l'idéal suivant les idées modernes du moins, quant aux caractères, il savait choisir habilement dans les faits ceux qui pouvaient se rattacher à son intrigue et ceux qu'il devait en éloigner; mais dans ce triage il n'excluait rien par système. Après tout, je ne vois pas

---

(1) Un des plus grands charmes de ses pièces est l'extrême naturel, dit M. Bouterweck.

la nécessité de nous peindre des barbares comme des héros, en ne montrant que leurs qualités et en nous cachant leurs vices et même leurs défauts. La plus utile leçon à donner aux hommes, si le théâtre est fait pour leur donner des leçons, c'est que les hommes grands et petits sont tous, du plus au moins, leurs semblables.

On peut encore envisager les pièces historiques de Lope de Vega sous un autre rapport, celui des temps et du pays auxquels les sujets appartiennent.

La première section se composerait des pièces religieuses, tirées soit de l'Ancien ou du Nouveau Testament, soit de la Légende. Je les place au premier rang parce que c'était celles que Lope estimait le plus. Mais ici l'intérêt de sa gloire n'était pas le même que celui de son salut, car, sous le rapport dramatique, ce sont les plus faibles de ses compositions.

Viennent ensuite les pièces peu nombreuses, tirées de la mythologie, que je regarde comme historiques, parce que Lope n'a fait que disposer des matériaux existans avant lui, et que, faisant abstraction de la nature divine de ses personnages, il les fait agir en hommes. On peut ranger après celles-là les pièces où il a retracé quelques traits de l'histoire ancienne.

C'est dans les pièces nationales qu'il a déployé le plus son talent; tant quand il s'est occupé des rois et des intérêts généraux du gouvernement, que lorsqu'il s'est attaché à représenter des faits appartenant à l'histoire ou à la mythologie particulière de quelques familles. On remarquera, qu'encore qu'il ne se fit pas un scrupule de traiter les sujets dont s'étaient occupés les autres, scrupule que ses successeurs n'ont pas eu davantage relativement à lui, il n'a fait paraître le *Cid* que pour peindre une époque de sa vie postérieure à celle qu'avait retracée Guillem de Castro.

Il a composé aussi des drames sur des faits vrais de l'histoire étrangère, l'un de ceux qui auraient été les plus intéressans, Marie-Stuart, est perdu.

On peut aussi ranger dans la même classe les ouvrages dont il a pris le sujet, soit dans les romans de chevalerie, soit dans les contes italiens ou espagnols, soit enfin dans les romances vulgaires, les complaintes que l'on compose en Espagne sur chaque événement remarquable.

Dans ses comédies, dont l'Espagne a fourni le sujet, il a en général suivi l'histoire; en la soumettant toutefois aux conditions de la poésie dramatique, et si lorsque ses pièces ne sont pas nationales, il a pris un peu plus de licence avec les faits, du moins les anachronismes qu'il se permet sont-ils moins choquans que ceux de Caldéron.

Ses pièces d'invention forment la plus grande partie de son théâtre. Dans quelques-unes il a semblé vouloir se rapprocher de ses compositions historiques en faisant paraître des rois et des princes; mais toutes les fois qu'il met la scène hors d'Espagne, qu'il offre des rois d'Irlande, de Russie, de Hongrie, ou même de France, on peut être presque sûr qu'on ne verra que des Espagnols travestis.

La société toute entière a été l'objet des études de Lope de Vega. Toutes les contrés de l'Espagne, des rives du Guadalquivir et du Jucar à la mer de Cantabrie, tous les états de la société, depuis les grands et leurs épouses, jusques aux voleurs de grands chemins et aux prostituées, ont fourni des matériaux à son talent dramatique. M. Bouterweck me semble avoir parlé un peu légèrement lorsqu'il dit que «"Lope a excellé à peindre les caractères généraux qui sont, dit-il, toujours les mêmes dans les pièces espagnoles:

le vieillard (*vegete*), l'amoureux (*galan*), la dame (*dama*): le valet et la soubrette sont en permanence sur le théâtre et reviennent dans toutes les pièces; mais en revanche ces caractères généraux sont peints avec une vérité si frappante, qu'il suffit de lire une ou deux de ses comédies pour se trouver en connaissance intime avec tout le monde que l'auteur a représenté. » Ce jugement me paraît si peu convenir à Lope de Vega, qu'il semble que le savant critique ait confondu les noms des emplois, analogues à ceux de père noble, financier, grande coquette, comique, ingénuité, avec les caractères attribués aux personnages. Ce n'est au contraire qu'en individualisant ses peintures, que Lope de Vega a pu fournir à l'infinie variété de ses ouvrages, sans avoir eu besoin de multiplier les combinaisons de l'intrigue. Il savait cependant les manier aussi habilement qu'un autre; mais ce n'était pas son moyen exclusif. Le point d'honneur, comme il le dit dans son poëme, est un des ressorts les plus attachans, et il ne s'est fait faute de l'employer, mais non pas exclusivement, et l'amour, l'avarice, l'ambition lui ont aussi fourni des mobiles pour exciter les passions de ses personnages.

Ce n'est pas qu'il ne se soit répété quelquefois. *Laura Perseguida*, et *Lucinda Perseguida*, se ressemblent beaucoup; *los Pleytos d'Ingulaterra*, semblent être *Urson y Valentin*, sous un autre costume. *El Animal de Ungrin* a beaucoup d'analogie avec *el Hijo de los Leones*. *Los Peligros de la ausencia* ressemble pour l'intrigue à la *Desdichada Estefania*, mais les personnages sont pris un étage plus bas. Le nombre de ses compositions doit faire excuser cette faute, qui d'ailleurs montre encore son talent, par la variété de l'expression.

Lope avait, dans le commencement de sa carrière, composé plusieurs pastorales. Il ne nous en reste que deux. Les données fausses établies de son temps pour cette sorte de drame, l'en dégoûtèrent probablement; il sentait trop la vérité pour se plaire à peindre des bergers dont le modèle n'existait nulle part; mais de ce goût de sa jeunesse, il lui resta une prédilection et un talent particulier pour décrire les scènes de la campagne et mettre en action les amours champêtres. Je ne connais aucune de ses pièces qu'on puisse classer parmi ce qu'on appelle en Espagne comédies de *figuron*, où tout est sacrifié aux développemens des ridicules d'une seule caricature.

Nous avons déjà vu qu'il n'avait pas aimé à s'occuper des pièces en musique et à machines.

La division du sujet en trois parties a toujours été suivie par Lope de Vega, sauf dans la *Toison d'or;* et l'habitude qu'il avait des trilogies historiques, l'a conduit à marquer fortement cette division dans tous ses ouvrages. C'est surtout à son exemple que l'on doit la consécration de ce principe moderne de la division en actes. Les Grecs ne la connaissaient pas; les Romains, malgré le précepte d'Horace, ne marquaient que des intervalles arbitraires; il en fut de même sur le théâtre anglais, et sur le théâtre espagnol jusqu'à Viruès et Cervantes. Ce furent eux, et après eux ce fut Lope de Vega qui fit de chaque acte un tout complet, en même temps qu'une partie intégrante d'un tout plus considérable.

On remarque qu'en général ses pièces sont mieux ourdies qu'elles ne sont dénouées; soit qu'on doive attribuer cette inégalité à ce que son imagination se refroidissait à la fin de sa composition, soit plutôt que, trop occupé de ses principes de suspendre la péripétie jusques à la fin, il ne lui ait pas réservé assez d'espace pour son développement; notre Molière, par la même raison peut-être, tomba souvent dans le même inconvénient.

Une des causes qui ont gêné Lope dans ses fins de pièce, c'est la nécessité qu'il s'était imposée de marier tous ses personnages; usage universel de son temps, et dont quelques poëtes ont eu le bon esprit de se moquer : Cervantes, dans la *Entretenida*, Roxas dans *Lo que son Mugeres*, en renvoyant leurs héros célibataires, et un troisième en finissant par un divorce sa comédie, dont je ne me rappelle pas le titre. Dans les *Espagnols en Flandre*, don Juan d'Autriche donne une dame, qui est amoureuse de lui, à un de ses capitaines. Dans le *Mariage caché*, une demoiselle à qui le mari infidèle fait la cour pendant deux actes et demi, se marie à la fin avec un autre. On pourrait multiplier les exemples. Cependant quelques-uns des sujets qu'il a traités, ont résisté à sa *Matrimoniomanie*; tels sont *l'Arauco domado*; *Virtud, Pobreza y Muger*; *Porfiar hasta morir*; *Fuente-ovejuna*; *el Piadoso Aragones*, etc.

En continuant ses préceptes, il engage les auteurs à commencer par écrire leurs ouvrages en prose; Aristote leur donne le même conseil. Il est douteux que Lope le prît pour lui : à peine avait-il le temps d'écrire les vers. D'ailleurs, on trouve dans ses compositions quelques exemples qui prouvent que, nonobstant ses avis sur l'unité de caractère, il avait, lorsqu'il écrivait la troisième journée, oublié quelquefois ce que contenait la première.

Les leçons qu'il donne ensuite sur la marche des scènes, la nécessité de ne pas laisser le théâtre vide, sont très-sages, et il s'y est conformé. Il ne fait jamais sortir tous ses acteurs que pour un changement de décoration, et ses scènes sont plus liées et mieux motivées que ne le prétend M. Bouterweck. On voit dans ses avis relativement au style, le sage critique et le grand écrivain. Il recommande la décence du langage, et, sauf un très-petit nombre d'exceptions, il s'est soumis à cette règle.

Il paraît d'abord avoir moins exactement suivi ses propres maximes, relativement à l'harmonie qui doit exister entre le style et le personnage. Assurément ses rois ne parlent pas toujours noblement; mais il faut songer qu'il les présentait dans les circonstances ordinaires de la vie, et qu'un roi ne peut pas parler à celui qu'il charge de séduire pour lui une femme, du même ton qu'il répond à un ambassadeur. Ce n'était pas assurément que Lope n'eût le plus profond respect pour la majesté royale. Il se croyait obligé de louer tous les rois d'Espagne; et dans son poëme de Marie Stuart, après avoir établi son éloge de Philippe second, sur ce qu'il eût mieux aimé perdre tous ses états, qu'accorder aux Provinces-Unies *l'injuste liberté*, ne sachant plus sur quoi vanter Philippe IV, il exalte le courage avec lequel ce monarque alla à la messe à Madrid, pendant que le prince de Galles (depuis Charles I), était dans cette capitale. Ceux même qui appartenaient à l'impassible histoire, et qu'elle avait déjà condamnés, trouvent grâce devant Lope; il peint de couleurs radoucies Pierre-le-Cruel, et c'est tout au plus s'il ose blâmer Maurégat bâtard, usurpateur, fils d'une Arabe et à moitié renégat. De ces idées dérive une sorte d'impeccabilité morale des souverains; et d'après cela, lorsqu'il les représente commettant quelque crime, c'est toujours à la suggestion d'un favori, comme l'a très-bien observé lord Holland : c'est un don Arias, comme dans *Estelle de Séville*; ou un don Egas, comme dans le *duc de Viséo*, qui, jouant le rôle de la Destinée dans les pièces anciennes, détermine invinciblement le roi à se livrer à ses vices; et, d'après cette manière de voir, la mort, l'exil ou la disgrâce de ce courtisan est une expiation suffisante de la part du prince qui a cédé à ses conseils. A cela près, il n'avait point, ou du moins il ne montrait point d'opinion dans ses pièces. Ses acteurs disent ce qu'ils doivent dire sans qu'on puisse le plus souvent savoir s'ils expriment la pensée de l'auteur. La comédie était pour lui un miroir, et il ne lui donnait pas plus de couleur que n'en a une glace fidèle.

Lope a toujours mis beaucoup d'importance à donner à ses personnages nationaux la teinte du temps où ils ont vécu. Il y a réussi presque partout, et l'on trouve peu d'anachronismes de mœurs dans ses compositions. Il se plaisait surtout à peindre ces anciens Espagnols vivant sur leurs domaines, laboureurs et soldats à la fois, exerçant sur leurs domestiques l'autorité patriarchale; on les retrouve dans les Tellos de Menésès, le roi Vamba et plusieurs autres pièces. Il a même cherché à porter l'imitation jusques au langage, et s'est donné la peine de composer deux comédies, *el Caballo vos han muerto* et *las Famosas asturianas*, dont la scène se passe sous les règnes de Jean premier et d'Alphonse le Chaste, et qui sont écrites tout entières dans la langue des plus anciens monumens de l'idiome espagnol. Louis de Guevara a imité ce tour de force dans *los Hijos de la Barbuda*.

Le chevalier de ce temps-là a fourni à ses pinceaux le sujet de portraits aussi ressemblans. Son Bernard del Carpio, dans les deux pièces dont il est le héros, Mudarra et bien d'autres ont cette bravoure sauvage, et s'il faut le dire, cette brutalité caractéristique des époques où ils ont vécu. La ressemblance des chevaliers de Lope avec le bâtard Faulconbridge et Hostpur de Shakspeare est frappante. Il est inutile de dire qu'il y a plus d'exactitude encore dans les tableaux dont le sujet était contemporain, comme le vaillant Cespèdes, etc.

En peignant les femmes, il n'a pas cherché à les flatter. Il a choisi ses modèles dans toutes les classes de la société, depuis les reines et les héroïnes, jusques aux courtisanes comme dans *el Arenal de Sevilla* et *el Anzuelo de Fenisa*. Elles expriment souvent des sentimens héroïques, la *Varona Castellana* est un guerrier redoutable; la *Moza de Cantaro* défend son honneur avec le fer; mais l'amour dans ses ouvrages est rarement présenté d'une manière bien idéale, il ne le spiritualise guère; aussi ses belles sont-elles moins fidèles que dans les livres de chevalerie, et souvent, au grand scandale des amateurs de la morale des romans, celle qui a commencé par aimer un des héros de la pièce, finit par en aimer un autre à la fin. Dans *lo Cierto por lo Dudoso*, donna Juana aime bien véritablement le comte de Transtamare, mais lorsque le roi veut l'épouser, elle se soumet très-volontiers, quoiqu'elle aime toujours son frère à qui elle revient à la fin.

Les femmes qu'il montre sur la scène ne sont pas toutes irréprochables; mais il est remarquable que dans l'immense variété des sujets qu'il a traités, il ait rarement cherché à inspirer l'intérêt pour le sort d'une jeune fille qui porte les signes de sa faiblesse. Cela tient sans doute à une manière particulière au pays de considérer ce point de morale publique; car Lope a hasardé dans ses ouvrages, des situations bien autrement scandaleuses, et peignait, quand il le fallait, l'inceste et l'adultère.

C'est surtout lorsque ses héroïnes sont déguisées en hommes, que la licence de leurs propos se déploie. Il observe dans son poëme que ce changement de vêtement plaît au public, et il avait dû observer aussi que de grosses gaietés misses dans la bouche de demoiselles, ou même de princesses *(los donayres de Matico)* d'ailleurs sages et réservées, faisaient un meilleur effet encore.

Au reste, il n'est point étonnant que Torres Naharro, en 1533, ait donné aux femmes moins de décence que Lope quatre-vingts ans après, ni que Calderon, qui a suivi ce dernier, les ait présentées sous un extérieur plus respectable. Les progrès des lumières et de la civilisation devaient produire ce résultat par l'amélioration des mœurs.

Nous avons déjà vu que la variété du ton et du style, le mélange des classes de la société, étaient regardés par notre auteur comme une source de beautés. Il avait trouvé ainsi le théâtre, il s'y confirma, mais non pas cependant au point de regarder la bouffonnerie comme un accessoire indispensable dans chaque pièce. Il en est un grand nombre où des personnages rustiques sont seulement mis à côté des grands; il y a contraste dans les expressions, d'autant plus que Lope copie dans le jargon villageois, jusqu'aux fautes de langue et de prononciation de chaque contrée, mais il n'y en a point dans les sentimens. Dans la plupart des pièces d'intrigue dont l'intérêt est comique, tous les personnages parlent suivant leur condition; et si un valet, une soubrette font plus de quolibets que les autres, cela n'étonne pas. Cependant Lope dit lui-même, dans l'Épître dédicatoire de la *Francesilla*, que c'est dans cette pièce, ouvrage de sa jeunesse, qu'a paru pour la première fois le personnage de *Donayre*, ou du comique dans le sens qu'il a pour désigner un emploi théâtral. Je ne sais ce qu'il a entendu par-là; car certainement les valets bouffons dans les comédies, les bergers bouffons dans les pastorales, étaient antérieurs à lui, et la *Francesilla* étant une pièce gaie, et très-gaie, on ne peut pas croire qu'il ait voulu parler du rôle de bouffon, comme d'un personnage étranger à l'action, intermédiaire entre les acteurs et les spectateurs; s'adressant quelquefois à ceux-ci, exprimant les idées de l'auteur et non les siennes, en un mot remplissant un emploi assez analogue au chœur des anciens. Lope a aussi employé ce personnage, par exemple, dans *la Estrella de Sevilla*; au dénoûment chacun fait de grands sacrifices, et le roi, touché de cette magnanimité, s'écrie que les Sévillans méritent les plus grands honneurs. Le *Gracioso* répond : *Il me semble bien plutôt qu'ils sont tous dans le délire.* C'est, je crois, ce que M. Schlegel appellerait parodier la vie poétique en la ramenant aux idées de la vie réelle.

Un des grands moyens d'intérêt se trouve, comme dit Lope, dans les méprises d'où viennent les dialogues à double entente dont l'effet est toujours sûr au théâtre. Il n'a pas négligé cette ressource, ni les déguisemens qui sont un des moyens les plus faciles de les amener; mais il a été plus sobre que ses successeurs dans l'emploi de ce moyen, et si les quiproquo occasionés par les voiles dont se couvraient alors les femmes, se rencontrent dans ses pièces, ils ne forment pas uniquement le nœud de l'intrigue.

Indépendamment des avis généraux sur le style, notre poëte indique les divers rhythmes à employer suivant les circonstances. Les auteurs du théâtre moderne ont absolument renoncé à cette variété. Ils écrivent leurs comédies en mètre de romances, chaque acte n'ayant qu'une seule assonante, et les tragédies en vers blancs de dix syllabes. Cela peut être plus aisé; mais il me semble qu'ils se sont ôtés une ressource. Comme la prose d'un discours d'apprêt, ainsi que le remarque Lope, n'est pas celle de la conversation, ainsi la versification d'un morceau solennel, ne doit pas être la même que celle d'un dialogue vif et coupé.

Dans l'énumération des différens mètres, Lope en a oublié trois dont il se sert souvent; les *Endechas* ou vers à assonnantes à cinq syllabes, consacrés aux récits d'événemens déplorables, aux plaintes, etc.; les endécasyllabes à rimes suivies ou croisées, mais non assujettis aux règles des octaves ou des tercets, et les *Sylves* ou endécasyllabes mêlés de vers de six.

Lope finit son art dramatique par présenter comme une excuse une des choses pour lesquelles, peut-être, il est le plus répréhensible ; c'est sa prodigieuse fécondité. Nul ne l'a égalée ; mais son génie ne s'est pas toujours soutenu ; et s'il est vrai qu'il n'existe pas d'auteur qui ait fait autant de bonnes scènes, il n'en est point non plus qui ait fait autant de mauvaises comédies. Le grand nombre de pièces que lui et ses successeurs ont mises au théâtre, a nui à sa perfection, non-seulement parce qu'ils n'ont pu y donner les mêmes soins, mais encore parce qu'ils ont accoutumé le public à ne vouloir que des nouveautés, et que les remises seules peuvent former le goût par la comparaison. D'ailleurs on ne peut avoir de bons acteurs que lorsqu'on attache une grande importance à leur talent, et ce n'est que dans les pièces remises qu'on peut juger leur mérite indépendamment de celui de l'auteur.

On a comparé Lope de Vega à Shakspeare son contemporain ; ils avaient des genres de mérite différens. Le tragique anglais ne s'est pas élevé comme poëte au même rang que son rival a atteint en Espagne ; et d'un autre côté l'auteur espagnol n'a pas montré dans les développemens des passions une aussi grande perspicacité, une métaphysique aussi profonde que celui de Macbeth et de Richard III. Le poëte de Madrid peint peut-être aussi bien les divers individus qu'il présente ; mais celui de Staffort peint mieux l'homme dans toutes ses affections ; comme l'observe M. Guizot, Shakspeare demande à son héros : « Comment as-tu fait ? ». Lope se contente souvent de lui demander : « Qu'as-tu fait ? » Une partie de cette différence vient des circonstances où ils se sont trouvés, et du goût de leurs auditeurs. Les Anglais aimaient de longs discours, les Espagnols des actions vives.

Il est plus aisé de les comparer pour les plans et la conduite générale des pièces ; ils ont suivi les mêmes règles, ou pris les mêmes libertés, quant au mélange des tons, au temps et au lieu de l'action. Il est cependant difficile de méconnaître des différences essentielles entre eux, même dans les pièces historiques où ils se rapprochent le plus, car les Anglais n'ont rien d'analogue aux comédies espagnoles de *cape et d'épée*.

Shakspeare, et ceux qui l'ont suivi n'ont pas mieux fait, a été moins fidèle à l'unité d'action. Avec autant d'acteurs, Lope les réunit tous, comme coopérant à un événement unique, tandis que dans quelques ouvrages du poëte anglais, et notamment dans le *Roi Lear*, la duplicité d'action est si évidente, que l'ingénieux traducteur de cette pièce a été obligé de chercher l'unité dans une même idée morale, que les deux intrigues de la pièce doivent prouver.

Quant à la vraisemblance des temps, il ont aussi suivi des principes différens. Le poëte de Londres lie toujours son action d'acte en acte, de scène en scène. Celui de Madrid la suspend brusquement, à chaque intervalle de temps. Par exemple, dans le *Conte d'hiver*, Shakspeare n'abandonne la jeune Perdita qu'après l'avoir fait rencontrer par un berger; de sorte que les spectateurs sont forcés d'attendre le dénoûment qui est censé se passer seize ans après. Lope, en cas pareil, aurait fini la première journée au moment où la reine meurt, où son enfant est condamné à être exposé; de sorte que ce double événement fût une péripétie complète de cet acte, sauf à faire une petite exposition au commencement du suivant.

Une différence plus grande encore, mais moins aisée à apercevoir, c'est le but moral que se proposait Shakspeare dans toutes ses pièces, et qui le forçait parfois à modifier les événemens à sa guise, tandis que Lope, occupé seulement de peindre, se fiant sur l'intelligence de ses auditeurs, pour les leçons qu'ils pourraient tirer de sa pièce, raconte les faits, et n'y fait de changemens que dans l'intérêt *littéraire* et non dans l'intérêt moral.

Cependant, malgré la différence des poétiques qu'ils avaient adoptées, ils se ressemblent en cela que l'un et l'autre ont peint les hommes, et que la peinture des actions a été pour eux l'accessoire. C'est sur ce point qu'ils se sont le plus écartés d'Aristote, qui a dit que les caractères n'étaient pas essentiels à la poésie dramatique, que la fable était le principal, et que c'étaient les actions et non les hommes qu'elle devait retracer.

Le petit nombre de pièces que nous avons traduites ne donnera encore qu'une idée imparfaite de Lope de Vega, et il n'a cependant pas été facile de les choisir. Il en est peu dont la traduction promette une lecture agréable à des Français. Deux cents environ que nous avons parcou-

rues se font toutes lire avec plaisir dans l'original ; on trouve
dans toutes des scènes, ou du moins quelques morceaux
remarquables ; mais lorsqu'on est obligé de les présenter
privées du charme de la mesure et du style, lorsqu'on
doit les soumettre à des lecteurs à qui l'habitude donne
peut-être des préventions défavorables, les conditions
à remplir deviennent plus nombreuses ; et il ne suffit
plus de quelques pages brillantes pour faire supporter
des parties qui, dans une traduction, perdent leur principal mérite.

A. La Beaumelle.

Nota. Les abréviations espagnoles n'étant pas aisées à lire, nous plaçons ici en caractères d'impression les vers que contient le *fac simile* de l'écriture de notre auteur.

No digan que es menester
Mucho tiempo para amar,
Que el amor, que ha de matar
Del primer golpe ha de ser.
Amor que comienza ingrato
Y el trato le da valor,
No se ha de llamar amor,
Si no costumbre del trato.
El que vio', quiso y mato',
Ese es amor verdadero,
Y mas, quando fue el primero,
Como el que te tengo yo.
Mirar, escribir, hablar,
Años un galan y dama,
Es tener amor con ama
Que se le han dado à criar.

> Hombre ha de nacer amor :
> Luego andar y ser galan,
> Que el amor que no es Adan
> No puede tener valor.

Sa signature est précédée, suivant l'usage de sno temps, de ces mots : *Laus Deo et .V. M.* (*Virgini Mariæ.*)

L'ARAUQUE DOMPTÉ.

NOTICE

SUR

L'ARAUQUE DOMPTÉ.

L'Arauco domado est une pièce purement et entièrement historique. Don Garcie de Mendoce, commandant général du Chili pour le roi d'Espagne, et Caupolican, *toqui* ou général en chef de la confédération araucane, sont les principaux personnages ; mais c'est le sort du pays lui-même qui est l'objet de la curiosité et de l'intérêt dramatique.

La marche de la pièce paraît d'abord incohérente. En y réfléchissant, on voit qu'au commencement les Araucans sont unanimes pour la résistance; qu'après la bataille d'Andalican, ils hésitent et sont divisés sur la question de continuer la guerre. Tucapel résiste, mais les bontés de Garcie le décident à se soumettre. Cet affaiblissement du sentiment de résistance justifie le titre d'*Arauque dompté*. Caupolican, Tucapel

Frésie, Gualève, Engol, ne sont point seulement des individus, ce sont des représentans des guerriers, des femmes, des enfans de l'Arauque.

Lope de Vega voulait assurément faire un poëme à la louange de Mendoce; mais, forcé par son amour pour la vérité, il n'en a pas moins peint les Araucans sous des traits qui font pencher vers eux le cœur du spectateur. Autant en avait fait don Alonze d'Ercilla dans le beau poëme qu'il a consacré au récit de cette expédition, où il jouait lui-même un des principaux rôles.

Lope a suivi principalement la narration de don Chr. Suarez de Figueroa dans son histoire du marquis de Cagnete (don G. de Mendoce). Il serait trop long de transcrire tous les passages d'où il a tiré les événemens de la pièce. Je vais les exposer brièvement en indiquant ceux qu'il a changés. Nous apprendrons d'ailleurs par la comparaison des deux récits comment l'auteur dramatique entendait son droit de disposer des événemens historiques. Dans son épître dédicatoire au fils de don Garcie, il lui dit qu'il a représenté « ce sujet immense dans un tableau resserré qui fît pour les oreilles ce que la peinture fait pour les yeux. Il a peint les principaux personnages de grandeur naturelle, les autres dans le lointain, parce que s'il ne les avait réduits aux lois de la perspective, il eût été impossible de les représenter. »

Valdivia, de 1540 à 1545, soumit la partie septentrionale du Chili, où il ne trouva que peu d'obstacles. Les habitans des diverses tribus, dont les plus considérables étaient celles des Cauquènes et des Pomauquais, reçurent sans résistance le joug espagnol. En s'approchant du Biobio, il entra sur le territoire d'une nation belliqueuse, les Araucans; leur pays était divisé en quatre bandes parallèles au rivage de la mer jusqu'aux montagnes des Andes. Elles étaient habitées par quatre tribus confédérées. Chacune était gouvernée par un *toqui*, cinq *apo-ulmènes* et plusieurs *ulmènes* qui régissaient héréditairement les tribus, leurs divisions et les petits districts. En cas de guerre on nommait un *toqui* électif, et devant sa *hache* (signe de l'autorité suprême) disparaissaient celles des *toquis* héréditaires.

Les Araucans, d'abord étonnés des armes et

des chevaux des Espagnols, leur cédèrent, non sans combattre, le terrain que ceux-ci voulurent occuper, et Valdivia y fonda plusieurs villes, jusqu'au quarantième degré où il éleva le fort qui porte son nom. Le toqui Lincoyan élu en 1551 ne déposa pas les armes, mais se contentait d'inquiéter par des courses ces nouvelles colonies. En 1553, Caupolican, simple ulmène de Pilmayguen, fut élu toqui. Exercés par plusieurs années de combats partiels, les Araucans combattirent en ligne valeureusement ; ils reprirent plusieurs villes, et tenaient les Espagnols bloqués dans les deux qui leur restaient. Valdivia voulut les dégager ; les armées se rencontrèrent sur la hauteur de Tucapel, le succès fut balancé ; et peut-être les Espagnols eussent-ils remporté la victoire si un jeune Araucan, Lautare, élevé par Valdivia et son page, n'eût décidé ses compatriotes qui servaient d'auxiliaires aux Castillans à se tourner du côté de l'armée araucane. Cette désertion décida l'affaire ; Valdivia périt avec presque tous les siens.

Lautare fut fait vice-toqui. Il porta la guerre au nord du Biobio, pendant que Caupolican cherchait à consommer l'indépendance de la partie méridionale. Le jeune guerrier détruisit la ville de la Conception, et faisait trembler déjà les Espagnols dans leur capitale de Santiago, lorsqu'il fut tué en 1555. Les prétentions de deux compétiteurs au gouvernement du Chili, Aguirre et Villagran, divisèrent les Espagnols, et les affaires des Araucans continuèrent à prospérer malgré la perte qu'ils avaient faite.

Au mois d'avril 1557, arriva du Pérou don Garcie de Mendoce, alors âgé de vingt-deux ans, fils du vice-roi, le marquis de Cagnète. Il débarqua à Quiriquina, île déserte dans la baie de la Conception, et ne s'établit sur le continent qu'au commencement du mois d'août. Il bâtit, en trois jours, près des ruines de la ville, un petit fort sur la hauteur de Penco. C'est à cette époque que commence la pièce de Lope.

Le 9 août de la même année, Caupolican fit attaquer le fort. Plusieurs Araucans pénétrèrent sur les remparts et dans l'intérieur, entre autres Tucapel, apo-ulmène, qui se battit corps à corps avec don Philippe de Mendoce, frère naturel du général. La blessure de celui-ci par un coup de pierre, le coup d'épée qu'il donna à Rebolledo parce qu'il s'était endormi en faction, sont des détails historiques; mais son combat avec Caupolican est de l'invention du poëte.

Après s'être affermi à la Conception, Mendoce passa le Biobio avec moins de difficultés que ne dit Lope (acte II, sc. I). Il livra le 9 novembre une bataille sanglante à Andalican : c'est celle dont parle don Philippe dans la scène citée. Ses troupes avaient d'abord été battues, mais à la fin sa réserve décida de la victoire. Il ne s'avança que lentement, et fut attaqué le jour de Saint-André, 30 novembre, à Millapourou. C'est cette affaire qui fait le sujet du second acte de la pièce de Lope.

C'était après la bataille d'Andalican que don Garcie avait fait couper les mains à Galvarin. Ce brave guerrier fut repris à Millapourou où il animait les soldats de la voix. Il fut pendu avec douze autres ulmènes. Don Garcie ne croyait être que sévère; il était féroce et de plus maladroit, car ses exécutions ne faisaient qu'irriter ses ennemis. « Pendez-moi à la plus haute branche, dit un des ulmènes condamnés, afin que mes concitoyens voient de plus loin comme je meurs pour ma patrie. »

Le 20 mars 1558, il y eut une affaire de convoi aux gorges de Puren. Les Araucans pillèrent les vivres, mais ne purent entamer l'escorte. Pour cacher leur entreprise, ils avaient envoyé un parlementaire traiter de la paix. Mendoce fait allusion à ce fait à la fin de la troisième scène de la troisième journée.

Bientôt après il partit pour le midi du Chili. Pendant ce temps, un Araucan soumis offrit au commandant de Cagnète de décider l'armée indépendante à s'approcher pour surprendre le fort. Ses propositions furent acceptées : il y a long-temps qu'on se sert d'agens provocateurs. Au reste, le Castillan avait trop compté sur ses forces, et si quatre-vingts lances que don Garcie, sans avoir été prévenu, envoyait de l'*Impériale* n'étaient pas arrivées le jour même du combat, l'issue en eût été tout au moins douteuse. Mendoce en parle dans le passage déjà cité.

Après cette tentative, les Araucans rentrèrent dans leurs foyers. Don Garcie passa l'hiver à faire la reconnaissance du midi, et à y former des établissemens. Il pénétra le premier jusqu'aux îles de Chiloé. Ringo fait allusion à ce voyage dans la deuxième scène de la troisième journée.

Caupolican ne fut pris ni dans un de ces conseils qu'ils nommaient *Réunion des Francs*, ni par ordre de Mendoce. Au commencement du printemps (août ou septembre) 1558, don Alonze Reynoso, commandant de la Conception, le fit enlever dans sa maison de Tilmayquen. Figueroa dit qu'il combattit jusqu'au jour; Ercilla, qu'il se rendit sur-le-champ étant blessé au bras. Le voyant prisonnier, une de ses femmes, nommée *Gueden* par Figueroa, et *Frésie* par Ercilla, écrasa son jeune enfant devant lui. Il fut conduit à la Conception, jugé, mis à la question, condamné, catéchise, baptisé sous le nom de Pierre, empalé et tué à coups de flèches, et cela en trois jours. Mendoce parut fort irrité de cette cruauté, et voulut, dit Figueroa, punir Reynoso. C'était sans doute jalousie de métier; car celui qui fit pendre Galvarin eût bien fait empaler Caupolican. Voici ce que dit, du général araucan, l'historien que je viens de nommer :

« Ainsi finit ce grand homme, honneur de sa patrie, et entre les païens l'un des plus grands qu'on eût encore vu. Il fut pendant sa vie ami de la justice, sans passions, généreux, sobre, sévère sans cruauté, vaillant, agile et robuste de sa personne. La fortune prospère ne put l'aveugler, la fortune contraire ne put l'abattre. Il montra jusque dans sa mort la magnanimité qu'il avait eue pendant sa vie : son trépas affligea les rebelles, mais ne fit qu'envenimer leur vengeance et redoubler leur haine et leur audace. »

En effet, les Araucans choisirent pour toqui le fils de Caupolican, encore très-jeune, mais dont Tucapel était le lieutenant général, et le sage Colocolo le conseil. Ils soutint opiniâtrément la guerre avec des avantages balancés ; enfin il fut complétement battu, en 1560, à Quipéo où il s'était fortifié : Tucapel, Ringo, Colocolo, Lincoyan, et presque tous les autres chefs de nom, périrent dans l'affaire. Le jeune toqui se poignarda lui-même pour ne pas être fait prisonnier.

On crut l'*Arauque dompté.*

Ce n'est pas ici le lieu de dire comment, après deux siècles entiers de guerre, la confédération araucane a été reconnue indépendante par l'Espagne, qui traite avec elle et qui lui paie des tributs déguisés sous le nom de présens. Nonobstant cela, les géographes font toujours arriver le Chili jusqu'au quarantième degré de latitude, au lieu de lui donner pour limite, comme les traités, la rivière de Biobio.

Les mœurs des Araucans, leur courage indomptable, leur confiance, leur attachement conjugal, sont tels, dans la pièce de Lope, que les offrent les historiens depuis Figueroa, jusqu'à l'abbé Molina; mais c'est à tort qu'il leur attribue l'anthropophagie; ils n'en avaient qu'un petit reste. Lorsqu'ils immolaient un prisonnier aux mânes de leurs braves, le sacrificateur lui arrachait le cœur, et le toqui le premier, et puis tous les autres chefs, sucaient quelques gouttes du sang qui en découlait. Pour les coupes faites avec les crânes des ennemis, elles étaient d'un usage aussi général qu'en Scythie ou dans la Scandinavie.

Les caractères sont peints avec une vérité frappante. Don Garcie seul est un peu flatté; mais on est fâché que Lope n'ait pas profité de cette occasion pour faire le portrait dramatique du poëte. Il n'a présenté l'auteur de l'*A-raucane* que sous le rapport militaire. Ou je me trompe fort, ou s'il l'avait montré pensant à son poëme au milieu des combats qui lui en fournissaient les matériaux, écrivant la nuit ses exploits du jour sur des peaux de guanaques à défaut de papier, ce personnage aurait été aussi intéressant que neuf.

L'action de la première journée dure seulement quelques jours. Celle de la seconde, séparée de la première par un intervalle de quatre mois, peut être renfermée dans vingt-quatre heures.

Quant à la troisième journée, l'action des deux premières scènes est continue avec la fin de l'acte précédent; mais il se passe huit mois entre celle-là et la seconde partie du même acte, dont l'action dure deux ou trois jours.

Lope a employé à son ordinaire des mètres variés. Il y a plus d'endécasyllabes libres que dans ses autres pièces. La scène entre Caupolican et Frésie est écrite en stances : la prière de Caupolican sur le pal est un sonnet. Dans la traduction des paroles chantées, j'ai suivi rigoureusement la mesure de l'original.

Si je ne m'étais imposé, peut être à tort, cette règle, j'aurais tâché d'offrir à nos lecteurs la traduction du chant de guerre des Araucans qu'à donnée M. de Sismondi dans son estimable ouvrage sur la littérature du midi de l'Europe. Elle vaut mieux que la mienne.

J'ai traduit *Arauco*, nom du pays, par Arauque, et *Araucano*, nom de peuple, par Araucan, comme Castillan, Bressan, Persan, etc., nonobstant l'autorité de Raynal, mais en suivant l'exemple de M. de Sismondi. Le nom d'Arauque est celui d'un ulménat voisin du Biobio. Le nom propre de la nation est *Auca*. C'est le même que le nôtre, car il signifie *franc* ou *libre*.

J'ai traduit les mots chiliens *yanacona*, ou Indien soumis; *macana*, ou massue; *tambo*, maison, quoique Lope les eût laissés dans la langue originale.

A. La Beaumelle.

L'ARAUQUE DOMPTÉ.

PERSONNAGES.

CAUPOLICAN, général en chef des Araucans.
FRÉSIE, sa femme.
ENGOL, son fils.
TUCAPEL,
RINGO,
OROMPEL,
TALGUÈNE,
} ulmènes ou chefs Araucans.
QUIDORE, femme de Talguène.
GUALÈVE, femme de Tucapel.
MILLAURE, femme de Ringo.
PILLALON, prêtre araucan.
GALVARIN,
PUQUELQUE,
} soldats araucans.
TIPALQUE,
PILLURQUE,
TALGUAN,
} Araucans soumis, dits par les Espagnols, Yanaconas.
PILLAN, dieu des Araucans.
L'OMBRE DE LAUTARE, général Araucan.
DON GARCIE DE MENDOCE, gouverneur du Chili.
DON PHILIPPE DE MENDOCE, son frère.
DON ALFONSE D'ERCILLA,
LE CAPITAINE BIEDMA,
LE CAPITAINE ALARCON,
LE CAPITAINE AVENDAGNO,
} Espagnols.
REBOLLEDO, soldat espagnol.
SOLDATS des deux nations, etc.

L'ARAUQUE DOMPTÉ.

JOURNÉE PREMIÈRE.

SCÈNE PREMIÈRE.

Le port et le village de Talcaguano.

REBOLLEDO, TIPALQUE.

TIPALQUE.

Ami, dis-moi, ce soldat est-il don Garcie?

REBOLLEDO.

Oui, c'est ce Mendoçe que son père envoie pour gouverner le Chili.

TIPALQUE.

L'audace que montraient les rebelles sous le gouvernement d'hommes âgés, s'accroîtra bien davantage sous l'autorité d'un jeune homme. Aguirre et Villagran sont des gens respectables, blanchis dans l'expérience des combats; sous leurs yeux pourtant le peuple du Chili et de l'Arauque se pourvoit d'armes, tient des assemblées et secoue le joug de Charles et de Philippe, de ces rois si éloignés de cet hémisphère; il ne veut pas que le Chili leur rende l'obéissance à laquelle se sont soumis le Pérou et la Nouvelle-Espagne. Comment ces hommes pourront-ils ne pas courir aux armes, s'ils savent que les Espagnols sont conduits par un capitaine aussi jeune ?

REBOLLEDO.

Ce jeune capitaine sera le César du Chili ; ce Mendoce, ce nouvel Alexandre qui a dérobé [1] leur ardeur non-seulement à Jupiter et à Mars, mais à tous les preux [2] cités dans l'histoire, saura dompter le Chili et tous les barbares qui inondent l'Arauque. Aguirre et Villagran ont en effet la réputation d'habiles généraux, mais depuis la mort du brave Valdivia, leurs continuels différens sur le commandement, ont été l'occasion de l'insurrection qui nous menace, ou, pour mieux dire, de ce qu'elle a pris un accroissement tel que Caupolican se nomme le souverain de l'Arauque. Ne sois pas étonné, Tipalque, et quoique tu sois soumis aux loix de Charles, n'aie aucune crainte, car, indépendamment des avantages extérieurs que tu as vus en don Garcie, ses actions à la Sérena, auraient suffi pour lui mériter le bâton de commandement.

TIPALQUE.

Je suis ravi pour ma part de voir qu'en tout il maintienne la justice et la paix, et qu'il nous soulage, nous Indiens pacifiques, des charges qu'on nous avait imposées. Ce sera contre ceux qui tuèrent Valdivia, ces partisans de Caupolican et Tucapel, plus féroces que les serpens des déserts, qu'il pourra montrer le sang qui l'a fait naître ; et puisque son père le charge d'une telle entreprise, sans doute il l'aura éprouvé. Mais, dis-moi, quelle est la fête qu'on célèbre ?

JOURNÉE I, SCÈNE I.

REBOLLEDO.

De crainte des tentatives des rebelles, on n'avait point osé exposer dans votre église le saint-sacrement dans lequel est renfermé le corps du Christ. Le général a ordonné qu'on replacerait dans la custode ce pain divin que le ciel adore. J'en pleurerais volontiers de joie. En bon chrétien, don Garcie l'accompagne avec toute la pompe et l'appareil qu'il peut déployer. Voici la procession.

(Pillarque et Talguan entrent.)

TALGUAN.

Marche donc, Pillarque : la joie brille dans toutes les rues.

PILLARQUE.

Dût se perdre mon bateau, je l'ai laissé pour voir cette cérémonie.

TALGUAN.

N'est-ce pas Tipalque que je vois ?

TIPALQUE.

Mon cher ami ! que penses-tu de la fête ?

TALGUAN.

Pour la bien voir je donnerais un arc.

TIPALQUE.

Cela te sera facile en restant ici.

PILLARQUE.

Quel est cet homme qui est avec toi ?

TIPALQUE.

Un soldat, mon hôte.

PILLARQUE.

Dis-moi, soldat, lequel de ces hommes est le général.

REBOLLEDO.

Vous le dire serait faire injure au ciel qui le doua d'un extérieur si noble et si agréable, et à la renommée qui l'a assez fait connaître. Mais si vous voulez le voir sous un autre aspect, regardez ce généreux descendant des Goths, au moment où la procession s'achève, devenu le seuil de la porte par où Dieu entre dans sa maison.

(La toile du fond se lève, et l'on voit un arc de triomphe en feuillage, et don Garcie couché au-dessous sur un tapis. Des soldats près de lui gardent son bâton, son épée et son chapeau [3].

PILLARQUE.

Qu'est cela?

TALGUAN.

On n'a rien vu de pareil.

TIPALQUE.

Pourquoi votre général est-il couché par terre?

REBOLLEDO.

Le roi du ciel passait et Mendoce a voulu lui servir de marche-pied; pour vous donner une leçon, indiens, le prêtre qui portait le saint-sacrement a passé sur lui. Retirez-vous; il se lève.

PILLARQUE.

Je vais à l'église.

TIPALQUE.

Allons.

(Les trois Indiens sortent. Don Mendoce se lève et revêt ses insignes. Il s'avance avec les chefs espagnols.)

DON PHILIPPE.

C'est un acte de sainteté.

DON ALONZE D'ERCILLA (¹).

Nous avons là un exemple divin; je n'ai point vu d'humilité pareille.

MENDOCE.

Chevaliers, je ne suis rien que poudre et que cendre, et cependant celui qui m'a tiré de la poussière a fait de moi un ciel; en effet, comme vous le voyez, il m'a foulé aux pieds. L'office que je viens de remplir est celui des anges, puisqu'ils sont le marchepied du trône de Dieu.

DON PHILIPPE.

Tu as bien fait de donner à tous l'exemple : aux Espagnols, pour qu'ils se rappellent à quel point doit être révéré ce gage divin des bontés du Créateur; aux Indiens, pour qu'ils apprennent à s'approcher de l'autel avec respect.

DON ALONZE.

Le capitaine qui commence par un acte de piété ne peut être malheureux dans ses entreprises.

DON PHILIPPE.

Aujourd'hui le ciel te donne le titre le plus honorable, celui de défenseur de la foi.

MENDOCE.

J'espère de la bonté céleste qu'elle accordera deux choses à mes ardens désirs; la première, l'avantage d'étendre la connaissance de la foi; la seconde, la gloire de mettre sous le joug de Charles cette terre et cette mer, pour qu'au jour où il montera sur le trône, Philippe ne voie que des sujets soumis sur cet hémisphère antarctique.

DON ALONZE.

Il peut les compter sous son obéissance, car votre courage étendra encore plus ses vastes domaines ; si, dès le printemps de vos années, vous donnâtes à Renti, à Sienne, en Flandre, tant de marques de valeur, parvenu à votre été vous ferez bien davantage.

MENDOCE.

Je veux au moins que l'on connaisse sur-le-champ, sans équivoque, mes intentions ; et pour commencer, que l'on conduise ici Villagran et Aguirre ; puisqu'ils sont tous les deux arrêtés, et que le vaisseau est prêt, qu'ils partent pour le Pérou, et bientôt après pour l'Espagne.

DON ALONZE.

Combien ils en seront affligés !

DON PHILIPPE.

Ils ont failli se faire la guerre.

MENDOCE.

Que leurs discussions cessent ; car ils iront dans le même vaisseau.

DON ALONZE.

Villagran s'en trouvera humilié.

MENDOCE.

Se voyant prisonniers ensemble, ils se réconcilieront. Ces deux hommes dont le courage trouvait le Chili trop petit pour eux, je ferai qu'il se trouvent à leur aise sur quelques planches [5].

DON PHILIPPE.

Entreras-tu bientôt en campagne?

MENDOCE.

J'irai sur les ruines qui furent la ville de la Conception, et j'y attendrai les autres troupes embarquées pour venir me joindre. J'espère dans la faveur de Dieu, et la valeur du sang de Mendoce que m'a transmis le vice-roi mon père et seigneur, que la liberté dont jouit le traître et rebelle Chilien sera soumise à l'autorité de Charles-Quint et de son héritier Philippe, malgré l'âpreté du sol et l'inconstance de la mer, et en si peu de temps que tout cet hémisphère s'étonnera qu'une nation aussi indépendante soit arrivée à ce degré d'obéissance.

SCÈNE II.

Un paysage agréable.

CAUPOLICAN, FRÉSIE, PUQUELQUE.

CAUPOLICAN.

Laisse l'arc et les flèches, ma charmante Frésie; déjà le soleil borde de ceintures d'or les édifices fantastiques que les nuages forment à nos yeux, déjà le jour baissant se mêle aux ombres de la nuit. L'eau tranquille de cette fontaine roule ses ondes limpides jusques à l'immense mer; tu peux y prendre le plaisir du bain, toi, dont l'éclat efface celui de son cristal.

Ote les voiles qui couvrent ton beau corps ; que la lune soit jalouse de le voir ; que les eaux s'arrêtent pour te retenir plus long-temps. Rafraîchis tes pieds rapides ; bientôt les fleurs t'offriront leurs tapis pour les essuyer. Le vert feuillage des arbres te prêtera une ombre favorable, les oiseaux te réjouiront par leur douce harmonie, et le sable de ce ruisseau te couvrira de paillettes d'or [6].

Tu es maîtresse de tout ce que tu vois, Frésie : le Chili n'est plus à Charles. Nous avons triomphé de la rage de l'Espagnol ; et il pleure aujourd'hui en voyant le sable de nos rivages encore baigné du sang de Valdivia et de ses complices ; en vain il ose aiguiser ses armes. Des lieux où naît le soleil à ceux où il s'éteint dans l'onde, l'Espagnol fait entendre ses cris de deuil. Rien ne peut m'épouvanter, je ne suis plus un homme, je suis le Dieu de l'Arauque.

Demande-moi, belle Frésie, non des coquilles, non des perles pour te parer ; mais de paver tous ces rivages des crânes de nos ennemis. Dis-moi : Caupolican, saisis ta redoutable massue, rends-moi reine du monde ; et, bravant tous les dangers, franchissant avec toi la mer profonde, j'irai proclamer aux lieux où règne Charles : ma Frésie est la souveraine de l'Arauque et du Chili.

FRÉSIE.

Époux chéri, sous tes ordres ces montagnes s'empressent d'abaisser leurs têtes altières. C'est pour toi que ce ruisseau borde son cours de roseaux verdoyans ; les nymphes couronnées de fleurs envient ma destinée. Que m'importent et la fraîcheur des fontaines, et les délices d'une ombre épaisse, et les chants des oiseaux, et l'or, et l'empire de la mer et celui de la terre, pourvu que tu m'aimes; toi à qui obéissent les hommes de ces contrées, et que redoutent les bêtes féroces qui osent les attaquer ?

Ai-je besoin d'une plus grande gloire que d'avoir soumis à mes lois celui qui soumet aux siennes l'Espagne? cette Espagne couronnée de tant de victoires, qu'elle a pu assujettir tous les peuples de cet hémisphère. Déjà la tranchante épée, ces arquebuses dont le bruit égale celui du tonnerre dans l'air et dont les traits frappent la terre avec la rapidité de la foudre, ces chevaux belliqueux qui nous montraient nos ennemis comme des monstres composés de deux animaux, ne causent plus d'épouvante au Chili.

Les Araucans que tu as soulevés contre la tyrannie espagnole, dont tu as brisé le joug, qui, grâces à tes soins, sont riches d'or et d'argent, savent à présent vaincre comme combattre; et dans une paix profonde, reposant dans nos hamacs tendus d'un arbre à l'autre, nous dormirons tranquilles, et nos vies prolongées atteindront au même terme que celles de nos ancêtres.

CAUPOLICAN.

Puquelque?

PUQUELQUE.

Seigneur?

CAUPOLICAN.

Si quelqu'un vient me chercher, ne lui permets pas d'entrer dans cette retraite.

PUQUELQUE.

Il suffit : je vais rester à l'entrée de ce bosquet ; vous pouvez vous baigner à votre aise.

FRÉSIE.

Viens, mon amour.

(Ils sortent.)

(Tucapel, Ringo, Talguène, Orompel et Pillalon entrent.)

PILLALON.

Appelez Caupolican.

RINGO.

Je vois Puquelque.

TUCAPEL.

Mon ami, où est le général?

PUQUELQUE.

Il a bien d'autres soucis que les vôtres; il est à présent à se baigner avec Frésie.

TUCAPEL.

Il s'amuse à se baigner lorsque l'Arauque est dans les alarmes! Ne le dérange pas : où je suis, il n'est pas besoin d'un autre général.

RINGO.

Ni où je suis, parce qu'il n'est personne dont je ne sois au moins l'égal. Fais ton office, Pillalon, consulte notre Pillan.

PILLALON.

As-tu porté la laine?

TUCAPEL.

Tout est réuni, le prêtre, le rameau et la laine.

JOURNÉE I, SCÈNE II.

PILLALON.

Éloignez-vous tous, pendant que je commence ma conjuration.

OROMPEL.

Hâte-toi, car ma fureur n'a point de bornes.

PILLALON.

Je me hâterai, Orompel ; sois tranquille : Pillan me dira la vérité.

OROMPEL.

Je vais attendre jusqu'à ce qu'il ait prononcé.

(Ils se retirent. Pillalon pose un rameau sur la terre et un flocon de laine au-dessus.)

PILLALON.

Je pose ici le rameau et le flocon de la laine la plus blanche ; attends-tu, Pillan, que je te fatigue par de plus fortes conjurations ? Hâte-toi de paraître ; et, découvrant ton front doré, enseigne-moi ce que tu sais de cet Espagnol et de sa flotte. Pourquoi veux-tu que je t'importune avec des paroles sévères, si tu es notre ami, si tu peux répondre à mes simples invitations ?

(Pillan sort de terre à demi corps; sa figure est dorée et entourée de rayons; son vêtement est doré.)

PILLAN.

Pourquoi me fatigues-tu de tes invocations ? Que me veux-tu ?

PILLALON.

Dis-moi quel est ce fameux capitaine qui vient du Pérou au Chili, sur le dos de l'Océan Antarctique, et qui nous épouvante au point que les fiers Araucans, les vainqueurs de Valdivia, sentent la crainte pénétrer dans leurs cœurs invincibles?

PILLAN.

Mon noble prêtre, généreux Pillalon, quelque jeune que soit ce capitaine, en moins de deux ans il fera plier vos cous rebelles sous le joug de Charles-Quint et de Philippe. Son père qui l'envoie, le brave marquis de Cagnète, le vice-roi du Pérou, sait bien à qui il remet sa confiance. Il vous vaincra dans neuf batailles et vous réduira tous à l'obéissance ; il établira neuf cités (7) au milieu de vos déserts.

PILLALON.

Que me dis-tu ? quand ? comment ?

PILLAN.

Quand? bientôt. Comment? vous l'apprendrez du temps. Mais je vois qu'après vos combats, vous l'aimerez à ce point qu'il sera pour vous un saint, et que vous lui élèverez des statues d'or : moi seul y perdrai, moi, dont les bannières ne peuvent subsister là où paraît la croix du Christ.

(Il disparaît au milieu des flammes. Les chefs rentrent.)

TUCAPEL.

Qu'est-ceci ?

PILLALON.

Ce prodige nous annonce de grands maux. Pillan vient de me révéler qu'il arrive du Pérou un général qui abattra la fierté du cœur des Araucans, un homme de qui vous serez la proie, qui vous vaincra et qui, dans ces vallées, sur ces coteaux, peuplera neuf cités de ses conquérans espagnols.

JOURNÉE I, SCÈNE II.

TUCAPEL.

Arrête, lâche; cesse ton timide discours, ou, par le soleil! si je prends une flèche de mon carquois, je veux qu'après avoir traversé ta poitrine, elle aille jusqu'au navire qui porte cet insensé, pour y rendre témoignage de la force du bras de Tucapel.

RINGO.

La mienne ira jusqu'au soleil, et, renvoyée par sa main puisssante, elle s'enfoncera dans le cœur de cet Espagnol, où elle écrira : Ringo m'a lancée, je suis la foudre.

TALGUÈNE.

Si quelqu'un de vous le blesse, celle-ci ira après la vôtre et, pénétrant plus avant, sortira à travers son corps pour montrer qu'elle est de Talguène.

OROMPEL.

Je vaux bien autant que vous, et je voudrais, si je lui adressais un trait, qu'après avoir traversé son corps, il frappât contre un rocher, et revînt couvert de son sang, nous dire : telle est la force d'Orompel [8].

PILLALON.

Si les vérités que je vous dis vous jettent dans un tel délire, je mentirai dorénavant. Mais je vous ai répété ce que Pillan m'a appris.

TUCAPEL.

Que m'importe Pillan! ma valeur suffira contre le monde entier.

PILLALON.

Tucapel, je connais les Espagnols.

TALGUÈNE,

Épargne-le, c'est un vieillard.

TUCAPEL.

Je m'arrête à cause de ses cheveux blancs.

RINGO.

Malheureux, tu voulais nous effrayer.

TUCAPEL.

Lui m'effrayer ! je le mettrai en poudre.

(Caupolican et Frésie entrent.)

CAUPOLICAN.

Sauvez-moi, sauvez-moi, je brûle. Laisse-moi, Frésie.

FRÉSIE,

Seigneur !

OROMPEL.

Qu'est ceci ?

TALGUÈNE.

Quel est ce bruit ?

FRÉSIE.

Où vas-tu ? arrête-toi.

CAUPOLICAN.

Ah ! Frésie, ne me retiens pas.

TUCAPEL.

Qu'as-tu, Caupolican.

CAUPOLICAN.

Pillan me brûle. Je me baignais, amis, avec Frésie, dans le bassin de cette fontaine, lorsque l'enfer entier est venu m'environner. Des flammes sortaient des eaux, et au milieu d'elles Pillan, élevant tout-à-coup sa tête d'or, m'a dit : « Est-ce ainsi, grand capitaine, que tu couvres d'opprobre ton nom héroïque ? En vain mon bras formant une horrible tempête, élevait les ondes jusques aux cieux, l'Espagnol Garcie est arrivé malgré mes efforts à la Conception. Il a pris terre à Talcaguano, et c'est en vain à présent que je voudrais le perdre. Il élève à Penco une forteresse où il espère braver les efforts de vos guerriers et même leur donner la mort. Aux armes, Caupolican ! frappe-les avant l'arrivée des renforts qu'ils attendent, et coupe-leur le passage qu'ils veulent franchir à votre honte. Attaque le fort; qu'il ne reste pas un Espagnol debout; n'attends pas que leurs troupes soient devenues assez fortes pour incendier toutes vos vallées d'Engol. Songe que leur arrivée est ma perte. » Il dit; et se perd dans les flots d'un bitume enflammé qui couvre l'eau de la fontaine. J'ai senti à l'instant mon cœur se briser comme s'il eût été déchiré par mille vipères, et la présence de mes braves amis réunis a pu seule me rendre un peu de calme. Nobles Araucans, le moment est venu. Araucans, la liberté est le plus grand des biens, et la nôtre est entre nos mains. Proclamons la guerre. Prenons ces armes qui donnèrent la mort à Valdivia, et rendons à la terre ce fort de Penco à peine élevé. J'ai eu pour ma part des dépouilles un manteau écarlate; je le donnerai au premier dont la massue, la flèche, ou l'acier versera le sang ennemi. Nous avons les piques et les épées conquises dans la dernière guerre, et qui donnaient à nos ennemis tant d'avantage. Allons Tucapel et Ringo, allons Talguène et

Orompel, l'occasion se présente, saisissons-la avec rapidité. Aux armes! aux armes!

TUCAPEL.

Arrête, général Caupolican; tu n'as pas besoin de réunir l'Arauque tout entier contre si peu de soldats: j'irai seul. Qu'on ne dise pas que tu as rassemblé deux tribus pour combattre une armée chrétienne [9].

RINGO.

Écoute. On peut avoir besoin de tout le monde; prends patience. Moi aussi je pourrais seul faire trembler tout le pays, et cependant j'irai avec toi.

TALGUÈNE.

Qu'ils meurent! à quoi vous arrêtez-vous? Que le premier qui arrivera frappe sans s'occupper que de sa propre valeur. Il n'est point ici question de point d'honneur. Ce n'est point une guerre, c'est un châtiment que nous allons leur infliger.

OROMPEL.

Talguène, parle avec moins de confiance. Nous devons affranchir notre pays. Courons remplir nos obligations, et que chacun dans le combat montre sa valeur héroïque.

CAUPOLICAN.

Suis-moi, Frésie.

FRÉSIE.

Mon amour, cher époux, me donnera la force de t'aider.

PILLALON.

Plaise au ciel, Araucans, qu'un jour vous veuillez

me croire, et que ce soit avant d'avoir éprouvé la valeur de l'Espagnol Garcie.

TUCAPEL.

Tais-toi, infâme Pillalon. Fuis, retire-toi, ou par Apô [10], je te cloue d'une flèche au premier arbre que je rencontrerai. Laisse Caupolican tuer ces cruels Espagnols.

PILLALON.

Tu verras bientôt, Tucapel, si Pillan a dit la vérité.

SCÈNE III.

Le fort de Penco.

DON GARCIE et DON PHILIPPE DE MENDOCE.

DON PHILIPPE.

Ce fort, mon frère, est déjà susceptible de quelque résistance et tu pourras t'y défendre, en attendant l'arrivée des renforts que la mer doit t'amener.

MENDOCE.

Je crains que les ennemis ne nous attaquent avant le débarquement, et il m'a été nécessaire de me mettre en défense.

DON PHILIPPE.

Déjà, dans toutes les campagnes environnantes, les Indiens te sont affectionnés; ils se pressent autour du fort pour te voir, et ce n'est pas la crainte de la mort qui les détermine à cette soumission. Ils ne redoutent pas le peu de forces que tu as avec toi, mais la noblesse de ton caractère, la grandeur et la franchise avec laquelle tu as accordé le pardon aux révoltés, les dons que tu leur as faits ont changé leurs âmes et les engagent à te demander la faveur de vivre en paix.

MENDOCE.

Si les quatre tribus de l'état d'Arauque, jusqu'à présent indomptables, ont osé lever le front de la rébellion, si elles ont refusé au roi l'obéissance à laquelle elles s'étaient soumises, si elles ont tué son général Valdivia, si elles ont proclamé dans leur fureur un barbare chef et roi de ces contrées, que m'importe que les habitans des îles et du littoral se rendent à nous, en attendant l'issue d'une guerre imminente et dont le succès est douteux? Mais, quoi qu'il en soit, dans ce service difficile, le ciel verra mon zèle, le roi ma loyauté, et tout l'univers la valeur de ceux qui me l'ont transmise avec le sang des Mendoces.

DON PHILIPPE.

Si tu parviens au but que tu te proposes, si tu portes la gloire de notre nom jusques au pôle antarctique, les hauts faits d'Alexandre ne pourront atteindre à la renommée des tiens. Tu seras du moins un second Alexandre [11].

(Don Alonze d'Ercilla entre.)

DON ALONZE.

Prince invincible [12], préparez-vous à saisir vos armes et à défendre dans ce fort votre vie et celle de nos compagnons. Les rebelles Araucans, encouragés par leurs derniers succès, viennent sur nous comme dans l'été tombe la grêle à coups pressés sur l'arbre où les oiseaux des champs ont construit leur demeure. Ils ne veulent point qu'il reste ici pierre sur pierre. Leur troupe hardie brille par la variété de leurs vêtemens et de leurs armes étranges. Les peaux du lion et du tigre, les coquilles des poissons, les plumes des oiseaux, les massues, les piques et les épées, gagnées dans les combats contre nous, forment leur vêtement et leur armure. L'air est ébranlé au loin par les instrumens divers et les clameurs confuses dont ils font retentir ces montagnes. Au-devant d'eux paraît ce géant robuste et courageux, leur général, qui s'élève de toute la tête au-dessus de ses compagnons. Aux armes, seigneur! n'entendez-vous pas leurs cris d'indépendance et de révolte contre Charles?

MENDOCE.

Don Philippe, mon frère, c'est aujourd'hui le jour de montrer le courage des Mendoces. Marchons, braves Espagnols.

DON PHILIPPE.

Don Alonze, combien vient-il de monde?

DON ALONZE.

Un nombre infini.

DON PHILIPPE.

Mais encore, ne le connaît-on pas à peu près?

DON ALONZE.

Ils sont vingt mille [13].

DON PHILIPPE.

C'est bien, ce sera trois cents pour chaque Espagnol.

MENDOCE.

Aux armes, chevaliers! à la muraille! Aujourd'hui, Chili, je commence à te reconquérir.

SCÈNE IV.

Campagne auprès du fort de Penco, dont on voit les murs sur un des côtés du théâtre.

CAUPOLICAN avec l'armée indienne précédée de tambours et d'autres instrumens; dans le fort, les Espagnols en armes.

LE CORYPHÉE.

Puisqu'il sauva la patrie,
Puisqu'il vainquit Villagran,

CHOEUR.

Caupolican:

LE CORYPHÉE.

Il saura vaincre Garcie
Et tout soldat castillan,

CHOEUR.

Caupolican.

CAUPOLICAN.

Dans le hasard des batailles
Vous auriez pu vous enfuir;
Pourquoi donc dans ces murailles
Osez-vous vous réunir?

LE CORYPHÉE.

Ils veulent perdre la vie
Aux mains du brave Araucan,

JOURNÉE I, SCÈNE IV.

CHOEUR.

Caupolican.

LE CORYPHÉE.

Qui saura vaincre Garcie
Et tout soldat castillan?

CHOEUR.

Caupolican.

TUCAPEL (14).

Vous connaîtrez la vaillance
De ces braves ennemis,
Qu'Apô fit dans sa puissance
Pour régner sur ce pays.

LE CORYPHÉE.

Fuyez dans votre patrie
Le vainqueur de Villagran,

CHOEUR.

Caupolican ;

LE CORYPHÉE.

Saura bien vaincre Garcie
Et tout soldat castillan.

CHOEUR.

Caupolican !

RINGO.

Pour ravager notre terre
Vous vous dites des soldats;
Du noble nom de la guerre
Vous parez vos attentats.

LE CORYPHÉE.

De votre rage ennemie
Qui comprimera l'élan ?

CHOEUR.

Caupolican.

LE CORYPHÉE.

Qui saura vaincre Garcie
Et tout soldat castillan?

CHOEUR.

Caupolican!

TALGUÈNE.

Les hommes libres sont braves.
Pensiez-vous donc, sans combats,
Vous partager des esclaves
Comme au pays des Incas?

LE CORYPHÉE.

S'il épargne votre vie,
Au vallon d'Andalican,

CHOEUR.

Caupolican,

LE CORYPHÉE.

Mènera captif Garcie
Et tout soldat castillan.

CHOEUR.

Caupolican!

DON MENDOCE, dans le fort.

Avec quels cris, quelle joie s'animent réciproquement le général et les soldats! Si les Indiens que rencontra Colomb avaient été aussi résolus, les Espagnols ne seraient arrivés que bien tard dans les contrées où nous sommes.

DON PHILIPPE.

Dieu voulut sans doute faciliter leurs premières entreprises, en ne leur opposant que des peuples aussi simples (15).

CAUPOLICAN, à Tucapel.

Ils se sont mis en défense.

TUCAPEL.

Que ne sortent-ils, pour nous voir flèche contre flèche, épée contre épée, poitrine contre poitrine?

RINGO.

L'étroite enceinte de leur fort est déjà couronnée de canons, d'arquebuses et de leurs bannières chargées de croix.

CAUPOLICAN.

En avant! c'est notre éloignement qui leur donne de l'avantage. Qui s'élancera le premier dans le fort?

TUCAPEL.

Moi, qui suis la foudre et qui porte le trépas.

MENDOCE.

Vivent Charles et Philippe!

SCÈNE V.

L'intérieur du fort.

OFFICIERS et **SOLDATS** des deux armées.

DON PHILIPPE.

Audacieux Araucan, tu as osé mettre le pied dans notre fort!

RINGO (16).

Puisque j'ai su par où entrer, je trouverai le moyen d'en sortir.

DON PHILIPPE.

Barbare, sais-tu que je suis Don Philippe de Mendoce?

RINGO.

Réjouis-toi donc, Castillan, de mourir de ma main. Je suis Ringo, et nul plus que moi n'a obtenu dans le Chili de dépouilles espagnoles.

DON PHILIPPE.

Tu en as vaincu d'autres ; maintenant c'est moi qui abattrai ta fierté.

(Ils sortent en se battant.)

CAUPOLICAN, à Mendoce.

Tu es donc Mendoce ?

MENDOCE.

Oui, et c'est moi qui dois t'ôter la vie.

CAUPOLICAN.

Sais-tu que ma vie est un rayon du soleil, que je suis le fils du soleil, et que c'est pour lui que je tiens le sceptre de l'Arauque ?

MENDOCE.

Sais-tu que je suis le fils de Mendoce, le vice-roi du Pérou ?

CAUPOLICAN.

J'ai pitié de ta jeunesse.

JOURNÉE I, SCÈNE V.

MENDOCE.

Aie pitié de ton sort. Je suis né Mendoce ; et quel que soit mon âge, je remplirai mes devoirs.

(Ils sortent en se battant. Talguène et Tucapel se retirent devant don Alonze et Biedma.)

TUCAPEL.

Je suis blessé, Talguène.

TALGUÈNE.

Je défendrai ta vie.

DON ALONZE.

A mon aide, ma bonne épée ! Barbares, vous verrez qui je suis.

(Tucapel et Talguène sortent.)

BIEDMA.

Arrêtez, brave Ercilla, ils ont sauté les murs du fort : ne les poursuivez pas.

DON ALONZE.

Cet assaut a comblé mes désirs.

BIEDMA.

Des léopards avec moins de fureur et de légèreté sautent dans un parc. Mais, s'ils nous ont fait du mal, ils n'auront pas à se vanter de leurs succès. O ciel ! qu'entends-je ?

DON PHILIPPE, derrière le théâtre.

Grand Dieu ! toute notre espérance est perdue.

DON ALONZE.

Est-ce qu'ils se seraient emparés du fort ?

BIEDMA.

Si nos vingt arquebusiers de réserve, que Mendoce a chargés de tirer sur les chefs, ne sont pas morts jusqu'au dernier, ne craignez rien pour la forteresse.

(Don Philippe et des soldats portent Mendoce évanoui.)

DON PHILIPPE.

O mon frère, si ce coup vous a enlevé à mon amour, c'est moi qui vengerai votre trépas.

DON ALONZE.

C'est le général.

BIEDMA.

Lui-même.

DON ALONZE.

Serait-il mort ?

DON PHILIPPE.

A Dieu ne plaise que nous fussions obligés d'envoyer si tôt une aussi fâcheuse nouvelle à mon père. Il a été frappé d'une pierre qu'un de ces barbares a lancée du fossé, et le sang qui souille ses armes est celui dont son bras avait déjà couvert la terre.

DON ALONZE.

Quel malheur !

BIEDMA.

Détachons son casque.

DON ALONZE.

Le casque a cédé ; mais il n'y a aucune apparence de blessure. Il est tombé de la commotion.

DON PHILIPPE.

Grand Dieu ! elle peut être mortelle [17].

MENDOCE, revenant à lui.

Jésus !

DON PHILIPPE.

Il a parlé.

DON ALONZE.

Ne le voyez-vous pas reprendre ses sens ?

DON PHILIPPE.

Grâce à ta valeur, mon frère et seigneur, nous pouvons nous féliciter de voir la fin de nos craintes.

MENDOCE.

Sont-ils entrés dans le fort ?

DON PHILIPPE.

Tous ceux qui ont pu y pénétrer y ont laissé leur vie, ou du moins leur sang.

MENDOCE.

Il y a encore en moi du sang et de la vie; employons-les à les poursuivre et à les chasser des environs de notre fort. Ferme, Espagne [18] !

TOUS.

Ferme, Espagne !

MENDOCE.

Vive Charles !

TOUS.

Vive Charles !

(Ils sortent.)

SCÈNE VI.

Une autre partie de la campagne auprès du fort. On voit sur un côté un poste avancé fermé par quelques palissades. Il est nuit.

MILLAURE, GUALÈVE, QUIDORE, FRÉSIE.

GUALÈVE.

Malheureuse que je suis! Ils ne sortent pas du fort.

FRÉSIE.

Sois tranquille, Gualève; peut-être sont-ils occupés à raser ses murailles. D'ailleurs, il leur faut bien quelque temps pour égorger toute la garnison.

GUALÈVE.

J'ai du *mudi* dans mon panier; il y a du *perper* tout préparé pour désaltérer mon cher Tucapel, mais je ne le vois pas.

MILLAURE.

Je porte aussi de quoi rafraîchir ou panser mon adorable Ringo, s'il revient blessé de ce combat.

QUIDORE.

J'ai là du *cocavi* délicieux et du *maday* [19] pour faire boire à Talguène; je lui donnerais, s'il le fallait, tout le sang de mes veines.

GUALÈVE.

Je suis sure, ma chère Quidore, que mon amour, mon Tucapel, téméraire comme il l'est toujours, a

JOURNÉE I, SCÈNE VI.

pénétré dans le fort, et que tant qu'il y restera un Espagnol en vie, ni l'amitié de Talguène, ni le souvenir de mon amour pour lui ne pourront l'en retirer.

MILLAURE.

Nos peines sont les mêmes, Gualève.

GUALÈVE.

Ah! Millaure, lorsque Tucapel est déterminé à quelque chose, la mer en courroux est moins indomptable que lui. Je sais que Ringo est un tigre, mais mon époux est un lion, et je crains que dans cette occasion sa fureur ne l'expose à quelques dangers.

FRÉSIE.

Asseyons-nous ici jusqu'à leur retour.

(Elles s'asseyent.)

(Mendoce, don Philippe, don Alonze, entrent du côté du fort.)

DON PHILIPPE.

Tu as bien montré ta valeur.

MENDOCE.

Grâces soient rendues à Dieu qui nous a donné la victoire! Ils sauront une autre fois, s'il tentent quelque entreprise, que c'est moi qui suis gouverneur.

DON ALONZE.

Ils doivent être déjà persuadés que ton bras soumettra l'Arauque.

MENDOCE.

Jusqu'à ce que Caupolican soit abattu, ils ne croiront pas à notre pouvoir. C'est un brave sauvage.

DON PHILIPPE.

Il est intrépide.

MENDOCE.

Je pense qu'ils reviendront à la charge cette nuit; ainsi il nous faudra des sentinelles avancées, afin de veiller pendant que nos soldats prennent un peu de repos.

DON PHILIPPE.

Tu as raison, plaçons une garde.

MENDOCE.

Appelle quelques soldats.

DON ALONZE.

Tenez, voilà Rebolledo : c'est un homme à qui vous pouvez vous fier.

REBOLLEDO.

Je serai un Argus.

MENDOCE.

Je puis donc te laisser en faction ici [20] ?

REBOLLEDO.

Comptez, seigneur, sur ma fidélité et mon affection.

MENDOCE.

Et aussi sur ta valeur. Conduis-toi en soldat, et pense aux périls dont nous sommes entourés.

(Il sort avec les autres Espagnols.)

REBOLLEDO.

Mes yeux, songez bien que je suis un homme d'honneur et un soldat soigneux. Allons, levez vos paupières, et regardez bien toute cette campagne.

JOURNÉE I, SCÈNE VI.

QUIDORE.

Comme mon Talguène tarde à venir [21] !

FRÉSIE.

Cette solitude me tue.

MILLAURE.

Et moi la crainte. Qu'est devenu Ringo ?

GUALÈVE.

Hélas ! mon Tucapel me causera la mort.

REBOLLEDO.

Messieurs mes yeux, je sais bien que vous avez long-temps veillé ; mais des yeux qui sont gens d'honneur comme vous, ne mettent pas leur maître à la torture pour soulager un vain désir de se fermer. Songez, par la corbleu ! que je n'ai qu'une vie et que vous êtes deux. L'un de vous ne pourrait-il pas dormir pendant que l'autre veillerait ? Je ferme le droit. Voyons. Par ma foi, je crois que l'autre commence à s'envelopper. Ne pourrai-je pas dormir et veiller en même temps, ou du moins comme le lion, sommeiller les yeux ouverts ?

(Il s'endort.)

(Ringo et Orompel entrent.)

RINGO.

Nous aurions tous été leur proie, si la chute de leur général ne les avait distraits.

OROMPEL

Que Caupolican ait pu entrer dans le fort, et qu'il en soit sorti quoique blessé !

RINGO.

C'est le général espagnol lui-même, le brave don

Garcie qui l'a blessé : il ne pouvait être atteint que par un fils du soleil. Il y a là du monde.

GUALÈVE.

Ah, ciel !

RINGO.

Qui est-ce ?

MILLAURE.

J'ai reconnu ta voix, mon cher époux. Te voilà donc vivant ?

RINGO.

Oui.

GUALÈVE.

Que je serais heureuse de m'en entendre dire autant !

FRÉSIE.

Ringo, où as-tu laissé Caupolican, mon époux ?

RINGO.

Blessé par le fameux Mendoce, il s'est retiré du fort.

GUALÈVE.

Où est resté Tucapel ? où est-il ? Que fait-il, Ringo ? Dis-le-moi.

RINGO.

Je ne saurais, Gualève, te donner de ses nouvelles. Tout ce que je puis te dire, c'est qu'il est revenu de l'assaut grièvement blessé.

GUALÈVE.

Et tu l'as abandonné ?

RINGO.

Que pouvais-je faire ?

GUALÈVE.

Je sais que tu as été toujours envieux de ses exploits [22]. Tu l'as abandonné parce que, redoutant sa valeur, tu as craint les suites du défi qu'il t'avait porté. Mais, lâche, puisque je vis encore, tu n'es pas hors de danger, et si Tucapel est mort, c'est moi qui paraîtrai pour lui au combat.

RINGO.

Quel amour passionné !

OROMPEL.

Il est excessif.

GUALÈVE.

Tu ris, je crois. Donne-moi cette massue, Orompel [23].

RINGO.

Que veux-tu ?

GUALÈVE.

T'apprendre, infâme, que cette chevelure féminine couvre un courage de guerrier.

RINGO.

Femme, je pardonne à l'excès de ton amour l'audace de tes expressions.

GUALÈVE.

Tu ne me suis pas ? qu'attends-tu ?

RINGO.

Va-t'en, va-t'en, Gualève.

GUALEVE.

Eh bien, je dirai que je t'ai vaincu, que je t'ai abandonné tout tremblant : pour ne pas me retarder dans la recherche de mon bien-aimé, je veux bien te laisser la vie, efféminé que tu es.

(Elle sort.)

RINGO.

Tu es femme, tu es affligée, dis tout ce que tu voudras : l'amour excuse toutes ces folies.

MILLAURE.

Pardonne-lui, mon époux, et daigne m'écouter.

(Mendoce entre.)

MENDOCE.

Les soins de mon emploi de général, dont la nuit, ni les froids de l'hiver, ni les chaleurs de l'été ne peuvent me distraire, me conduisent ici pour examiner si mon factionnaire est un ami fidèle et soigneux. Dieu me soit en aide! il s'est endormi, il dort. Je vais le faire passer d'un sommeil à un autre [24]. Mais non! retenons mon épée; ils ont beaucoup souffert dans une journée aussi pénible; et nous avons si peu de monde, que ce n'est pas violer mes devoirs que d'accorder la vie à celui qui mérite la mort. Je vais seulement le réveiller en tâchant qu'il ne me voie pas.

(Il le pique légèrement et sort.)

REBOLLEDO, se réveillant.

Parbleu je dormais, je me suis oublié; mes yeux, vous n'avez pas raison. Mais si le sommeil me les fait fermer, c'est lui qui me les a rouverts. Je rêvais que j'étais un âne, et mon maître un laboureur, qui après son travail se retirait content dans sa maison, et, pour me faire aller plus vite, me piquait avec une baguette. Mais c'est qu'en vérité je crois encore le sentir.

RINGO, aux Araucanes.

Belle Frésie, Millaure, Quidore, venez avec moi : allons joindre le général qui s'occupe déjà du soin de réparer les pertes que nous avons souffertes. De toutes les andes de l'Arauque, vont descendre quarante mille guerriers, conduits par les chefs les plus illustres. Bientôt, vous verrez détruites les murailles de ce petit fort, malgré les secours que demande Garcie pour pouvoir continuer la guerre.

FRÉSIE.

Allons ; et puisse le soleil délivrer le Chili de sa présence ! puissent de nouveaux efforts comme cet assaut qui a fait trembler son courage, le chasser de notre pays !

(Ils sortent.)

REBOLLEDO.

Eh bien, mes yeux, vous voilà encore fatigués ! en vérité, ce n'est pas vivre ; vous me faites mourir de mille morts. Que ne suis-je encore en Espagne ! A la malheure m'a-t-on conduit à travers mille mers et mille dangers à ces contrées stériles. Ici je mange des herbes de cent noms différens ; noms qu'Adam ne leur a jamais donnés, et que je n'avais entendus de ma vie ; et il n'y a rien dans tout cela qui s'appelle du jambon ; aucune herbe qui vaille le gigot de mouton. Le meilleur maïs est-il comparable à une tranche de saumon, panée et grillée? Les premiers qui vinrent aux Indes y cherchaient de l'or et de l'argent ; à la bonne heure, ces métaux étaient si bon marché qu'ils en achetaient pour des morceaux de verre ; mais à présent ce n'est plus cela. Au lieu d'argent à prendre, il s'agit de rebelles à pacifier, d'Indiens à soumettre ; et ce ne sont pas de ces bonnes gens désarmés que Colomb trouva à gambader comme les agneaux dans des forêts et les prairies. Ce sont les hommes les plus fiers, les plus vaillans, les plus étranges qu'il nous faut.... Mes yeux, je ne puis plus vous résister. On dit qu'autrefois les anciens donnaient la torture de la veille [25], et ce n'était pas un petit tourment. Au bout du compte, dans cette solitude, qu'ai-je à craindre ? les Indiens sont couchés, et s'ils veillent ils s'occuperont plutôt à panser leurs blessés qu'à nous attaquer. Dormons un moment.

(Il se couche.)

MENDOCE.

Je viens revoir ma sentinelle. Son sommeil m'empêche de dormir. Vive Dieu ! Il dort encore. C'est un crime. Qui l'eût pensé, qu'un brave soldat s'en fût rendu deux fois coupable ? Je vais le réveiller tout de bon.

(Il le frappe d'un coup d'épée.)

REBOLLEDO, se levant.

Caupolican m'a tué !

MENDOCE.

Infâme !

REBOLLEDO.

Ah ! mon général.

MENDOCE.

Misérable.

REBOLLEDO, à genoux.

Arrêtez.

JOURNÉE I, SCÈNE VI.

MENDOCE.

Est-ce ainsi que tu veillais pour mon honneur et la vie de tes camarades?

REBOLLEDO.

Qu'il vous suffise de cette blessure. Vraiment je ne dormais pas.

MENDOCE.

Que faisais-tu donc?

REBOLLEDO.

Je m'étais couché pour mieux entendre si Caupolican venait.

(Don Philippe, don Alonze et Biedma, entrent.)

DON PHILIPPE.

Viens au plus tôt. Je pense que les Indiens vont recommencer l'assaut.

DON ALONZE.

Qui est là?

MENDOCE.

C'est moi, bien privé de repos, et dépourvu même de secours.

BIEDMA.

Que faites-vous ici, seigneur?

MENDOCE.

Je suis venu voir la sentinelle, qui s'est endormie deux fois.

DON PHILIPPE.

T'endormir, malheureux!

DON ALONZE.

Traître!

MENDOCE.

Laissez-le. Il le paiera d'une autre manière.

BIEDMA.

Que voulez-vous faire ?

MENDOCE.

Qu'on le mène pendre.

REBOLLEDO.

Pensez que vous êtes Mendoce, général, et réfléchissez à ce que vous faites. Au reste, envoyez-moi tout seul me battre jusqu'à la mort contre tout le Chili ; mais ne m'envoyez pas veiller, parce qu'il faut que je dorme.

MENDOCE.

Il le faut, coquin !

REBOLLEDO.

Ne savez-vous pas que trois saints se sont endormis quoique Dieu même leur eût ordonné de le veiller une heure ; et si cela est ainsi, est-ce un miracle qu'un pauvre pécheur comme moi, après avoir veillé trois mois de suite, ait dormi un quart d'heure?

MENDOCE.

Par la vie du Roi !...

DON PHILIPPE.

Ne jure pas ; pour sa bonne humeur tu dois lui pardonner.

REBOLLEDO.

Songez, seigneur, que vous n'avez pas assez de braves soldats pour en perdre un sans profit.

JOURNÉE I, SCÈNE VI.

MENDOCE.

C'est ce qui te sauve : je te pardonne.

REBOLLEDO.

Vous êtes le digne sang des rois et des vice-rois.

DON ALONZE.

Reposez-vous, général. L'aube commence à poindre. Il n'est plus de surprise à craindre.

MENDOCE,

Ou je te soumettrai, Chili, ou tu me coûteras la vie.

FIN DE LA PREMIÈRE JOURNÉE.

JOURNÉE DEUXIÈME.

SCÈNE PREMIÈRE.

Campagne près du camp espagnol.

LE CAPITAINE ALARCON. — DON PHILIPPE DE MENDOCE.

DON PHILIPPE.

Don Garcie, mon cher capitaine, s'est vu dans de tels périls que lui seul pouvait s'en dégager.

ALARCON.

Sa réputation est d'autant plus grande, qu'avec une poignée d'hommes il a remporté des victoires qui effacent la gloire des exploits les plus renommés. Dieu sait combien, dans le Pérou, nous avions d'alarmes sur son compte.

DON PHILIPPE.

Maintenant une bonne armée est enfin réunie.

ALARCON.

Les soldats sont excellens. Mais qu'auraient dit ce soir nos amis d'Espagne, s'ils nous avaient vu faire cette pompeuse revue de six cents hommes en tout, [26] pour résister à quarante mille guerriers au moins, et à quarante mille Araucans, les plus braves peuples de ces contrées. Mais veuillez, don Philippe, continuer la relation que vous avez commencée, pour que je puisse au moins participer à vos hauts faits par le plaisir que j'ai à les entendre.

DON PHILIPPE.

Don Garcie, déterminé à mettre à fin l'entreprise dont il est chargé, partit du fort qui avait été son asile au moment de son arrivée, et, pénétrant dans l'intérieur de ce pays belliqueux et révolté, il parvint à la rivière du Biobio. Mais à peine fut-il sur ses bords, qu'il vit la rive opposée couverte de plus d'Indiens que les arbres qui les ombrageaient ne comptaient de feuilles. Pour s'assurer si le passage en radeaux était possible, Mendoce laissa sa troupe au lieu où on les fabriquait et tenta l'exploit le plus téméraire qu'un général ait jamais osé entreprendre. Qu'on ne parle plus de la barque de César. Mon frère, sur un radeau d'arbres verts, avec trois hommes seulement, Ramon, Cano et Bastida, traversa le large fleuve; et ayant choisi l'endroit du débarquement ordonna le passage. Mais il fut impossible sur ce point : à peine le commençait-on que les Indiens firent pleuvoir une nuée de flèches. Cependant le général avait fait passer deux lieues au-dessous cent hommes sur des radeaux; et lorsque les Indiens purent s'apercevoir qu'ils étaient pris en flanc, ils n'étaient plus à temps à nous arrêter. Tous se retirent à Andalican. Ils arborent leurs bannières, et leurs instrumens de guerre font retentir toutes les vallées de l'Arauque.

Reynoso s'avance pour reconnaître la campagne. Il est chargé par deux mille Indiens : « Où venez-vous, lui crie-t-on; où venez-vous, infâmes larrons? Voilà comment vous reçoit ce pays que vous vous vantiez d'avoir conquis. Venez ; nous vous traiterons comme Valdivia ; nous vous arracherons ces âmes insatiables de l'or que la nature a donné à cet hémisphère. » Pendant la retraite de Reynoso, deux de ses soldats s'étant écartés pour prendre quelques fruits, furent attaqués par les Indiens; Guillem se défendit avec tant de valeur, qu'un des chefs Araucans, Orompel, s'affectionna à lui ; il voulait le sauver ; mais comme il l'envoyait à Caupolican, un indien brave, mais féroce, Galvarin, le tua d'un coup de flèche. Orompel voulait venger son prisonnier ; l'autorité des vieillards l'empêcha. Cependant le général, averti par Roman de Vega, envoya le capitaine Jean Ramon qu'il suivit bientôt après, et alors commença cette bataille où les ruisseaux du Chili portaient jusques à la mer le sang dont leur cours était grossi. Louer notre général, conter ce que fit son épée, ce serait faire mon propre éloge, puisque je suis son frère; il me suffit de vous dire que l'Arauque tremble devant lui, et que les Indiens l'appellent le soleil ou le dieu espagnol.

ALARCON.

J'entends les tambours.

DON PHILIPPE.

On marche sans doute au Val d'Arauque. Venez;

et en chemin je vous raconterai une aventure plus gaie.

ALARCON.

L'Amour et Mars aiment à combattre à la fois.

SCÈNE II.

Campagne près du camp chilien.

TUCAPEL, GUALÈVE.

TUCAPEL.

En guérissant les blessures de mon corps, chère Gualève, tu as rendu plus profonde celle que l'amour a faite à mon cœur où tu vivras toujours. Jamais ma tendresse ne pourra te payer les soins divins que tu as eus de moi.

GUALÈVE.

La joie que j'éprouve en te voyant encore, cher époux, prolongerait d'un siècle la vie que ton amour rend heureuse, si je n'apercevais dans tes yeux une tristesse aussi profonde. Puisque ma tendresse ne peut obtenir ta confiance, puisque tu me tais le sujet de tes peines, je suis forcée à me livrer à des soupçons pénibles. Aimes-tu quelque autre que Gualève? Es-tu irrité de voir que don Philippe de Mendoce puisse s'enorgueillir de t'avoir vaincu? Envies-tu la beauté ou la vaillance de leur général don Garcie? aucun ne t'égale, Tucapel, j'en jure par ta vie et par la mienne. Que sont après tout ces Espagnols? Moi-même avec cette massue, ne t'ai-je pas délivré de leurs mains le jour où ils te conduisaient prisonnier? Réjouis-toi, mon ami : aucun d'eux ne reverra les rivages de l'Espagne.

TUCAPEL.

Étant ce que tu es, Gualève, Tucapel étant ce qu'il est, ce n'est aucun amour étranger, ce n'est aucun Espagnol qui est la cause de ma tristesse. Tels que nous sommes, mon nom est au-dessus de celui de beaucoup d'hommes ; le nom d'aucune femme n'égale le tien. Je suis à toi, comme je le fus toujours : pour la beauté, pour la vertu, il n'est pour moi qu'une Gualève; et pour mon amour, tu n'en trouveras point qui m'égale. Don Philippe me blessa, il est vrai; mais je ne fus pas vaincu. Je pénétrai dans sa forteresse, je bravais la mort; mais je sauvai l'honneur de mes armes. Je pus sortir de cette enceinte ; et en être sorti c'est avoir été victorieux, puisqu'il me suffit d'y être monté pour que ma gloire soit immortelle. Comment voudrais-tu que j'enviasse quelque chose à don Garcie? s'il est Mendoce, je suis Tucapel, et le soleil n'est pas plus noble que moi. Tout mon chagrin vient de ce que je n'ai pu savoir si Talguène vit encore.

GUALÈVE.

Tu dois me cacher quelqu'autre motif.

TUCAPEL.

Pourrais-je avoir une plus grande cause de souci, qu'être inquiet de la vie d'un ami à qui je dois la mienne?

GUALÈVE.

Tu m'as donné de la jalousie.

JOURNÉE II, SCÈNE II.

TUCAPEL.

Pourquoi me poursuivre encore, lorsque je t'ai dit la cause de mes peines ?

(Puquelque et d'autres Indiens conduisent Rebolledo attaché.)

PUQUELQUE.

Marche donc, Espagnol.

REBOLLEDO.

Attends. Je ne suis pas pressé. Songe que c'est à marcher à la mort que tu m'invites.

GUALÈVE.

Voilà Puquelque avec un Espagnol attaché.

TUCAPEL.

Que ne puis-je voir ainsi leur général ? Qu'est-ce ci, mes amis ?

PUQUELQUE.

Cet Espagnol, tout en allant chercher sa vie, a trouvé sa mort. Nous l'avons rencontré dans une plantation de bananiers : Lélèque voulait le tuer d'un coup de flèche ; j'ai cru qu'il valait mieux le garder, afin de voir s'il pouvait servir à quelque échange.

REBOLLEDO.

Pour cette fois, je suis mort.

TUCAPEL.

Il me paraît un peu maigre. C'est égal ; pendant que je vais au conseil qu'assemble Caupolican, qu'il serve de but à vos flèches.

PUQUELQUE.

Quel morceau veux-tu qu'on rôtisse ?

TUCAPEL.

Belle question! Rôtissez-le tout entier. Par haine pour don Philippe, je le mangerai tout entier.... Je t'en ferai part, Gualève; attends-moi.

GUALÈVE.

Je t'attendrai.

(Tucapel sort.)

REBOLLEDO.

C'est fini; me voilà destiné à faire le pendant de monseigneur saint Laurent.

PUQUELQUE.

Attache-le à ces branches.

UN INDIEN.

Tire le premier.

PUQUELQUE.

Tu veux que je commence?

REBOLLEDO.

Je ne dis pas cela.

PUQUELQUE.

Eh bien! commençons.

REBOLLEDO.

Quelle romance leur dirai-je? Quel air pourra les attendrir? Ma belle dame, ayez pitié de moi.

GUALÈVE.

Lorsque je songe que Don Philippe a failli m'enlever à jamais tout mon bonheur, je voudrais les voir tous réunis pour les tuer tous comme cet infâme.... Attendez, ne tirez pas.

JOURNÉE II, SCÈNE II.

REBOLLEDO.

Que le ciel te conserve pour la consolation que tu m'as donnée dans un moment aussi cruel!

GUALÈVE.

Ne tirez pas; j'aime mieux que vous le rôtissiez tout vif.

REBOLLEDO.

Je croyais que c'était la pitié qui l'inspirait; je me suis joliment trompé. Tirez, tirez, mes amis; j'aime mieux être rôti mort que vivant. Mais, quand j'y pense, pouvez-vous joindre à votre cruauté l'affront de me manger sans sel? Laissez-moi aller en chercher. Je vous en rapporterai sur-le-champ.

GUALÈVE.

Nous en aurons ici.

REBOLLEDO, à part.

Quel embarras! (*Haut.*) Au bout du compte, si après ma mort je puis leur faire plus de mal que si je vivais, pourquoi hésiterais-je à remplir mon devoir, et à servir à la fois mon roi, ma patrie et mes camarades?

GUALÈVE.

Tu peux les servir après ta mort plus qu'en conservant la vie?

REBOLLEDO.

Ma foi, au premier moment la peur de mourir m'avait ému; mais le cœur m'est revenu, et je me vengerai en vous tuant à mon tour. Allons arrivez, venez, commencez à me rôtir. Comment! vous n'avez pas encore allumé le feu? Finissez-eu. Qu'attendez-vous pour me faire mourir?

GUALÈVE.

Tu nous tueras après ta mort ? Dis-moi comment ?

REBOLLEDO.

J'ai une certaine maladie si funeste, qu'elle se répand dans toutes mes veines comme un poison subtil. En Espagne lorsqu'un quadrupède ou un oiseau en est atteint, celui qui en mange meurt bientôt dans le délire. Rôtissez-moi donc pour que je donne ainsi la mort à Tucapel, et que je serve mon brave général, en vous enlevant votre héros, le plus hardi et le plus fort des Araucans.

PUQUELQUE.

Prends garde à ce que tu fais, maîtresse.

GUALÈVE.

Et comment appelle-t-on cette cruelle maladie ?

REBOLLEDO.

L'échappatoire.

GUALÈVE.

C'est bon : laissez-le pour ce moment.

REBOLLEDO.

Comment, me laisser ! il n'en sera pas ainsi. Vive Dieu ! Il faut que vous me rôtissiez. Je veux être rôti.

GUALÈVE.

Ne vaut-il pas mieux vivre, puisque je veux bien te faire grâce ?

REBOLLEDO.

Hélas ! Celui qui est né sous une mauvaise étoile ne peut servir ni son roi, ni sa patrie. Malheureux que je suis d'avoir parlé de ma petite infirmité !

GUALÈVE.

Le coquin n'a pas su cacher sa trahison. Emmenez-le prisonnier.

REBOLLEDO.

Quelle gloire vous m'enlevez!

GUALÈVE.

Vous raconterez toute l'histoire à Tucapel, et vous lui direz comme il est plein de poison échappatoire.

(Ils sortent.)

SCÈNE III.

Camp des Indiens.

CAUPOLICAN, TUCAPEL, RINGO, TALGUÈNE, OROMPEL, autres chefs indiens.

CAUPOLICAN.

Asséyez-vous; et puisque vous êtes les chefs de ces états, écoutez mes propositions.

RINGO.

Que pourrais-tu dire qui ne soit juste et digne de ton expérience et de ton jugement?

TUCAPEL.

Propose ce que tu voudras, Caupolican; nous serons tous de ton avis.

CAUPOLICAN.

Vous savez, nobles Araucans, braves citoyens du Chili, comment nous nous sommes insurgés contre le joug espagnol. Plusieurs d'entre nous étaient déjà vassaux de leur roi, un grand nombre de nos compatriotes avait déjà reçu le baptême de Christ. Le généreux Lautare [27], et plusieurs autres guerriers conçurent le vertueux projet d'affranchir nos têtes du joug espagnol. Vous connaissez les résultats de cette entreprise. Valdivia fut tué dans la vallée d'Arauque; nous mîmes en déroute Villagran; mais le nouveau vice-roi du Pérou, qui gouverne ce pays au nom de Charles-Quint, offensé de tous ces désastres, a envoyé dans ces contrées son propre fils, Don Garcie de Mendoce pour pacifier le pays. C'est du moins ce qu'il annonce; et il faut avouer que jusqu'à présent il a suivi ce dessein avec autant d'humanité que d'intelligence. Je ne sais que déterminer. Devons-nous céder à son mérite; nous rendre à ses bontés? Poursuivre la guerre est chose hasardeuse. Vous savez tous quelle est la valeur de ce jeune homme, avec quelle gloire il a commencé, combien il a gagné de batailles, les stratagèmes dont il s'est servi, les ressources qu'il a montrées. Les Araucans ont été blessés, tués, et, il faut le dire, vaincus. D'un autre côté, quelque sages que soient ses vues, c'est une infamie de nous rendre, de devenir les sujets de qui que ce soit. Je crois bien que Mendoce montrerait ce qu'il est en nous pardonnant; mais qui de nous pourrait souffrir que ces bras indomptables reçussent les chaînes du pouvoir de l'Espagne, et qu'un Araucan servît un autre homme? Dites votre avis, mes nobles amis : je suis indécis; mais comptez que, quelle que soit votre opinion, je ne me séparerai jamais de vous dans la gloire ni dans le malheur.

TUCAPEL.

Mon vote, général, si, entre des personnages si recommandables, mon vote peut avoir quelque poids, est qu'on ne doit jamais dévier de la raison et de la justice, quelque fâcheuses que les conséquences en puissent être, quelque menaçantes que soient les circonstances. J'ai confiance que le succès suit toujours le bon droit. Si le sang de nos concitoyens qui, versé dans nos guerres, a fait déborder si souvent les ruisseaux de nos vallées, ne vous engage à tirer vengeance de ces barbares dont le sort ennemi nous a appris à connaître l'existence et les noms, que l'horreur de vous voir esclaves de ces étrangers puisse du moins, Araucans, enflammer vos cœurs et élever vos bras pour une entreprise aussi juste que celle de briser nos fers, ou de mourir avec honneur sur le champ de bataille ! Pourquoi les chrétiens viennent-ils au Chili, puisque les Auracans ne vont pas les provoquer en Espagne ? Pourquoi traversent-ils tant de mers afin de fouler aux pieds nos fronts indépendans ? Si le souverain Apô avait voulu réunir sous un gouvernement les habitans de nos contrées et les chrétiens de l'Espagne, il ne nous aurait pas séparés par d'immenses océans ; le soleil nous donnerait à la fois sa lumière ; la même aurore se lèverait pour nous et pour eux. Mais si, comme ils le disent, quand il est jour ici, la nuit couvre de ses ombres leurs contrées, le ciel a voulu que nous fussions séparés à jamais. Songez-y. Dieu doit s'offenser que vous assujettissiez des bras qu'il créa libres, à un homme, à un homme étranger qui veut s'enrichir de nos sueurs, nous arracher l'or que recèle notre terre et les récoltes qui parent nos champs fertiles. S'il était quelqu'un parmi nous qui voulût s'humilier à ce point, que sa faiblesse ne fasse tort qu'à lui ; qu'il parte sur le champ ; qu'il aille être esclave de ces Espagnols qui ne sont braves qu'au milieu des lâches.

RINGO.

Je ne sais si tu as raison, Tucapel. En voyant la grandeur d'âme de Mendoce, ne crains-tu pas si tu continues la guerre d'être cruel envers ta patrie? si notre général, si toi, moi, Orompel, Talguène et quelques autres à qui le ciel donna le même courage, pouvons empêcher que le joug espagnol ne nous opprime, il n'en est pas ainsi de la population entière d'Arauque et d'Engol. Beaucoup de victimes périront. Quels peuvent être les résultats de la guerre, que la mort, le pillage, des maux de toute espèce? Les grands échappent à ces calamités ; mais le peuple en supporte tout le poids. Ce n'est point une bassesse de se soumettre aux chrétiens, puisque leur force et leurs talens ont été assez puissans pour les conduire des montagnes de leur hémisphère à celles que nous habitons. Le soleil dans le ciel efface par sa lumière tous les autres astres : comme lui, l'Espagnol est sur la terre le plus puissant des humains. Vous ne pouvez nier la supériorité de sa police, de ses loix ; la noblesse de son caractère : pourquoi ne serait-il pas roi de tout ce qui est au-dessous de lui? Je serais d'avis que ces contrées demandassent la paix ; car la paix seulement peut leur rendre la tranquillité et le bonheur.

TUCAPEL.

Dois-je te répondre, ou Talguène parlera-t-il?

TALGUÈNE.

Pourquoi parlerai-je, si je n'ai rien à ajouter à ce que tu as dit? Quand ce que tu nous as proposé ne serait pas le seul avis honnête et glorieux, il suffit que je sois ton ami, pour qu'on me trouve toujours prêt à te défendre.

RINGO.

Que prétends-tu dire?

CAUPOLICAN.

Arrêtez : sommes-nous au conseil ou sur un champ de bataille?

OROMPEL.

Songe, Tucapel, que la colère qui t'entraîne ne te permet pas de peser les motifs de ceux qui désirent la paix. Ringo a raison. Quoique jeune encore, don Garcie est tel, que l'Arauque ne peut lutter contre lui sans se perdre; et si telle est sa valeur, pourquoi, sous ses auspices, ne nous soumettrions-nous pas à Charles?

TUCAPEL.

On voit que tu aimes à vivre.

OROMPEL.

Tu te trompes. Aurais-tu oublié qui est Orompel?

RINGO.

Pourquoi traiter cette question, si la guerre étrangère nous émeut au point d'exciter au milieu de nous une guerre bien plus cruelle? A Dieu ne plaise que la fureur de Tucapel en vienne au point de nous diviser! Plutôt que de combattre un de mes concitoyens, je dirai qu'il a raison, et je te conseillerai, général, de suivre son avis. Si entre mes amis j'ai dit mon opinion, telle que me l'a inspirée mon amour pour ma patrie, qu'on ne croie pas que c'est lâcheté. Attaquons Mendoce, et, dans le champ de bataille, celui qui proposait la paix saura comme un autre précipiter dans la mer, où se cache le soleil, ces Espagnols et leur général. Vous avez ouï parler de don Louis de Tolède, colonel de ses troupes, et de son mestre de camp, le capitaine Juan Ramon, et de son porte-étendard, don Pèdre de Portugal, et de son sergent-major de bataille, Aguaya, et de ses capitaines d'hommes d'armes, Rengifo, Ulloa, Reynoso, Quiroga, et de son frère don Philippe, et de son capitaine d'artillerie Berrio [28] : tous tomberont sous mes coups, je porterai ici leurs têtes...

TUCAPEL.

Ne te fâches pas, Ringo; laisses-en quelques-uns pour moi.

CAUPOLICAN.

Tucapel, tu deviens importun. Je me lève; je ne veux pas prolonger cette occasion de querelles. Avant que l'étoile du matin commence à briller, je serai avec mes troupes sur ces superbes Espagnols. Nous marcherons de nuit. Si nous parvenons à les surprendre, il nous sera facile de les terrasser. Alors nous recommencerons le conseil, puisqu'ici votre impatience ne permet pas de discuter si c'est la guerre ou la paix qui nous convient.

JOURNÉE II, SCÈNE III.

OROMPEL.
Que les coupables seuls soient l'objet de ta colère.

TALGUÈNE.
Ordonne ce que tu croiras le plus convenable.

OROMPEL.
Quels seront les capitaines qui marcheront?

CAUPOLICAN.
Colocolo, Paycarvan, Acomaque, Leocoton, Tomé, Eppoma, Cariotare et Millalerme [29].

TUCAPEL.
Pourvu que tu puisses les charger avant que le jour paraisse, les Espagnols sont perdus. Marche, général; Apô t'a donné sa sagesse, et une valeur que personne ne pourra effacer.

RINGO.
Il suffira pour cela que je l'accompagne.

TUCAPEL.
Pourquoi donc, si j'y suis?

CAUPOLICAN.
C'est bon.

OROMPEL.
Ils ne peuvent se contenir.

RINGO.
Je puis parler partout, Tucapel.

CAUPOLICAN.
Taisez-vous?

TALGUÈNE.
Quelle opiniâtreté!

CAUPOLICAN.

Là où est Caupolican, chacun est pour lui obéir, et aucun pour l'accompagner (30).

(Ils sortent.)

SCÈNE IV.

Campagne dans le canton de Milla Pourou.

GUALÈVE, REBOLLEDO.

GUALÈVE.

Nous nous sommes bien éloignés; et je me sens fatiguée malgré l'attrait de tes discours. Tu me racontes d'étranges choses de ce don Philippe; ne sais-tu pas que de tels éloges sont un puissant appât pour notre curiosité? J'adore mon Tucapel, et malgré mon amour, je ne sais si je conterais autant de merveilles de lui.

REBOLLEDO.

Don Philippe a toutes ces qualités et bien d'autres; car, en vérité, je ne t'en ai dit que la moindre partie. Veux-tu, Gualève, aller le voir avec moi?

GUALÈVE.

Quelle folie! ne sais-tu pas que ce serait une tache à mon honneur?

REBOLLEDO.

Si tu en avais vraiment envie, tu ne trouverais pas la tache si grande.

GUALÈVE.

Est-ce qu'en Espagne une femme irait voir un

homme remarquable par son extérieur, sa réputation, sa naissance?

REBOLLEDO.

On voit bien que tu ne connais pas les usages de mon pays. Les femmes y vont partout prendre des plaisirs décens où leur honneur ne court aucun risque. Elles vont aux fêtes, remplissent les balcons, les places, les rues; souvent, oubliant tout autre soin, elles vont courir les montagnes et les vallées, et, sautant comme des cabris, faire des goûters champêtres.

GUALÈVE.

Et elles parlent avec tout le monde?

REBOLLEDO.

Sans doute : avec le premier venu. Elles courent tous les jardins, sont les abeilles de leurs fleurs, tantôt pour parler d'amour, tantôt seulement pour se distraire. Les unes vont respirer l'air du matin, et tâchent de guérir au mois de février les maladies qu'elles ont prises en octobre [31]. D'autres vont manger le céleri et la mâche encore humides de la rosée du matin. Les femmes vont partout, elles savent tout ce qui se passe. Si une maison brûle, c'est pour elles un spectacle qu'elles se font une fête de voir; s'il arrive quelque seigneur, elles se rencontrent sur sa route; si quelque scélérat est conduit au supplice, soit pitié [32], soit curiosité, elles se trouvent sur la place. Elles vendent, achètent, marchent, trottent, car elles sont toutes dévotes à Saint-Trottin : elles parlent, demandent, crient; et je ne sais comment en ce pays vous trouvez extraordinaire d'aller voir une personne illustre? si l'on montre un singe aux dames espagnoles, elles iront vingt fois de suite le contempler.

GUALÈVE.

Est-il vrai que votre Mendoce reçoive avec bonté tous les Indiens qui vont à lui sans intention hostile?

REBOLLEDO.

Sans doute. Il leur laisse à tous la liberté ; il leur pardonne leur révolte ; il les accable de dons, et il y en a quelques-uns qui l'ont quitté le soir comblés des preuves de sa bonté et le lendemain matin sont venus en armes l'attaquer.

GUALÈVE.

De crainte de fâcher Tucapel, je n'ai jamais vu don Garcie.

REBOLLEDO.

Si tu viens à présent lui parler, puisqu'aucune crainte ne peut t'en empêcher, tu n'auras rien à désirer; tu ne verrais rien de mieux dans toute l'Espagne. Tu trouveras en lui le port, la beauté, la vertu, la valeur, la grâce, l'autorité, et cette majesté royale que révèle un éclat divin; et toutes ces qualités lui sont si naturelles, que tu croiras que c'est au ciel que la terre a dérobé ce trésor [33]. Suis-moi, et tu reviendras d'auprès de lui couverte de riches présens.

GUALÈVE.

Tu me donnes une douce envie de voir les chrétiens.

REBOLLEDO.

J'ai eu l'adresse de te conduire peu à peu jusqu'ici où tu pourras leur parler.

GUALÈVE.

Ton adresse n'était pas bien nécessaire, puisque mes désirs secondaient ta ruse. Sont-ce les Mendoces?

(*Mendoce entre avec don Philippe, don Alonze, et autres officiers.*)

REBOLLEDO.

Oui, ce sont eux.

GUALÈVE.

Qu'ils sont beaux !

REBOLLEDO.

D'ici tu pourras les examiner.

(*Rebolledo et Gualève se retirent derrière des arbres.*)

MENDOCE.

C'est demain, nobles chevaliers, la fête de ce saint apôtre qui mourant sur la croix l'embrassa avec tendresse comme une épouse chérie [34]; tout nous oblige à célébrer sa fête; elle est chère à mon cœur : le marquis, mon père et seigneur, se nomme André. Nous nous trouverons tous à la messe, et avant le jour toute notre troupe fera une salve à son honneur, accompagnée de nos instrumens militaires. On pourra même tirer quelques coups de canon. Le soir, nous ferons une parade à cheval. Don Philippe sera chargé de tous les détails; don Alonze d'Ercilla voudra bien l'aider, et chacun fera ses efforts pour me plaire, en paraissant dans une tenue brillante.

DON PHILIPPE.

Je reçois comme une faveur la commission que tu me donnes. Il est d'un bon chrétien comme toi, de rendre hommage à cet apôtre qui fut le premier des serviteurs de Christ.

DON ALONZE.

Vous pouvez, général, vous livrer au repos. Deux heures avant que l'aurore ne montre dans l'orient son front couronné de roses, avant qu'aucune fleur se soit ouverte pour recevoir les douces larmes qu'elle répand, les instrumens militaires auront salué ce jour, et l'harmonie perçante des clairons et des trompettes, se sera jointe au bruit de l'artillerie [35].

MENDOCE.

Adieu donc, messieurs. Songez que mon père est André, et qu'André est aujourd'hui mon patron.

DON PHILIPPE.

Sois certain qu'en Espagne, Charles et le prince Philippe ne feront pas plus de fête au saint apôtre dont ils portent les croix dorées dans le collier de la toison.

MENDOCE.

Je vous quitte.

(Il sort.)

DON PHILIPPE.

Nous allons tout préparer.

(Les officiers sortent. Don Philippe est le dernier, Rebolledo le retient.)

REBOLLEDO.

Un mot, capitaine.

DON PHILIPPE.

Que me veux-tu ?

REBOLLEDO.

Vous ne me reconnaissez pas?

DON PHILIPPE.

Tu es Rebolledo?

REBOLLEDO.

Lui-même.

DON PHILIPPE.

Bon dieu! tu avais passé pour mort.

REBOLLEDO.

Entraîné par la faim, séduit par des bananes, j'ai été captif de ces barbares. Trois mille Indiens vinrent me livrer un assaut. J'en tuai.... je ne veux pas vous dire combien ; vous me connaissez ; je n'ai pas besoin de me vanter.

DON PHILIPPE.

Ce ne serait pas te vanter puisque tu fais ce que tu dis. Mais comment t'es-tu délivré des mains de ces féroces Araucans ?

REBOLLEDO.

J'étais condamné à être rôti ; mais, au moment d'être embroché, j'ai su me délivrer.

DON PHILIPPE.

Tu as pu échapper à la mort! Et entre les mains de qui étais-tu tombé?

REBOLLEDO.

Vous en serez étonné : c'était la troupe de Tucapel lui-même.

DON PHILIPPE.

Les plus cruels de tous!

REBOLLEDO.

Voudriez-vous avoir quelque complaisance pour une dame araucane qui aurait grande envie de vous voir, et qui, encore que la nuit tombe, fera revenir le jour; car c'est vraiment un petit astre.

DON PHILIPPE.

Une dame d'Arauque? Qui est-ce?

REBOLLEDO.

Ma bourgeoise.

DON PHILIPPE.

Comment! ta bourgeoise?

REBOLLEDO.

Oui, ma maîtresse, la femme de Tucapel.

DON PHILIPPE.

Le général se fâchera. Mais où est-elle?

REBOLLEDO.

Gualève, don Philippe, mon seigneur, veut te parler.

GUALEVE.

C'est ton mérite qui m'engage à te chercher ainsi. Grâces à Apô, je te vois. Il y a déjà long-temps, Espagnol, que j'en avais le désir.

DON PHILIPPE.

Ce soldat disait que c'était un astre qui me cherchait; mais il se trompait, c'était peu dire, et le ciel tout entier a moins d'éclat que toi.

GUALÈVE.

Quelles paroles flatteuses! Je ne croyais pas que les soldats parlassent avec tant de douceur.

DON PHILIPPE.

Quand on les envoie au combat, couverts d'acier, armés d'honneur, ils s'efforcent de montrer aux hommes leur vaillance; mais quand ils sont avec des femmes, comment veux-tu voir en eux la même fierté? Avec Tucapel, je suis un lion comme lui; et il le sait bien; mais auprès de toi, pourquoi serais-je cruel? Là, je voulais qu'il se rendît à mes efforts; ici, je me fais un plaisir de me rendre à tes charmes?

GUALÈVE.

C'est toi qui le blessas. Comment as-tu pu blesser mon époux.

DON PHILIPPE.

Et toi ne m'as-tu pas blessé? Et n'est-ce pas plus de gloire qu'à un soldat d'en atteindre un autre?

GUALÈVE.

Je t'ai blessé, dis-tu?

DON PHILIPPE.

Sans doute.

GUALÈVE.

Dans quel combat? je ne me le rappelle pas.

DON PHILIPPE.

Il n'y a pas long-temps.

GUALÈVE.

Et la blessure est-elle dangereuse?

DON PHILIPPE.

Peux-tu en douter? Ne sais-tu pas que tes regards

sont des traits qui pénètrent jusques au cœur? Va, tu as bien vengé Tucapel.

GUALÈVE.

Je suis généreuse, et je ne suis point assez cruelle...

DON PHILIPPE.

Tu as tant de beauté!..

GUALÈVE.

Il suffit. Pourrai-je voir le général.

DON PHILIPPE.

Sans doute; et tu remporteras de lui et de moi des témoignages d'affection.

GUALEVE.

Je ne sais pourquoi les Araucans vous regardent comme des hommes cruels.

DON PHILIPPE.

Parce qu'ils sont eux-mêmes d'un caractère indomptable.

GUALÈVE.

Allons, vaillant capitaine, allons voir ton général. Honorez-moi à cause de Tucapel.

DON PHILIPPE.

A cause de lui, noble dame, et surtout à cause de toi.

REBOLLEDO, à Gualève.

Comment trouves-tu don Philippe?

GUALÈVE.

Fort mal.

REBOLLEDO.

Pourquoi donc?

GUALÈVE.

Il ne peut m'appartenir, et c'est une consolation pour moi de dire que je l'ai trouvé très-mal.

REBOLLEDO.

Voyez un peu cette fierté.

GUALÈVE, à part.

Cet Espagnol m'a troublée, et jamais une femme ne court plus de dangers que lorsqu'elle est forcée à dire le contraire de ce qu'elle pense.

(Ils sortent.)

SCÈNE V.

Campagne auprès du camp espagnol de Millapourou.

CAUPOLICAN, chefs et soldats Araucans.

CAUPOLICAN.

Marchez avec tant de précaution que la terre elle-même n'entende pas le bruit de vos pas; qu'ils foulent à peine l'herbe tendre. Redoublez de soins, mes amis, non pour conserver votre vie, mais pour ne pas compromettre le succès de cette belle entreprise; si nous arrivons sans être entendus, je vous réponds de la victoire.

TUCAPEL.

Nous sommes parvenus au pied de leur retranchement sans avoir été découverts; notre attaque suffira pour les mettre en désordre. La nuit a tout couvert de ses voiles; une obscurité effrayante enveloppe la terre. L'espagnol Mendoce, fatigué des soins de la guerre, dort tranquille. Nous n'entendons aucune sentinelle [36]; nous n'avons point aperçu d'espions. Pendant que le sommeil et la fatigue accablent ses yeux vigilans, attaquons; et délivrons le pays de ses armes.

RINGO.

La ruse est l'âme de la guerre. Ils dorment sans doute, avançons.

TALGUÈNE.

Avant que l'aube révèle à l'Espagnol le nombre de tes troupes, que le général et tous ses soldats tombent sous nos épées et nos massues!

OROMPEL.

Qu'entends-je? serions-nous découverts?

(On entend une salve d'artillerie, de la musique, et l'on chante en dedans du fort.)

  Avant que l'aube ait doré
  Ces monts, séjour des orages,
  Rendons nos humbles hommages
  A l'apôtre saint André.
  Pieux au sein des alarmes,
  Notre général vainqueur,
  Avec les cœurs de ses armes [37],
  Offre au ciel son noble cœur.

Faisons, amis, retentir la campagne
Et de nos chants, et du bruit du tambour;
Fêtons, soldats, ce saint, cet heureux jour.
Gloire à l'apôtre, et toujours vive Espagne!

CAUPOLICAN.

Nous sommes trahis par quelqu'un de ceux qui nous accompagnent.

RINGO.

La perfidie est certaine.

TUCAPEL.

Nous avons évité les sentiers battus; nous avons ôté jusqu'aux panaches qui nous décorent.

OROMPEL.

Sans doute ils sont déjà en armes.

(La musique répète la reprise.)

Faisons, amis, retentir la campagne, etc.

UN SOLDAT, derrière le théâtre.

On entend du bruit.

DON ALONZE, derrière le théâtre.

Alerte! camarades, on entend du bruit.

DON PHILIPPE, derrière le théâtre.

Soldats, qu'est ceci?

DON ALONZE.

Aux armes, don Philippe! La campagne est couverte d'Indiens qui, à l'ombre de la nuit, s'approchaient pour nous surprendre [38].

DON PHILIPPE.

Général?

MENDOCE.

Qui m'appelle?

DON PHILIPPE.

Don Philippe.

MENDOCE.

Que voulez-vous, mon frère?

DON PHILIPPE.

Des guerriers indiens s'approchaient du fort; mais malgré le silence de leur marche, saint André les a découverts. Ils ont cru en entendant les salves que nous faisions, qu'elles étaient dirigées contre eux.

MENDOCE.

Comme saint André a bientôt récompensé notre piété ! Heureux qui sert bon maître ! Criez aux armes.

DON PHILIPPE ET DON ALONZE.

Aux armes !

(Les Espagnols sortent. Bataille.)

SCÈNE VI.

Campagne à quelque distance du champ de bataille ; le jour baisse.

FRÉSIE, MILLAURE.

MILLAURE.

Où va-tu si vite, Frésie ?

FRÉSIE.

Ah ! Millaure, jamais l'amour n'a de paix ni de repos. Sa douce fureur croît encore quand elle est contenue. J'ai pris cet arc et ces flèches pour aller joindre mon époux, qui sans doute est encore aux mains avec l'Espagnol.

MILLAURE.

La bataille doit être terminée. Tu n'as rien à craindre. Les ayant surpris endormis, il reviendra victorieux.

FRÉSIE.

Mes pressentimens ne m'annoncent point de bonheur, mon amie : si je regarde les champs, les herbes me paraissent teintes de sang; si je respire, ma poitrine est oppressée; je veux parler, je pousse des sanglots; je n'entends dans les bois que les chants sinistres d'oiseaux de mauvais augure, ou les sauvages hurlemens des bêtes féroces; je suis troublée par des apparences qui s'évanouissent si je veux les toucher; ce que je goûte me semble du poison; des ombres s'élèvent autour de moi; le soleil se montre couvert d'un voile de sang. J'ai rêvé de perles, Millaure, nous aurons des larmes aujourd'hui.

MILLAURE.

Tous ces augures ne font qu'augmenter inutilement nos soucis. Je crois que les chrétiens ont raison de ne point ajouter de foi à ces vains présages.

FRÉSIE.

Ils sont reçus chez nous comme des lois inviolables. J'irai, j'irai à cet assaut.

MILLAURE.

Sois tranquille : aidés par la nuit, ils les auront vaincus sans doute.

FRÉSIE.

Je crains ce capitaine dont on ne peut jamais prévoir les desseins. Quidore a été avec Talguène.

MILLAURE

Nous la verrons bientôt, elle ou Gualève, qui sans doute a suivi son époux Tucapel.

FRÉSIE.

Elles seules ont bien fait. Et moi dans une telle circonstance je montrerais de la lâcheté !

(Engol entre.)

ENGOL.

Que pouvons-nous espérer encore?

FRÉSIE.

C'est Engol, c'est mon fils.

ENGOL, sans les voir.

Ni le jour, ni le soleil ne veulent nous aider, et il semble qu'ils ont ordonné à la nuit de redoubler encore nos peines.

FRÉSIE.

Qu'est ceci, Engol?

ENGOL.

La fortune varie lors même qu'on croit l'avoir fixée.

FRÉSIE.

Que dis-tu? Sais-tu l'issue du combat?

ENGOL.

Mon père Caupolican arriva au lieu où le général espagnol, ce Mendoce né avec tant de bonheur, s'était logé depuis quelques jours. Et au moment où il croyait que les Castillans dormaient, qu'il allait les égorger tous, malgré toutes les précautions qu'il avait prises pour dérober sa marche au jour, il les trouva prêts au combat. Les Espagnols sortent de leur camp. En vain Ringo verse son sang, en vain Tucapel est vaillant, en vain Caupolican est un héros; tous, renversés et vaincus, plient, prennent la fuite, sans ordre, sans capitaine, en laissant tant de morts et de blessés, que leur nom en est à jamais couvert d'infamie. Cependant, après ce premier choc, depuis que l'aurore eut commencé à sourire à nos montagnes, jusques au soir, la bataille se soutint sans avantage ; la victoire hésitait encore entre les deux armées ; mais la valeur héroïque de ce Mendoce a été telle enfin, qu'il est resté vainqueur et glorieux à jamais, et nous, pour jamais malheureux !

FRÉSIE.

Lâche, tu oses m'annoncer que ton père revient vivant et sans honneur ! Tu es mon fils, et tu nous racontes cette infamie ! Est-ce moi qui t'ai enfanté ? es-tu le fils de Frésie ?

ENGOL.

Je t'ai rapporté ce que m'a dit Pillarque. Je ne suis pas encore en âge de manier aussi bien que mon père cette massue que je tiens ; mais je vais le chercher, et dût le monde entier.....

MILLAURE.

Prends pitié de sa vie ; arrête-le, mon amie ; tu es trop cruelle.

FRÉSIE.

Le déshonneur dont je sens le poids ne me permet aucune autre pensée. Pars, malheureux, et si Caupolican vit, demande-lui pourquoi il fut un lâche ; dis-lui, dis-lui en face que celui qui reçoit un tel affront ne doit plus me nommer son époux ; s'il a péri glorieusement comme j'ose m'en flatter encore, va mourir en le vengeant ; meurs, et ne sois point esclave. Je ne veux point que tu vives si j'ai perdu Caupolican.

ENGOL.

Puisqu'enfin, mère chérie, tu m'as donné cette permission de combattre que je t'avais si souvent demandée, et que tu m'avais refusée constamment, tu verras si tu m'as enfanté; tu verras si je suis le fils de Caupolican. Vive Apô! s'ils obéissent à ma voix comme ils le doivent, je rallie les vaincus qui se retirent vers ces montagnes, je reviens à leur tête sur cet Espagnol qui voudrait en vain me dérober la gloire que je tiens de toi, et que [39] je mérite par ma valeur. Caupolican est, dit-on, mon père; mais je sens que je suis fils du soleil; le soleil seul put former Engol, et faire couler dans mes veines le feu brûlant de ses rayons. Que Mendoce m'attende! Eût-il autant de cœurs qu'il en met sur ses bannières, ma main vengeresse les arrachera de son sein odieux. Qu'est-ce pour moi que Garcie de Mendoce? Je suis le soleil de la terre; j'ai été dérobé à celui du ciel. [40]

FRÉSIE.

Attends; dans cette entreprise tu me verras à tes côtés.

MILLAURE.

Engol est encore bien jeune. Es-tu insensée?

FRÉSIE.

Suis-moi.

ENGOL.

Superbe Espagnol, songe à toi. Engol, le fils de Frésie et du soleil va t'attaquer.

(Ils sortent.)

SCÈNE VII.

Une forêt. Il fait nuit.

CAUPOLICAN seul, blessé.

O valeur invincible des Espagnols! O héroïque don Garcie, soleil dont la lumière fait briller tant d'autres soleils! Mais que dis-je? Qu'est devenue ma fierté? Le jour de l'infamie a-t-il donc lui pour moi, que je fasse ainsi l'éloge de mes ennemis? Superbe Tucapel, toi qui nous a détournés de la paix, ton arrogance du moins reçoit un juste châtiment.

Mais où vais-je? quel chemin dois-je suivre? Ma case [41] est loin d'ici; je suis affaibli par la perte de mon sang. Si je dois me conserver, si ma vie peut être encore utile à mon pays, il faut que je me repose. Je vais me jeter au pied de cet arbre antique et robuste ; peut-être le sommeil apportera quelque soulagement à mes maux. Jamais, je le jure au soleil, à mon pays, jamais je ne ferai la guerre à Mendoce. Que le roi d'Espagne règne à son gré sur le Chili, et que je puisse reposer en paix sur cet humble gazon.

(Il se couche; l'ombre de Lautarc apparaît.)

L'OMBRE.

Brave Caupolican, vaillant soutien du Chili, noble général, héritier de ma valeur! [42]

CAUPOLICAN.

Soleil, protége-moi! Qui me parle?

L'OMBRE.

Ne me vois-tu pas? Calme tes craintes.

CAUPOLICAN.

Comment pourrais-je ne pas m'étonner en te voyant devenu l'âme d'un arbre, et ta forme humaine m'apparaître sous sa dure écorce. Qui es-tu? qui es-tu? Es-tu Pillan?

L'OMBRE.

Tu ne me reconnais pas? tu ne reconnais pas l'âme de ton ami Lautare qui, libre des liens qui l'attachaient à son corps, a repris cette forme pour te parler?

CAUPOLICAN.

Lautare! ô ciel! pourrai-je t'embrasser?

L'OMBRE.

Le ciel le défend. Mais je n'ai que peu d'instans à te donner : écoute.

CAUPOLICAN.

Que veux-tu de moi?

L'OMBRE.

Pourquoi, brave capitaine, manques-tu à ce que tu te dois? pourquoi jures-tu de ne plus faire désormais la guerre à l'Espagnol que tu poursuivais?

CAUPOLICAN.

Parce que le monde entier l'attaquerait avec les forces d'Achille et le bonheur d'Alexandre [43], que le monde entier renoncerait comme moi à le vaincre.

L'OMBRE.

Ainsi tu dégénères de ton nom [44]. Mais songe que si tu n'arrêtes maintenant leurs progrès, il te de-

JOURNÉE II, SCÈNE VII.

viendra impossible d'y parvenir. Consentiras-tu que Mendoce aille s'établir sur les hauteurs de Tucapel ? que là même où Valdivia est tombé sous tes coups, il élève une ville qu'il doit appeler Cagnète, du nom illustre de l'état que possède son père [45] ?

CAUPOLICAN.

Il y fonde une ville !

L'OMBRE.

A quoi sert la vie, Caupolican, si elle doit être esclave et malheureuse ? une mort honorable ne vaut-elle pas mieux ? C'est ce que je suis venu te dire. Délivre notre patrie, puisque ta valeur seule peut y parvenir.

CAUPOLICAN.

Arrête.

L'OMBRE.

Je ne puis.

CAUPOLICAN.

Encore un mot.

L'OMBRE.

Il est impossible.

(L'ombre disparaît.)

CAUPOLICAN.

Mendoce fonde une ville dans l'Arauque ? Que le ciel, que le soleil me punissent si je le permets ! Une ville espagnole ! horrible déshonneur ! J'avais juré de déposer les armes ; mais puisque les cieux empruntent la voix des morts, pour rejeter mes sermens, courage, Caupolican. Aux armes ! braves concitoyens. Vive l'Arauque, et périsse l'Espagne !

FIN DE LA DEUXIEME JOURNÉE.

JOURNÉE TROISIÈME.

SCÈNE PREMIÈRE.

Les environs du fort de Tucapel ou de Cagnète.

MENDOCE et les chefs espagnols.

MENDOCE.

Je dois rendre au ciel d'immortelles grâces de bienfaits aussi signalés, de victoires aussi brillantes.

DON PHILIPPE.

Tu laisseras sur la terre une mémoire éternelle de ton nom et de tes exploits. Quel est le capitaine dont la gloire puisse s'égaler à la tienne?

MENDOCE

Doucement, don Philippe, ne rappelle pas que tu es mon frère.

DON PHILIPPE.

Le sang de Mendoce ne coulerait pas dans mes veines, je serais un de tes ennemis, un Araucan, je serais même un des Espagnols envieux de ta gloire, que je ne pourrais parler autrement.

MENDOCE.

Conduisez ici le prisonnier.

DON ALONZE.

Le voilà.

(Galvarin entre enchaîné.)

MENDOCE.

Tu es Galvarin ?

GALVARIN.

Oui.

MENDOCE.

Que dis-tu, maintenant que tu es devant moi ? Juges-tu encore à présent que je ne sois pas l'homme destiné à vous soumettre ?

GALVARIN.

Ne pense pas, Mendoce, que, fusses-tu aussi grand que ton nom, ta présence pût étonner Galvarin.

MENDOCE.

Je connais ton cœur de fer. Je sais que, dans cette rébellion, tu t'es rendu coupable d'horribles forfaits.

GALVARIN.

Ce que vous nommez forfaits, sont des exploits dont je m'honore.

MENDOCE.

T'honores-tu comme d'un exploit d'avoir tué Jean Guillem désarmé ?

GALVARIN.

Tout est guerre.

MENDOCE.

Puisque tout est guerre, on te la fera, mais d'une autre sorte. Coupez-lui les mains, et dans cet état envoyez-le à Caupolican, pour qu'il apprenne à ceux qui suivent ses drapeaux, quel est le prix dont les chrétiens payent leur coupable révolte. Qu'ils profitent de cet exemple, qu'ils n'entreprennent pas une autre fois de venir m'attaquer ; qu'ils cessent même de se défendre dans leurs misérables retraites ; vive Dieu! ou ils se soumettront à Charles d'Autriche, ou tous seront mis dans le même état.

GALVARIN.

Certes, on peut louer ta sagesse dans la victoire et dans le châtiment ! c'est en vain que tu couperas mes mains, il en restera tant dans l'Arauque, que j'espère que tes vains projets se dissiperont en fumée. On enlève la sommité du maïs pour en faire grossir l'épi. Il en sera ainsi des bras courageux que tu vas mutiler : du sang que tu feras répandre naîtront des mains plus heureuses qui sauront à leur tour attacher et couper les tiennes.

MENDOCE.

Emmenez-le.

(On l'emmène.)

DON PHILIPPE.

Rien n'abat sa férocité.

MENDOCE.

Ils sont tous les mêmes : tous ont la même audace. Philippe, je voudrais vous parler.

DON PHILIPPE.

Que m'ordonnez-vous ?

MENDOCE.

Qu'est devenue cette Indienne, la femme de Tucapel ?

DON PHILIPPE.

Je devine tes soupçons.

MENDOCE.

Ce n'est point que je redoute la valeur, ou la férocité de ce guerrier. Mais je ne voudrais pas que les soldats s'autorisant de votre exemple, osassent...

DON PHILIPPE.

Tes motifs sont justes, mais tes désirs sont remplis d'avance. Aussitôt que tu lui eus parlé, aussitôt que tu l'eus honorée de tes présens avec plus de retenue que le fameux Romain dont un moindre effort a consacré la gloire, elle est repartie avec Rebolledo pour joindre Tucapel, et doit être à présent auprès de lui.

MENDOCE.

Je ne saurais assez vous dire combien votre jeunesse m'inspirait de crainte, tant qu'elle a été dans notre camp. Si des païens, comme Alexandre et Scipion, ont mérité des louanges par leur chasteté, que l'honneur chrétien sache au moins les égaler.

DON PHILIPPE.

S il y a quelque gloire à les imiter, on la doit à ton exemple.

(Don Alonze rentre.)

DON ALONZE.

On a coupé les mains à cet Indien.

MENDOCE.

Et qu'a-t-il fait ?

DON ALONZE.

Il est demeuré insensible comme une pierre. A

peine le fer sanglant avait-il fait sauter sa main gauche, que le fier Araucan a froidement placé la droite sur le même billot.

MENDOCE.

En vérité il m'étonne.

DON ALONZE.

Il est enfin parti pour rejoindre ses amis, marquant sa route par deux ruisseaux de sang. Mais je dois vous avertir encore qu'il est venu un Indien soumis, qui nous a annoncé comme certain que les plus obstinés Araucans s'apprêtent à célébrer une fête par les jeux et l'ivresse, à Cayocupil.

MENDOCE.

Ah! Quand doit-elle commencer?

DON ALONZE.

Cette nuit sera la première. On a réuni une musique chilienne; ils ont des soldats espagnols, et des plus braves d'entre les nôtres, qu'ils doivent immoler et dévorer. Leurs jarres sont pleines de *chicha*. Portez obstacle à cet attentat.

MENDOCE.

Don Philippe s'y rendra sur-le-champ.

DON PHILIPPE.

Je vais partir.

MENDOCE.

Allez; et cependant j'irai reconnaître, sur le coteau voisin, les ruines de la forteresse de Valdivia où l'on verra bientôt s'élever une ville.

DON PHILIPPE.

Un pareil capitaine peuplerait les déserts de la Lybie [46].

(Ils sortent.)

SCÈNE II.

Le camp des Araucans.

TUCAPEL, GUALÈVE, REBOLLEDO.

GUALÈVE.

C'est chargée des dons que tu as vus, c'est après m'avoir comblée des attentions les plus honorables qui ont imposé à mon âme les chaînes de la reconnaissance, que Don Garcie de Mendoce m'a renvoyée dans les bras de mon époux bien-aimé.

TUCAPEL.

Je l'avouerai, Gualève : ta beauté m'inspirait des craintes. Comment est-il possible que Mendoce t'ait honorée à ce point [47]?

GUALÈVE.

Tucapel, jamais guerrier n'a plus justement mérité la dignité et le pouvoir dont il est revêtu. Plût au ciel que ton avis pût décider Caupolican, avant que l'épée du roi d'Espagne soit une autre fois levée sur nous, à lui soumettre le Chili, l'Arauque, Ancud et Engol!

TUCAPEL.

Mille étoiles différentes, Gualève, influent sur les destinées de la terre; et ce sont vos yeux, beautés tyranniques, qui décident du sort des hommes. Nous faisons ce que vous voulez, nous obéissons à vos ordres ; et dès que nous vous aimons, nous dépendons de votre volonté. Reconnaissant des bontés de don Garcie, je parlerai à Caupolican et à nos chefs.

GUALÈVE.

En te dévouant à son service tu paieras ma dette envers lui.

TUCAPEL.

Dis-moi, Espagnol, est-il bien noble ce Mendoce?

REBOLLEDO.

Sa famille compte jusqu'à vingt-trois générations. Il n'est point de lignage en Espagne, d'une si haute antiquité, et dans lequel on ait vu, de père en fils, briller une suite aussi nombreuse de personnages distingués. Les nommer tous serait vouloir nombrer les étoiles du ciel ou les sables de la mer ; à compter depuis Zuria, le seigneur de Biscaye, dont il est certain qu'ils tirent leur origine...

TUCAPEL.

Je n'entends rien à tout cela. Qu'est la Biscaye ?

REBOLLEDO.

C'est la partie de l'Espagne qui, lors de la dévastation de ce royaume, se conserva seule libre des mores.

TUCAPEL.

Et dis-moi, ce Mendoce tient-il à la famille royale?

REBOLLEDO.

Sans doute ; Jean Hurtado de Mendoce, eut pour épouse Marie de Castille, fille de l'infant don Tello [48], et nièce du roi.

TUCAPEL.

Sa conduite montre assez quelle est sa qualité, et ses hauts faits honorent encore sa naissance. Comment s'appelait le roi dont tu me parlais.

REBOLLEDO.

Henri.

TUCAPEL.

Puisque Garcie appartient aux rois d'Espagne, il serait inutile de lui demander d'autre illustration [49]. Maintenant, ami soldat, écoute. Je n'ai point de riches joyaux à te donner. L'Arauque n'en produit pas. Voilà un arc et des flèches, prends-les pour gage de ma constante amitié, et pour que tu te souviennes, si la guerre continue, si nous devons nous trouver encore face à face, que tu ne dois pas les tourner contre Tucapel; pour moi, je te jure, par les yeux de ma Gualève, de ne jamais t'offenser.

REBOLLEDO.

Ceux qui vous détournent de la paix ont grand tort. Si je te disais tout ce qu'ont fait ces Mendoces contre les Arabes et les Mores; les batailles qu'ils ont gagnées, les villes, les provinces qu'ils ont ajoutées aux royaumes de leurs souverains; leurs nombreuses victoires dans tous les climats, vous seriez convaincus qu'il vous sera impossible de résister à notre jeune général, devant qui vous disparaîtrez comme l'ombre devant le soleil.

TUCAPEL.

Il suffit, je leur en parlerai. Va-t'en soldat, et que le ciel te protége! On vient pour tenir le conseil.

REBOLLEDO.

Vous verrez bientôt que j'ai raison.

(Rebolledo sort.)

(Caupolican entre avec Ringo, Orompel, Frésie et Engol.)

CAUPOLICAN.

Un Espagnol était avec toi. Traites-tu de la paix, Tucapel?

TUCAPEL.

Je suis tellement fatigué de cette guerre obstinée que Ringo désirait de voir cesser; de ces victoires successives qui ont porté au plus haut point la gloire de l'ennemi; de ces villes, de ces forts qu'il bâtit au milieu de nous, et qui nous tiendront à jamais assujettis, que je me range à l'avis de Ringo, et que je pense comme lui que nous devons nous soumettre.

RINGO.

Après tant de folie et de présomption, tu en es venu à cette humilité!

TUCAPEL.

Que veux-tu, Ringo, les temps changent.

RINGO.

Tu es cependant encore ce Tucapel dont le courage épouvantait Valdivia.

ENGOL.

Ringo, je ne veux pas que tu lui parles davantage.

CAUPOLICAN.

Tais-toi, Engol.

ENGOL.

Réponds-moi, Tucapel, est-ce toi qui es ce guer-

rier superbe et vaillant, qui t'es désaltéré tant de
fois du sang de ces brigands venus du bout de l'univers pour t'asservir, pour t'ôter la liberté que le ciel
t'avait donnée. Est-ce toi qui croyais pouvoir fixer
par ton courage l'inconstance de la fortune ? Est-ce
toi qui rassasiais ta fureur de leur chair encore palpitante ? Est-ce toi qui, des os de Valdivia, fis faire
des flûtes dont le son dans les batailles animait ta
valeur et te conduisait à la victoire ? Est-ce toi, qui
ornant d'or son crâne dépouillé y buvais la chicha,
et le perper avec les ulmènes [50] de l'Arauque ?
Quelle est la puissance qui a pu ainsi abattre ta force
insigne ? Tu veux la paix ! tu veux retourner en arrière ! Tu traites de ta soumission !

TUCAPEL.

Paix, Engol ; c'en est assez. Caupolican est ton
père, mais cet avantage n'autorise pas ta présomption. Si tu n'étais l'image de mon vaillant général,
je t'aurais écrasé comme un faible lapin [51].

ENGOL.

Il n'est pas certain que tu n'eusses pas eu à t'en
repentir [52]. Mais comment as-tu pensé que le
fils d'un lion, comme je le suis, pût être un timide
lapin. C'est un lion qui m'a donné l'être. Vive Apô !
si mon père n'était pas là....

CAUPOLICAN.

Tais-toi, Engol.

ENGOL.

Se soumettre aux chrétiens !

FRÉSIE.

Tais-toi, Engol, du moins à cause de moi. Mais

ne pense pas, Tucapel, que cet enfant ait tort de refuser la paix de la main de cet exécrable Espagnol. Si, mus par de vaines considérations, vous voulez ternir votre gloire, laissez vos armes, hommes indignes de l'être : les femmes les revêtiront. Je conduirai au combat celles dont les maris mourant pour leur pays, ont su employer leur vie mieux que vous. Nous attaquerons et Mendoce et ses Castillans, et le monde entier.

GUALÈVE.

Je ne crois pas, Frésie, que tu puisses blâmer mon époux. On connaît son courage, mais il veut éviter les désastres que nous présage la valeur de Mendoce.

CAUPOLICAN.

Frésie, ma chère Frésie, après avoir été si souvent détrompés de nos vaines espérances, ce n'est plus le temps de montrer tant de fierté ! L'arrogance ne convient pas à des vaincus. Occupons-nous de la paix.

FRÉSIE.

Le lâche ! Qu'est-ce que cette paix ?

ENGOL.

C'est quelque chose qui est encore bien loin et qui n'arrivera pas de sitôt.

(Galvarin entre les mains coupées.)

GALVARIN.

Nobles du Chili et de l'Arauque, puisque je suis parvenu vivant aux lieux où vous tenez ces conseils d'où dépend le bonheur de la patrie, tournez vos regards sur moi ; voyez un malheureux ami qui, ne pouvant plus vous seconder de ses mains, veut au moins vous aider encore de ses discours. On vient de couper les miennes, et on m'envoie pour vous avertir que si vous tombez en leur pouvoir le même sort vous attend. C'est comme leur ambassadeur que je viens ; et les mains que je n'ai plus ajouteront encore à la force de mes paroles. Est-il vrai qu'il y en ait parmi vous qui veuillent se soumettre ? Je voudrais être en état de leur montrer, la massue à la main, que c'est une lâcheté ; car il est inutile de recourir à la raison pour dévoiler les viles tromperies qui cachent une crainte infâme sous de vaines raisons d'état. Et quoiqu'il soit vrai que ce jeune chrétien a triomphé de vous dans tant de batailles, qu'il a rendu tant de vos assauts inutiles, ne vaut-il pas mieux, pour un cœur noble, mourir les armes à la main en combattant, que de vivre en esclave, assujetti comme un vil animal à la volonté d'un maître ? La mort est inévitable, chacun doit la subir, et il n'est pas de sort plus beau, même pour un roi, que de mourir en soldat. Expirer après de longues maladies, sans voix, sans force, sans couleur, sur une triste natte, telle est la fin de la vie la plus heureuse, tandis qu'à la guerre le soldat meurt dans sa force et dans sa valeur, armé, couvert de ses plumes brillantes, fort et puissant encore au moment de cesser d'être. Malheur à vous, Araucans, si vous vendez à un étranger la liberté de votre patrie; si, pouvant mourir sous les armes, vous voulez périr misérablement comme des bêtes de somme au pouvoir de ces tyrans. A ces aigrettes, à ces panaches qui vous embellissent, à ces fortes massues, à vos flèches, à vos arcs, préférerez-vous les charges dont vous accableront ces chrétiens féroces, jusqu'à ce que vous expiriez de fatigue dans les étables de leurs maisons? Voulez-vous voir vos enfans marcher lentement chargés du bois de nos forêts, et leurs mères, devenues à votre honte les prostituées des Espagnols, donner pour frères aux gages de votre amour d'infâmes métis qui, l'insulte à la bouche, et le fouet à la main, les assujettiront à leur détestable joug. Pensez à ce que vous faites, Chiliens; mourez avec gloire, Araucans. Si je n'ai plus de mains pour combattre, ma langue vous servira encore à la guerre pour vous animer. Je serai comme le tambour qui encourage le guerrier; jusqu'au dernier moment, ma voix, instrument des batailles [53] ne cessera de vous crier, guerre aux Espagnols! aux armes, Araucans!

CAUPOLICAN.

Amis, que dites-vous?

TUCAPEL.

Quel est le brave qui ne s'anime lorsqu'il entend sonner la charge dans son camp? Avant que mes bras aient le même sort que ceux de Galvarin, je les armerai pour me défendre et le venger.

RINGO.

Les miens te sont ouverts, Tucapel; confondons nos ressentimens dans le désir d'une vengeance commune.

OROMPEL.

Et nous traitions de la paix, au moment où le barbare Espagnol nous menace de tels châtimens!

Malheur à nous, si nous soumettions jamais nos fronts indomptés au joug du féroce Castillan !

ENGOL.

Vois, mon père, par cet exemple, ce que nous avons à attendre. Guerre ! guerre !

TOUS.

Guerre ! guerre !

CAUPOLICAN.

Vous le jurez ?

TOUS.

Nous le jurons !

CAUPOLICAN.

Les gorges de Puren sont un asile sûr et secret pour faire nos assemblées : nous nous y réunirons. J'ai le crâne de Valdivia ; nous boirons solennellement le sang d'un soldat espagnol, et au milieu des réjouissances du sacrifice, au bruit des danses et de la musique, nous prêterons le serment de mourir ou de chasser les Espagnols de l'Arauque.

RINGO.

On dit que Mendoce est déjà parti pour Ancud où il doit fonder, et ce ne sera pas sans de grands travaux, une ville d'Osorno du nom d'un de ses aïeux. Pendant son absence nous pourrons tout disposer pour cette fête.

CAUPOLICAN.

Retirons-nous donc dans nos foyers. Vive le Chili ! vive l'Arauque !

TOUS.

Qu'ils vivent à jamais !

ENGOL.

Écoutez, mon père; moi seul, je me sens la force de tuer mille Espagnols.

CAUPOLICAN.

Que le ciel fasse prospérer tes jeunes années !

(Ils sortent.)

SCÈNE III.

Même décoration qu'à la première.

MENDOCE et LES ESPAGNOLS.

DON PHILIPPE.

Il est donc vrai que Philippe est roi d'Espagne [54] ?

MENDOCE.

Ces dépêches me l'annoncent.

DON PHILIPPE.

Rare trait d'héroïsme !

MENDOCE.

C'est avec une profonde sagesse que le cinquième Charles a voulu hâter le moment où son fils posséderait ses états. Il faut que ce monde nouveau prenne part à la joie que témoigne l'autre de cet heureux événement. Lors même que dans le cours de sa vie le grand Charles-Quint n'aurait pas fait d'autre exploit, celui-là suffirait seul pour montrer sa grandeur. Si l'Espagne est reconnaissante de ce bienfait, l'Arauque ne doit pas en montrer moins de satisfaction, malgré l'arrogance de quelques rebelles. Valeureux Espagnols, élevons des arcs de triomphe ; faisons des fêtes : que les maisons sur la terre, que les barques sur les eaux, soient couronnées de fleurs ou de verdure dans la journée, étincellent de feux dans l'obscurité des nuits. Courons la bague; que les Indiens tirent de l'arc ; faisons des tournois à cheval, et qu'animés par les fanfares guerrières nos coursiers donnent envie aux vents. Qu'on annonce à tout le camp le nouveau règne de Philippe. Qu'on sache que ce Jupiter forge déjà de nouvelles foudres pour renverser les Indiens révoltés. Que chaque soldat répète ce cri de joie : Philippe règne, vive Philippe !

TOUS.

Vive, vive Philippe !

MENDOCE.

Et puisse le Chili tout entier lui rendre l'obéissance qu'il lui doit !

(Don Alonze entre.)

DON ALONZE.

Au milieu de la joie que nous donne une si heureuse nouvelle, d'autres soins doivent vous occuper.

MENDOCE.

Mon épée ne rentrera dans mon fourreau que quand je serai mort ou vainqueur.

DON ALONZE.

Caupolican a réuni dans les gorges de Puren, le sénat entier de ses ulmènes. Il se propose sans doute de reparaître bientôt en campagne. Ils vont célébrer une fête où le crâne de Valdivia servira de coupe pour qu'ils y boivent à l'envi le sang espagnol. Là, ils auront des instrumens, ils formeront des danses. Arrêtez-les, seigneur. Car s'ils en viennent à prêter avec ces cérémonies leur serment solennel, ils s'exposeront avec joie à la mort la plus certaine, plutôt que de ne point accomplir ce qu'ils auront juré.

MENDOCE.

Il faut ici de la diligence. Cette réunion pourrait nous devenir fatale. Que le capitaine Avendagne, dont la compagnie se compose de ces fameux Biscayens qui ont acquis tant de gloire dans cette guerre, la conduise par divers chemins, au milieu des forêts qui enveloppent la vallée, afin de cerner les Indiens de toutes parts. Ils doivent être à présent sans défiance.

DON PHILIPPE.

Caupolican est toujours sur ses gardes; et au milieu de ces rochers, quel mal pourra lui faire le capitaine?

MENDOCE.

Si les Indiens me nomment Apô et saint, ce n'est point à cause de mon peu de vertu, mais parce qu'ils ont vu que je prévoyais, que je devinais tous les projets que forme leur rébellion. Lorsqu'Elicura vint me parler de paix, j'envoyai des troupes après lui. Vous disiez tous que c'était inutile, et ce fut une bataille disputée et une grande victoire. Lorsqu'étant à l'Impériale [55], je fis passer des secours à ce fort, ils arrivèrent en telle occasion, qu'ils délivrèrent la garnison de la mort ou d'un sort encore plus triste. Partez pour Puren, Avendagne.

DON ALONZE.

Vous montrez en tout la même sagesse.

MENDOCE.

Je sais bien que je ne me trompe pas. Des soldats dans les fêtes et dans l'ivresse sont bien prêts de leur perte.

(Ils sortent.)

SCÈNE IV.

Les gorges de Puren.

CAUPOLICAN et tous les Indiens.

CAUPOLICAN.

Asseyez-vous ici. Ce gazon nous présente un tapis émaillé de mille couleurs, où les fleurs peuvent le disputer en éclat aux étoiles du ciel. Frésie, prends cette place.

TUCAPEL.

Mets-toi à mon côté, Gualève, tu seras le printemps de cette contrée. Il suffira de tes regards pour faire naître des fleurs auprès de toi.

RINGO.

Assieds-toi ici, Millaure.

OROMPEL.

Et toi ici, belle Quidore, puisque l'absence de Talguène te cause encore des chagrins.

ENGOL.

Orompel, laisse-moi me placer près de Quidore, je t'en supplie.

OROMPEL.

Ce n'est pas juste.

ENGOL.

Au nom de Dieu, fais-moi ce plaisir.

OROMPEL.

Si Quidore le permet.

QUIDORE.

Pour vous mettre d'accord et faire cesser toute jalousie entre vous, je vais commencer la danse [56], si Léocoton veut être de la partie.

LÉOCOTON.

Me voilà prêt à t'obéir, ma charmante Quidore. Ta beauté donnera un nouvel attrait à la fête.

QUIDORE.

Chantez donc, et toi, Puren, accompagne-les.

(Quidore et Léocoton dansent pendant que les musiciens chantent.)

UN HOMME.

 Vogue, vogue
  Ma pirogue;
 Vogue, vogue, mon bateau.
  Biobio, Biobio,
Ma case est au bord du ruisseau [57].

Sur une barque dorée,
Plus brillante que le jour,
Dans notre belle contrée
Navigue le dieu d'amour.
Le fleuve, au fond de ses ondes,
Ressent le pouvoir du dieu,
Et dans les grottes profondes
Son ardeur met tout en feu.

JOURNÉE III, SCÈNE IV.

O vous ! dont ces étincelles
Pourraient troubler le repos,
Fuyez au bois, vierges belles,
L'amour règne sur les flots.

    Vogue, vogue,
    Ma pirogue, etc.

UNE FEMME.

Toute jeune, sur la plage,
Chaque soir on me voyait
Ramasser le coquillage
Que la mer nous envoyait.
De cent coquilles charmantes
J'ouvre la plus belle un jour,
Et sur des perles brillantes
J'y trouve couché l'amour.
Il saisit mon doigt bien vite,
Me mord d'un air triomphant ;
J'étais encore bien petite,
Je pleurai comme un enfant.

    Vogue, vogue, etc.

UN HOMME.

Dans ma barque, belle amie,
Viens, que je t'offre des fleurs
Telles, que l'aurore envie
Leurs séduisantes couleurs.
Chez moi, mainte plume rare,
Sous l'émeraude et l'azur,
Voile l'éclat dont se pare
L'or fin qui couvre le mur.
Que peux-tu craindre, ma belle ?
Quel souci trouble ton cœur ?
Redouter l'amour fidèle,
C'est redouter le bonheur [58].

    Vogue vogue, etc.

UNE FEMME.

Une fillette timide
Sentant s'embraser son cœur,
Voulait, dans l'onde limpide,
Tempérer sa vive ardeur :
Toujours badin et folâtre,
L'amour plongeait près de là ;
Il saisit ses pieds d'albâtre ;
La fillette se troubla.
Elle lui dit d'un air tendre :
Ah ! laisse-moi, laisse-moi :
Par les pieds, pourquoi me prendre,
Puisque mon cœur est à toi [59].

Vogue, vogue,
Ma pirogue, etc.

CAUPOLICAN.

Votre danse, et vos chants nous ont ravi. Qu'on nous serve la coupe de guerre.

RINGO.

La voilà.

CAUPOLICAN.

Jamais nuit plus solennelle n'a couvert l'Arauque de son ombre.

RINGO.

Prends et bois ce sang.

CAUPOLICAN.

En vain il est chaud ; il satisfait ma soif.

TUCAPEL.

Je n'en boirai pas. Il n'y aurait point de paix dans mon sein tant que du sang espagnol y serait avec celui de Tucapel.

(On entend un bruit de guerre. Avendagne, don Philippe et autres Espagnols entrent.)

AVENDAGNE.

Saint Jacques ! saint Jacques ! en avant, vive l'Espagne !

CAUPOLICAN.

O grand Apô !

DON PHILIPPE.

Profitons de l'occasion.

AVENDAGNE.

Saint Jacques ! vivent Espagne et Mendoce ! qu'il n'en échappe pas un.

RINGO.

Nous sommes vendus.

CAUPOLICAN.

On nous a trouvés sans armes. Un traître a averti Mendoce.

TUCAPEL.

Le poste est environné de tous côtés. On a su notre secret.

CAUPOLICAN.

En est-il un qu'on puisse cacher à saint Garcie ? C'est le prophète du soleil.

FRÉSIE.

Aujourd'hui ta vie et la mienne satisferont la vengeance de l'Espagnol ; mais meurs comme doit mourir un homme tel que toi.

CAUPOLICAN.

Engol, donne moi une pique.

ENGOL.

Si tu meurs le premier, mon père, tu ne m'attendras pas long-temps.

OROMPEL, à Caupolican.

Pourquoi ne veux-tu pas nous suivre ? retirons-nous par ce passage.

(Les Indiens sortent par différens côtés.)

AVENDAGNE.

Ferme, Espagne ! Ils nous échappent.

CAUPOLICAN.

La mort couvrira la honte d'avoir été surpris.

(Les Espagnols s'entourent.)

DON ALONZE [60].

Caupolican est là.

CAUPOLICAN.

O nuit, couvre-moi de ton ombre, que du moins je ne sois pas connu !

AVENDAGNE.

Rends-toi, barbare.

CAUPOLICAN.

Sais-tu qui je suis ?

AVENDAGNE.

Je le sais.

CAUPOLICAN.

Eh bien, traite un homme d'honneur [61] comme il te traiterait lui-même si le sort échangeait nos destins.

AVENDAGNE.

Je te répète de te rendre.

JOURNÉE III, SCÈNE IV.

CAUPOLICAN.

Vous verrez plutôt ma mort.

DON ALONZE.

Tu ne peux t'échapper, et nous t'arracherons de la retraite où tu t'es placé. Ringo, Tucapel et les autres sur qui tu comptais, peut-être ne sont déjà plus.

CAUPOLICAN.

Puisque tu vantes la valeur qu'ils ont montrée en mourant, je saurai périr comme eux.

DON PHILIPPE.

Oui, tu dois mourir pour avoir fait tuer cruellement Valdivia ton prisonnier, pour avoir levé contre ton roi et seigneur l'infâme bannière de la rébellion, pour avoir été traître, et pour d'autres raisons que notre honneur me défend de rappeler. Mais nous te ferons prisonnier afin que ta mort serve d'exemple à tout le Chili.

CAUPOLICAN.

Ne crois pas que ton pouvoir s'étende jusque-là.

DON PHILIPPE.

C'est ce que je veux éprouver.

CAUPOLICAN.

Apô saura me préserver de ce destin.

AVENDAGNE.

En avant, soldats, qui vous retient?

CAUPOLICAN.

Êtes-vous nombreux?

AVENDAGNE.

Moins d'arrogance.

CAUPOLICAN.

Vous verrez en mourant si je fais cas de la vie.

AVENDAGNO.

Soldats, ne le tuez pas.

(Le théâtre change.)

SCÈNE V.

Même décoration qu'à la première.

MENDOCE seul.

Je vous rends grâces, Seigneur tout-puissant, qui m'avez permis de voir un jour si heureux pour moi, si honorable pour l'Espagne. Au moment où le grand empereur Charles se retire à *Juste*, il laisse à son fils le nouveau monde entièrement soumis. Le noble rejeton de l'aigle impérial, soit qu'il dresse son vol redoutable aux lieux où le soleil commence sa carrière, soit aux contrées où il s'ensevelit dans les ombres de la nuit, voit assujettis à son pouvoir l'un et l'autre hémisphère. [52] J'ai enfin soumis la terre la plus indomptable. Cette guerre m'a coûté du sang, mais il est bien employé puisque Philippe verra que je lui donne neuf cités nouvelles, après avoir vaincu dans neuf batailles ses féroces ennemis. C'est en vain que l'envie voudra obscurcir la vérité qui m'honore.

(Avendagne entre avec Caupolican, enchaîné; chefs espagnols.)

AVENDAGNE.

Je pense, jeune héros, qu'aujourd'hui vous pacifiez à jamais le Chili.

MENDOCE.

Que le temps conserve éternellement la mémoire de ta valeur! Embrasse-moi, et en même temps que mes bras t'étreignent; souffre, vaillant Avendagne, que je passe à ton cou cette chaîne d'or, en attendant le laurier qui doit couronner ton noble front.

AVENDAGNE

C'est à votre valeur que j'ai emprunté la mienne. L'éclat dont je brille est dérobé à votre soleil. Si j'ai fait quelque chose de bien, c'est à vous que je le dois; c'est à vous, si j'ai quelque gloire, qu'elle doit appartenir.[63].

MENDOCE.

Non, elle est bien à toi. Eh bien! Caupolican, qu'est ceci?

CAUPOLICAN.

Général, l'effet de la guerre et du malheur.

MENDOCE.

Ils ne méritent point de bonheur, ceux qui vont contre les ordres du ciel. N'étais-tu pas sujet du roi d'Espagne?

CAUPOLICAN.

Je suis né libre; j'ai défendu la liberté de ma patrie; j'ai combattu pour ses loix: je n'avais point embrassé la vôtre.

MENDOCE.

Le Chili, sans toi ne se fût point révolté.

CAUPOLICAN.

Il est donc soumis puisque je suis en ton pouvoir.

MENDOCE.

Tu as tué Valdivia, tu as renversé nos cités, tu as excité la guerre, tu as fait révolter le pays, tu as vaincu Villagran... tu dois mourir.

CAUPOLICAN.

C'est bien, général. Ma tête est entre tes mains ; venge Philippe, détruis les libertés du Chili, mets-les aux pieds de ton roi : toute sa force était dans ma vie.

MENDOCE.

Je suis forcé de te livrer à mon mestre de camp, qui te punira à la vue de toute l'armée. Je suis fâché, Caupolican, de ne pouvoir te pardonner.

CAUPOLICAN.

Je te remercie de ta générosité, général. Je n'ai point été le premier auteur de l'insurrection ; mon devoir et la volonté de mes concitoyens m'ont forcé à me mettre à leur tête ; mais je ne te conseille pas de m'accorder la vie : ce serait donner plus de force à la noble résolution de ceux que vous nommez barbares.

(Frésie paraît sur un rocher avec un enfant dans les bras.)

FRÉSIE.

Ha du camp espagnol ! Ha Mendoce ?

MENDOCE.

Qu'est cela ?

AVENDAGNE.

Une femme sur ce rocher veut te parler. Elle tient un enfant dans ses bras.

MENDOCE.

Que demandes-tu ?

FRÉSIE.

Appelez Caupolican.

MENDOCE.

Le voilà, tu peux lui parler.

CAUPOLICAN.

Que me veux-tu, Frésie, au milieu de tant de malheurs ?

FRÉSIE.

Lâche, qui fus mon époux! toi qui souilles la gloire de l'Arauque ! toi, qui t'es laissé charger de chaînes! comment ta valeur t'avait-elle abandonné ? Quoi! ceux que tes mains armées avaient si souvent fait trembler, ont pu lier tes mains ! Des Espagnols ont chargé de fers Caupolican! Je le vois et ne puis le croire. Ah! sans doute mon fils Engol est mort au champ de l'honneur avec les autres ulmènes. Y-a-t-il une infamie pareille? Un enfant a su mourir avec gloire, et un géant a manqué de courage!

CAUPOLICAN.

Ni ma force, ni ma valeur ne m'ont trahi, Frésie; ma mauvaise fortune, plus puissante, m'a livré à mes ennemis.

FRÉSIE.

Tais-toi infâme ; ne tâche pas du moins de te disculper. Déshonorée d'avoir eu pour époux un lâche, je ne veux plus voir le gage de l'indigne amour que j'ai ressenti pour lui, et ce fils qui me reste de toi, je vais l'écraser sur ces rochers.

(Elle le précipite.)

CAUPOLICAN.

Arrête.

MENDOCE.

Il est mort.

DON PHILIPPE.

Quelle bête féroce eût été plus cruelle ?

MENDOCE.

Quelle femme !

DON ALONZE.

Telle est leur fureur.

FRÉSIE.

Espagnols, s'il n'en est aucun parmi vous qui ose porter ses mains sur Caupolican, appelez Frésie ; je serai son bourreau et je vengerai ma patrie sur lui, puisqu'il n'a pu la venger sur vous.

(Elle sort.)

CAUPOLICAN.

Que j'ai été malheureux de ne pas mourir ! Pourquoi ai-je ainsi vécu pour expirer sans gloire ?

MENDOCE.

Ta gloire est entière, Caupolican ; mais d'autres pensers doivent t'appeler.

CAUPOLICAN.

Quels sont-ils ?

MENDOCE.

Il s'agit de la vie de ton âme. Si tu meurs ainsi tu perds la jouissance du bonheur éternel.

CAUPOLICAN.

Parlons de cela, et enseigne-moi la vérité.

MENDOCE.

Tu me crois homme d'honneur ?

CAUPOLICAN.

Oui.

MENDOCE.

Tu me crois éclairé ?

CAUPOLICAN.

Sans doute.

MENDOCE.

Et crois-tu que, si je ne savais être dans la bonne voie, je voulusse me perdre à jamais ?

CAUPOLICAN.

Mendoce, j'ai toujours reconnu ta noblesse, tes lumières, tes vertus; ce serait te faire injure que de te croire égaré, et puisque tu suis la bonne route, indique-la-moi, quoique je sois ton ennemi. Tu donnes la mort à mon corps, donne la vie à mon âme. Ainsi la fortune de la guerre nous élève et nous abaisse à son gré. Puisqu'elle m'a abattu, que mon corps qui est de terre, se perde, et que mon âme qui est du ciel, retourne dans sa divine patrie.

MENDOCE.

Je connais, Caupolican, ta valeur et ta sagesse. Suis-moi.

CAUPOLICAN.

Général, quoique je sois un ignorant, je sais apprécier les conseils que l'on me donne. Notre âme est immortelle : sauve la mienne ; tu seras mon parrain.

MENDOCE.

Viens, nous allons contracter cette sainte union. Publiez un ban, Avendagne, annoncez que tous les Indiens peuvent le venir voir sans crainte.

(Ils sortent.)

SCÈNE VI.

Dehors de la cité de Cagnète.

GUALÈVE, REBOLLEDO.

GUALÈVE.

On veut donc le punir ?

REBOLLEDO.

Il n'est que trop vrai. Les autres bruits sont des mensonges.

GUALEVE.

Et si je parlais au général, ne montrerait-il pas à ma prière, la noblesse du sang royal qui coule dans ses veines ?

(On bat un ban.)

REBOLLEDO.

Gualève, on n'a jamais vu un tel exemple de sévérité.

GUALÈVE.

Pourquoi le tambour a-t-il battu ?

REBOLLEDO.

Pour annoncer à tous les Indiens qu'ils peuvent sans crainte venir le voir.

GUALÈVE.

Quelle rigueur !

(Quidore et Engol entrent.)

ENGOL.

Mon père, prisonnier...!

QUIDORE.

Arrête....

ENGOL.

.... et condamné à périr !

QUIDORE.

L'Espagnol veut nous effrayer par cet exemple.

ENGOL.

Comment son noble cœur a-t-il pu ainsi se trahir ! Comment a-t-il pu se laisser prendre ?

QUIDORE.

Entouré de cent chrétiens, que pouvait-il faire ?

ENGOL.

Et mes bras n'ont pu sauver sa vie ou son honneur ! A la mort du plus brave de ses fils que le soleil se couvre de deuil !

REBOLLEDO, à Gualève.

Qui sont ces deux ?

GUALÈVE.

La belle Quidore, et Engol, fils de Caupolican.

(Millaure, Orompel et Frésie entrent.)

MILLAURE.

Nous pouvons nous approcher. Le ban publié assure notre vie.

OROMPEL.

Après un tel malheur, la trêve qu'il nous accorde est la guerre la plus cruelle.

FRÉSIE.

Mon cœur ne peut supporter cette honte.

MILLAURE.

Ah! chère Frésie, dans de pareils malheurs comment conserver sa raison?

FRÉSIE.

Dis-moi, Espagnol, c'est ce soir qu'on doit immoler le grand général du Chili. L'as-tu vu?

REBOLLEDO.

Je l'ai vu conduire sur la place dans un appareil déplorable. Tu verras son corps généreux déchiré [64].

ENGOL.

Ma mère!

FRÉSIE.

Toi, dans ces lieux, Engol!

ENGOL.

Et où peut être un malheureux, sinon au milieu du sang et de ces fêtes horribles?

FRÉSIE.

Et voilà comment tu vas au secours de ton père!

ENGOL.

Ce n'est point de cris ni d'injures que nous avons

besoin. Les paroles sortent entières du cœur, mais le vent les enlève. Attends.... Infortuné! devais-je naître pour voir ce malheur?

REBOLLEDO.

Regardez maintenant, Indiens, le comble de vos désastres. Le voilà.

(Le fond du théâtre s'ouvre, on voit Caupolican empalé.)

CAUPOLICAN.

Seigneur, dans mon ignorance je suis moins coupable de vous avoir méconnu. On m'a dit combien je vous devais, et je viens humblement à vos pieds.

Je l'avoue, j'arrive tard; mais on m'a appris que si j'étais repentant, je devais compter mon existence du jour où je vous ai connu.

J'ai passé ma triste vie à adorer le soleil, satisfait de rendre hommage à ses rayons dorés; mais je sais à présent que c'est vous qui êtes le créateur du soleil lui-même.

Je pleure du fond du cœur mes erreurs passées. Soleil de ma vie, auteur du soleil, qui m'avez donné la lumière, c'est éclairé par elle que j'adore la foudre dont vous me frappez [65].

(Le fond du théâtre se referme.)

FRÉSIE.

Qui pourrait voir ce spectacle et ne pas fondre en larmes!

ENGOL.

Je te vengerai, mon père. Je te jure par le ciel, par le soleil qui m'éclaire, de ne me nommer ton fils, de ne dormir dans ta case, de ne me vêtir des armes que tu enlevas aux Espagnols, de ne regarder de femme, de ne sortir du champ de bataille que je n'aie vengé ton trépas. La mort de Mendoce serait une faible vengeance pour moi. Je traverserai les mers; j'irai en Espagne; je ferai briller mes rayons sur le trône de Charles et de Philippe; si par toi je suis fils du soleil, je puis bien comme lui parvenir à l'autre hémisphère.

FRÉSIE.

Tu es digne d'être mon fils.

MILLAURE.

Quelle est cette troupe, chrétien ?

REBOLLEDO.

Le général célèbre aujourd'hui l'avénement de Philippe à la couronne.

MILLAURE.

Quelle fête ! Fuyons, Quidore.

QUIDORE.

Nous sommes aujourd'hui esclaves de l'Espagnol.

FRÉSIE.

Engol croît pour la patrie. J'attends de lui la vengeance de son père et le salut de son pays.

(Les Indiens sortent. Les Espagnols arrivent en parade. Au fond du théâtre est sur un échafaud le portrait de Philippe II, sous un arc de triomphe.)

MENDOCE.

Invincible Philippe, aujourd'hui couronné roi d'Espagne, et de ce monde que découvrit Colomb, et que tant de braves Espagnols ont depuis conquis pour vous au prix de leur sang, ces neuf étendards vous rappellent neuf batailles livrées dans l'Arauque, et où j'ai vaincu en votre nom ; elles représentent aussi neuf cités que j'ai fondées dans ce pays pacifié. Je vous les offre, vous les donne, vous les consacre. C'est le fruit de deux ans de travaux. Que cette faible offrande prouve au moins mon zèle. J'aurais conquis pour vous neuf mondes si le ciel les avait créés. Vous autres, soldats, approchez ; baisez les mains de votre souverain pour lui témoigner votre reconnaissance des dons que je vous fais en son nom [66].

DON PHILIPPE.

Seigneur, nous vous avons servi avec loyauté. Nous avons teint ces campagnes de notre sang et de celui de cent mille Indiens, pour vous assurer ce nouveau royaume.. Votre silence est un gage de votre assentiment [67].

MENDOCE.

Allons tous au temple, et répétons à haute voix, puisque Charles abdique le pouvoir : vive l'invincible Philippe, roi d'Espagne, roi des Indes !

TOUS.

Vive le roi Philippe !

DON PHILIPPE.

Ainsi finit l'Arauque dompté.

FIN DE LA TROISIÈME ET DERNIÈRE JOURNÉE.

NOTES
SUR
L'ARAUQUE DOMPTÉ.

(1) P\REMIER jeu de mots sur *Hurtado*, l'un des noms de la famille de Mendoce, qui signifie *dérobé*. On prétend que cette famille tire son origine d'un fils de la reine Urraque, né pendant son veuvage. Ce fut par le mariage d'un Lopez de Mendoce, avec une Hurtado de Vendivil, que ce nom passa dans la première de ces familles.

(2) (*Litt.*) « Les neuf preux de la renommée. » Expression très-commune en Espagne.

(3) Le fait est historique.

(4) L'auteur du poëme de l'Araucane.

(5) Le mot est d'Aguirre qui le dit à Villagran en lui donnant la main pour monter à bord du vaisseau qui devait les emmener.

(6) (*Litt.*) « Ils entoureront tes orteils d'anneaux de pierres précieuses. » Et plus haut : « L'eau se caillera pour te retenir. »

(6bis.) Caupolican ajoute dans l'original : « Je crains que ton soleil n'embrase l'eau. »

(7) Dans cette scène, Lope ne parle que de sept villes ; il en porte le nombre à neuf dans le troisième acte. Toutes ont été détruites depuis, sauf le fort de Valdivia.

(8) Ces quatres couplets rappellent les *Gabs* de l'ancienne chevalerie. Les guerriers des temps héroïques étaient des hableurs.

(9) (*Litt.*) « J'irai seul. » J'ai donné à cette phrase le seul sens raisonnable qu'elle puisse présenter. Tucapel veut aller à l'attaque avec les seuls guerriers sous ses ordres. Dans la vérité historique, ce fut lui qui la commanda.

(10) *Apô*, seigneur, l'un des noms de *Pillan*. Il paraît que Lope ne savait que confusément la mythologie Chilienne. Pillan est le Dieu suprême, et il paraît dans cette pièce comme distinct d'Apô, et l'un des dieux inférieurs.

(11) Autre jeu de mots sur *Hurtado*. « En te faisant appeler Alexandre, ce nom ne sera pas dérobé. » (*Tu ne l'auras pas volé.*)

(12) Le mot *prince*, en Espagne, ne désigne une dignité que lorsqu'il s'applique au prince des Asturies ou à des princes de famille étrangère. Il était au temps de Lope, comme en France au temps de Brantôme, une qualification générale qu'on donnait aux membres des maisons illustres.

(13) Les armées Araucanes n'étaient que de huit à dix mille hommes.

(14) Les autres *solos* du chant de guerre étant chantés par des chefs, j'ai cru devoir en faire autant pour celui-ci.

(15) (*Litt.*) « Aussi innocens. »

(16) Ce fut Tucapel et non pas Ringo qui se battit avec Philippe. C'est rectifié dans la suite de la pièce (*V.* pag. 59 et 79.)

(17) *Litt.* « N'aurait-elle pas fait l'effet de la foudre ? » C'est dans le même sens que nous disons apoplexie *foudroyante*.

(18) Cri de guerre des Espagnols. *Cierra* est l'impératif de *cerrar*, fermer, et le mot français le traduit d'autant plus exactement qu'il a le sens de l'adverbe, ou plutôt de l'interjection *ferme!*

(19) Noms chiliens de diverses préparations alimentaires.

(20) *Litt.* « Ce quart. » Les factions étaient de trois heures. Chacune formait le quart de la nuit.

(21) Il est peu conforme à la vraisemblance que les groupes soient si voisins sans s'entendre.

(22) Cette haine des deux chefs est une donnée de l'histoire.

(23) Lope a conservé le nom Chilien, *Macana*, j'ai mieux aimé le traduire.

(24) Une équivoque intraduisible sur *vela* sentinelle et *vela* chandelle, m'a forcé à changer la forme de l'idée.

(25) On l'employa souvent en France, après la révocation de l'édit de Nantes, contre les protestans lents à se convertir.

(26) Le poëte oublie ici les Chiliens auxiliaires, Pomauquais et autres, que les Espagnols avaient dans leurs armées.

(27) Lautare n'était qu'un officier de Caupolican.

(28) J'ai abrégé un peu l'énumération qui ressemblait par trop à une feuille d'appel.

(29) J'ai supprimé aussi trois ou quatre noms.

(30) Le gouvernement du Chili étant républicain fédératif, l'éloquence parlementaire était, et est encore très-cultivée dans ce pays : aussi les discours d'apparat de cette scène sont dans la vraisemblance.

(31) L'air du matin au printemps, passe pour être très-sain aux jeunes personnes ; il se nomme *azero* qui est aussi le nom de *l'acier*. Rebolledo dit que l'air (l'acier) du matin couvre plus d'une erreur (fer). Ces promenades sont souvent le prétexte dont on couvre des rendez-vous. Lope a fait une pièce dont cet usage forme le nœud.

(32) Ou *piété*.

(33) Encore un calembourg sur *Hurtado*.

(34) (*Litt.*) « Celui qui étant Lin pour le ciel, voulut être brisé comme du lin, et souffrir jusqu'à mourir sur un dévidoir. » Saint André fut martyrisé avec saint Lin, et en Espagnol, *Aspa* signifie également une croix de saint-André et un dévidoir.

(35) (*Litt*) « Les doux faussets de la musique militaire seront mêlés à la basse des canons. »

(36) Les sentinelles Espagnoles crient de temps en temps pour s'avertir.

(37) (*Litt.*) « Il voudrait avoir mille cœurs pour les lui offrir au lieu des vingt qu'il porte dans ses armoiries.

(38) (*Litt.*) «Venaient nous donner le bonjour. »

(39) Quatrième et

(40) Cinquième calembourg sur Hurtado.

(41) (*Litt.*) « Mon *tambo* ; » j'ai traduit ce mot chilien, au lieu de le laisser dans la langue originale.

(42) Voyez la note 27.

(43) On sera étonné de ces citations dans la bouche d'un sauvage. Mais ces sauvages ont de grandes prétentions à l'éloquence. Ils avaient des relations avec les Espagnols, et Lautare avait été élevé par Villagran.

(44) Cette figure hardie rappelle les expressions : « Avoir son bras pour père ; s'être engendré par sa propre valeur », souvent employées par des poëtes Espagnols.

(45) Les terres des grands d'Espagnes se nomment *état* : les maisons qu'ils y possèdent s'appellent *palais*.

(46) En Espagne, *peupler* voulait dire autrefois établir des habitans chrétiens dans une ville conquise sur les Mores. C'est ainsi que le premier Giron fut chargé de peupler Valladolid. En Amérique ce mot signifiait former une colonie d'Espagnols oisifs et leur donner, sous le titre de *recommandation* ou de

partage, la propriété des nombreuses familles d'Indiens qu'ils faisaient bientôt dépérir et mourir par l'excès des travaux. Si bien que rien ne semblait davantage à un dépeuplement que cette manière de peupler.

(47) On a déjà remarqué et l'on verra souvent encore qu'*honorer*, signifie en espagnol faire des présens. Ainsi ce n'est point une invention de notre siècle de faire *honneur*, synonyme de *richesse*.

(48) L'un des frères bâtards de Pierre le Cruel.

(49) Les Araucans, ainsi que beaucoup d'autres peuples demi-sauvages, tenaient beaucoup aux généalogies. *Voyez* Molina.

(50) J'ai substitué partout le mot chilien *ulmène*, au mot *cacique* qui appartenait à la langue de Guanahani et qui n'est pas plus ici de l'idiome de Mendoce, que de celui de Caupolican.

(51) (*Litt.*) « Je t'aurais avalé vivant avec les pates et la peau. »

(52) (*Litt.*) « Par Dieu, tu aurais eu une mauvaise digestion, en cherchant à sortir de ton estomac, je t'aurais donné la mort. »

(53) (*Litt.*) « Ma voix sera la baguette, ma bouche la caisse, mes lèvres la peau, et mes dents un fifre. »

(54) Il est difficile de croire que l'abdication de Charles V, de janvier de 1556 ne fût pas connue au Chili en août 1558 Ercilla dit positivement qu'on savait cette nouvelle à la Conception, lors de leur débarquement, un an auparavant. D'un autre côté, c'est après la mort de Caupolican que Figueroa met les réjouissances pour l'avénement de Philippe. On peut les concilier, en supposant que les événemens de la guerre ont retardé les fêtes.

(55) Ville du Chili, bâtie par Valdivia.

(56) (*Litt.*) « *El areyto ;* » mot chilien.

(⁵⁷) J'ai traduit presqu'à la lettre un refrain insignifiant :

> *Piraguamonte, piragua,*
> *Piragua, xevizarizagua.*
> *Biobio*
> *Que mi tambo le tengo en el rio.*

La traduction ne pouvait avoir de sens.

(⁵⁸) (*Litt.*) « Ne crains pas l'amour, parce que les dames disent que l'intérêt émousse tous les traits qu'il forge. » Le trait est spirituel, mais il m'a paru dépaysé.

(⁵⁹) (*Litt.*) « Saisis-moi par les cheveux, puisque je suis l'occasion. »

(⁶⁰) Il atteste expressément, dans l'Araucane, qu'il n'était pas à la prise de Caupolican.

(⁶¹) (*Litt.*) « Un homme grave. » Qu'on veuille bien réfléchir que ce n'est pas la vie et un royaume, comme Porus dans Alexandre, que c'est une noble mort que demande Caupolican.

(⁶²) (*Litt.*) « Le poussin de l'aigle peut faire son aire sous l'un ou l'autre pôle. »

(⁶³) Sixième calembourg sur le nom du général; c'est le dernier.

(⁶⁴) (*Litt.*) « fiché sur un pieu. »

(⁶⁵) Équivoque sur *rayo*, rayon et foudre.

(⁶⁶) (*Litt.*) « Répartitions. » Distributions de terres et de cultivateurs indiens.

(⁶⁷) Les jongleries d'hommages rendus, de mains baisées à un portrait, sont bien exactement du temps et de la nation. Mais, en vérité, c'était les pousser trop loin que d'appliquer à une peinture le proverbe : « Qui ne dit mot consent. »

FONTOVÉJUNE [1].

NOTICE

SUR

FONTOVÉJUNE.

A la mort de Henri IV, roi de Castille, en 1474, l'Espagne se trouva dans une anarchie affreuse. L'infante Jeanne, fille unique du roi, fut obligée de disputer l'héritage paternel à Isabelle, sa tante, épouse de Ferdinand, alors prince héréditaire et depuis roi d'Aragon. L'usurpatrice prétendait que Jeanne était née d'un commerce adultère; et, malgré les lois et la reconnaissance faite par Henri, malgré l'assistance du roi de Portugal, oncle de Jeanne et fiancé avec elle, Isabelle parvint en effet à déposséder sa nièce. Ce ne fut point sans difficultés : une grande partie des Castillans respectaient les droits héréditaires de la jeune princesse. Plusieurs grands suivaient son parti, entre autres le marquis de Villena, l'un des plus puissans seigneurs de l'Espagne, et oncle des Girons, le comte d'U-regna et le grand-maître de Calatrava.

C'est un épisode de cette grande tragédie que Lope de Vega a mis sur la scène, sous le titre de *Fuente Ovejuna*. Il a choisi avec sagacité un des faits les plus frappans de cette époque déplorable.

La durée réelle de l'action est de plus d'un an. La prise de Ciudad-Réal, par les chevaliers de Calatrava, est du commencement de 1475, suivant Hern. del Pulgar; et la mort de Fernand Gomez, du mois d'avril 1476. La soumission du marquis de Villena et de sa famille n'eut lieu qu'en 1477; mais le poëte n'a point indiqué dans sa pièce l'intervalle qui a séparé les événemens, et a rendu l'action continue autant qu'il lui a été possible.

La scène se passe presque toujours à Fonto-véjune; mais parfois le poëte la transporte au palais du grand-maître de Calatrava, ou dans les différens endroits où se trouvèrent dans ce temps Ferdinand et Isabelle.

Quant à l'action, elle est une. La conduite de Fernand Gomez de Guzman, les résultats de cette conduite, et les conséquences qu'eut sa mort pour Fontovéjune, voilà toute la pièce.

Son héros, Fernand Gomez, que Mariana nomme Perez je ne sais pourquoi, est bien peint. On voit son caractère dès la première scène, dans l'impertinence avec laquelle il se fâche parce que son chef, presque son souverain, le grand-maître de son ordre, ne le prévient pas par une visite. C'est d'ailleurs un homme fidèle au sang de ses rois, brave comme son épée, intrépide dans l'adversité; en un mot, un preux chevalier. Mais il n'est point de héros pour son valet de chambre, et Lope de Vega avait bien trop de conscience pour ne pas nous présenter son commandeur en déshabillé. Nous le voyons dans cette pièce avec tout le despotisme et toute l'insolence des tyranneaux de ce temps-là, qui, en Espagne comme partout, profitaient de l'affaiblissement de l'autorité royale pour désoler leurs malheureux vassaux.

La servile obéissance des domestiques est encore un fait caractéristique du temps et du pays. La férocité du juge, dont le zèle va jusqu'à vouloir aider le bourreau, appartient aussi à l'époque où se passe l'action.

Ferdinand et Isabelle ne sont qu'esquissés ; mais on voit, dans le peu de scènes où l'auteur les présente, et leur activité, si nécessaire dans les circonstances où ils se trouvaient, et les ménagemens qu'ils étaient obligés d'avoir pour tous les hommes puissans, et leur avidité à saisir toutes les occasions d'augmenter un pouvoir que la mort de Jeanne et leurs succès finirent par rendre légitime.

Mais où se montre surtout le talent de l'auteur, c'est dans la peinture parfois naïve, parfois révoltante, des mœurs qu'avaient alors les habitans des villages. Et leur servile soumission à un maître qu'ils détestent, les fêtes qu'ils lui donnent, les présens qu'ils lui offrent, et leur fureur effrénée lorsque l'excès de la misère a rompu le prestige de l'autorité, leurs horribles saturnales, leurs chants et leurs danses devant la tête inanimée de leur victime, tout est d'une parfaite vérité. Il n'est pas jusqu'à la première scène du second acte, qui semble un hors-d'œuvre, qui ne soit frappante de ressemblance. On est transporté, en la lisant, dans une de ces réunions journalières de paysans, où, enveloppés dans leurs manteaux, ils causent, mentent, médisent, en se chauffant au soleil pendant l'hiver, en respirant la fraîcheur à l'ombre du mur de l'église pendant l'été.

Fidèle à son principe de n'avoir point de but marqué, Lope n'approuve ni ne condamne rien, il raconte; et certes ce n'est pas que s'il eût voulu, il n'eût pu tirer mainte leçon utile du fait qu'il mettait sous les yeux des spectateurs : il leur en a laissé le soin.

La versification est variée comme dans toutes les pièces de Lope : elle paraît à quelques égards plus soignée dans celle-ci. Les récits seuls, et le premier dialogue de Laurence et de Frondose, sont en mètre de romance. Tous les endécasyllabes sont en octaves, sauf le discours de l'alcade qui vient apporter les présens. Il n'y a qu'un seul sonnet.

Une chose d'autant plus digne de remarque, qu'assurément Lope n'y a mis aucune intention, c'est que dans trois de ses pièces, dans celle-ci, dans *Péribagnès*, dans *los Comendadores de Cordova*, il fait paraître en première ligne quatre commandeurs des ordres militaires; que tous les quatre sont représentés comme débauchés, que tous les quatre périssent de mort violente, victimes de leur inconduite. La bulle de Paul III, qui dispensa du célibat les chevaliers profès des ordres espagnols de Calatrava, Alcantara, etc., ne date que de 1540.

On verra, dans le fragment qui suit cette notice, ce que Lope a emprunté à l'histoire.

A. L. B.

EXTRAIT

DE LA CHRONIQUE DE L'ORDRE DE CALATRAVA.

« Le grand-maître réunit à Almagro trois cents hommes à cheval, tant chevaliers que laïques, et deux mille hommes de pied. Il attaqua Ciudad-Réal... La ville se mit en défense, et cette guerre coûta beaucoup de monde aux deux partis. Enfin il prit la ville, ainsi qu'il conste d'écrits authentiques, quoique les habitans le nient. Il la conserva plusieurs jours, fit couper la tête à quelques-uns de ceux qui avaient proféré des paroles injurieuses contre lui; d'autres du bas peuple furent fouettés et eurent la langue tenaillée.

» Les habitans de Ciudad-Réal se plaignirent au roi et lui demandèrent des secours; ils n'avaient, disaient-ils, dans la ville aucun particulier assez riche pour se mettre à leur tête, leur territoire étant très-resserré et borné de toutes parts par les possessions de l'ordre. Le roi, craignant que s'il laissait cette place au grand-maître elle ne facilitât les opérations du roi de Portugal, qui était en Estremadoure, envoya don Diegue Fernandez de Cordoue, et don Rodrigue Manrique, comte de Parèdes, grand-maître de Saint-Jacques, pour reprendre Ciudad-Réal. Don Rodrigue Giron, défendit lui-même cette place, il combattit vigoureusement à l'entrée de la ville et dans les rues, le lieu n'étant pas fortifié et n'ayant qu'un faible mur d'enceinte; mais, après des pertes considérables d'une et d'autre part, les chevaliers de Calatrava furent forcés à se retirer. Les deux capitaines restèrent long-temps dans cette partie de la Manche, faisant la guerre aux villes de l'ordre, leur imposant des contributions, afin que, distrait par le soin de les défendre, Giron ne pût s'occuper de secourir le roi de Portugal.

» Dans ces circonstances, don Fernand Gomez de Guzman, commandeur mayeur de l'ordre, qui résidait à Fontovéjune, fit tant et de si grands outrages aux habitans de ce lieu, que, ne pouvant plus les taire ni les souffrir, ils se déterminèrent à se révolter contre lui. Une nuit du mois d'avril 1476, les magistrats et le peuple réunis ayant pris pour cri de guerre, *Fontovéjune!* entrèrent à main armée dans la maison de la commanderie. Ils mêlaient aux cris de *Fontovéjune!* ceux de : vivent Ferdinand et Isabelle! meurent les traîtres et les mauvais chrétiens! Le commandeur s'enferma avec les siens dans la chambre la plus forte, et s'y défendit pendant deux heures. Il ne cessa pendant ce temps de demander au peuple les motifs de ce soulèvement et d'offrir de se justifier et de dédommager ceux à qui il aurait fait tort. On ne l'écouta point : les habitans ayant enfin pénétré dans la chambre, tuèrent quatorze hommes qui étaient avec le commandeur et qui le défendaient. Il reçut lui-même tant de blessures qu'il tomba sans connaissance. Il n'avait pas encore rendu son âme à Dieu, qu'on le prit en poussant des cris de joie, et qu'on le précipita par une fenêtre dans la rue, où ceux qui y étaient tenaient les piques et les épées hautes pour recevoir son corps encore animé. Avant qu'il n'expirât, on lui arracha la barbe et les cheveux, on lui cassa les dents à coups de pommeaux d'épées, en l'accablant d'injures, lui et ses parens.

» Les femmes de la ville vinrent avec des tambours et des instrumens pour se réjouir de sa mort ; elles avaient fait une bannière pour cette fête ; l'une d'elles était capitaine, une autre porte-enseigne. Les enfans imitèrent leurs mères. Enfin, toute la population s'étant réunie, le corps fut porté sur la place, mis en lambeaux et traité avec toute sorte d'indignités. Il ne fut pas permis à ses domestiques de l'enterrer : la maison fut entièrement pillée.

» Un juge vint par ordre de Ferdinand et d'Isabelle pour faire une information et punir les coupables. Et quoiqu'il appliquât à la torture un grand nombre d'habitans du lieu, nul ne fit connaître ni les chefs du mouvement ni ceux qui y avait participé. Qui a tué le commandeur? demandait le juge : Fontovéjune, répondaient-ils. On ne put leur arracher d'autre déclaration, parce qu'ils s'étaient tous juré de mourir dans les tourmens plutôt que dire autre chose. Ce qu'il y eut de plus étonnant, c'est que des femmes et des enfans mis à la question, montrèrent la même constance que les hommes. Le juge revint rendre compte à ses souverains et prendre leurs ordres, et LL. AA., informées que la tyrannie du commandeur avait été la cause de sa mort, ordonnèrent que l'affaire en restât là.

» Ce chevalier avait maltraité excessivement ses vassaux. Il tenait dans la ville beaucoup de gens de guerre pour soutenir le parti du roi de Portugal. Non-seulement ils consommaient pour leur subsistance les biens des habitans, mais encore le commandeur souffrait que ces troupes indisciplinées leur fissent mille outrages; lui même d'ailleurs avait offensé et déshonoré beaucoup de particuliers, enlevant leurs femmes et leurs filles, et les dépouillant de leur argent et de leurs propriétés. »

Tel est le récit de Fr. Franc. de Rades et Andrade, dans la chronique de l'ordre de Calatrava, chapitre 38. Il ajoute ensuite que les habitans déposèrent les magistrats nommés par l'ordre; qu'ils se donnèrent à la ville de Cordoue, à laquelle ils avaient autrefois appartenu; et que les détails qu'il a donnés sont tirés des mémoires fournis par l'ordre à la cour de Rome, lorsqu'il réclama inutilement cette propriété.

Mariana rapporte les mêmes faits d'après l'auteur que nous venons de citer.

FONTOVÉJUNE.

PERSONNAGES.

FERDINAND V, prince d'Aragon, roi de Sicile et de Castille.
ISABELLE, reine de Castille, sa femme.
DON RODRIGUE TELLEZ GIRON, grand-maître de l'ordre de Calatrava [2].
FREY FERNAND GOMEZ DE GUZMAN, commandeur *mayeur* [3] du même ordre.
DON RODRIGUE MANRIQUE DE LARA, comte de Parèdes, grand-maître de l'ordre de Saint-Jacques.
FLORES,
ORDOGNE, } domestiques du commandeur.
CIMBRANOS, soldat du commandeur.
ESTÉVAN,
ALONZE, } alcades de Fontovéjune.
MENGO,
BARRILDO, } paysans de Fontovéjune.
JEAN LE ROUX [4],
FRONDOSE, fils de Jean le Roux, amant de Laurence.
LAURENCE, fille d'Estévan.
PASCALE,
JACINTHE, } jeunes filles de Fontovéjune.
LÉONEL, étudiant.
DEUX RÉGIDORS de Ciudad-Réal.
UN JUGE.
ENFANS, SOLDATS, LABOUREURS, MUSICIENS, etc.

FONTOVÉJUNE.

JOURNÉE PREMIÈRE.

SCÈNE PREMIÈRE.

Logement du commandeur à Calatrava.

LE COMMANDEUR, FLORÈS, ORDOGNE.

LE COMMANDEUR.

Le grand-maître ne sait-il donc pas que je suis dans la ville?

FLORES.

Il le sait.

ORDOGNE.

Sa jeunesse l'engage à montrer plus de fierté.

LE COMMANDEUR.

Ignorerait-il par hasard que je suis Fernand Gomez de Guzman.

FLORES.

C'est un enfant. Ne vous étonnez pas de sa conduite.

LE COMMANDEUR.

Et quand il ne saurait pas mon nom, n'est-il pas plus que suffisant que je sois le commandeur mayeur?

ORDOGNE.

Il aura eu quelques flatteurs qui lui auront conseillé d'être impoli.

LE COMMANDEUR.

Il n'aura pas d'amis. C'est la courtoisie qui gagne les cœurs. Les impolitesses écartent tout le monde.

ORDOGNE.

Si un homme discourtois savait comme il est abhorré de ceux-là même qui volontiers auraient embrassé ses genoux, personne ne voudrait l'être.

FLORES

Il n'y a rien de plus fatigant, de plus âpre, de plus importun. Entre des égaux l'impolitesse est une sottise ; de la part d'un supérieur elle est une espèce de tyrannie. Mais ne vous en mettez pas en peine, le grand-maître est jeune et ne sait pas encore ce que c'est qu'être aimé.

LE COMMANDEUR.

L'épée qu'il ceignit, le jour même où la croix de Calatrava couvrit sa poitrine, aurait dû suffire pour lui apprendre ses devoirs.

FLORES.

Si on vous a mis mal avec lui, vous le verrez bientôt.

ORDOGNE.

Retournons à Fontovéjune, si vous n'êtes pas sûr d'un bon accueil.

LE COMMANDEUR.

Non ; je veux savoir ce qu'il tient.

(Le grand-maître et sa suite entrent.)
LE GRAND-MAITRE.

Pardonnez, je vous supplie, Fernand Gomez. C'est à présent seulement que je viens d'apprendre votre arrivée.

LE COMMANDEUR.

J'avais à me plaindre justement de vous ; j'attendais plus d'empressement de votre attachement pour moi et de votre éducation, étant tous deux ce que nous sommes ; vous grand-maître, et moi le premier commandeur de votre ordre, et votre très-dévoué serviteur.

LE GRAND-MAITRE.

J'étais bien sûr, mon cher Fernand, que vous viendriez me voir. Embrassez-moi encore.

LE COMMANDEUR.

Vous me devez quelque reconnaissance. J'ai exposé, pour vos intérêts, ma vie même, à l'époque où le saint père vous a accordé des dispenses d'âge.

LE GRAND-MAITRE.

Je le sais ; et par le signe sacré qui couvre votre poitrine et la mienne, je sais m'acquitter de ce que je vous dois, en vous estimant et vous honorant comme un père.

LE COMMANDEUR.

Je suis content de vous.

LE GRAND-MAITRE

Que dit-on de la guerre ?

LE COMMANDEUR.

Écoutez-moi avec attention et vous saurez ce que vous avez à faire.

LE GRAND-MAITRE.

Parlez, j'attends avec impatience vos avis.

LE COMMANDEUR.

Don Rodrigue Tellez Giron, vous êtes grand-maître, vous devez cet insigne honneur à votre père qui résigna la maîtrise en votre faveur il y a déjà huit ans. Pour assurer davantage votre dignité, le roi et les commandeurs de l'ordre jurèrent de maintenir cette disposition; Pie II et depuis Paul ont donné des bulles pour autoriser le grand-maître de Saint-Jacques, don Juan Pacheco à être votre coadjuteur. Il est mort, et malgré votre jeunesse, on vous a laissé le gouvernement de l'ordre. Songez bien qu'il y va de votre honneur, dans les circonstances où nous nous trouvons, de suivre le parti de vos parens. Le roi don Henri est mort, et ils veulent faire passer la couronne de Castille à Alfonse roi de Portugal, comme époux de l'Infante Jeanne. D'autres veulent pour roi Ferdinand d'Aragon à cause des droits d'Isabelle qui ne paraissent pas à vos parens aussi clairs que ceux de sa rivale. Ils ne peuvent soupçonner que les titres de celle-ci soient fondés sur l'adultère et l'imposture. Votre cousin a dans ce moment la fille de don Henri en son pouvoir; et, pour agir de votre côté d'une manière utile, je viens vous conseiller de réunir dans Almagro les chevaliers de l'ordre, et de vous emparer de Ciudad-Réal qui, commandant les passages de la Castille à l'Andalousie, est un poste avantageux pour surveiller l'une et l'autre province. Vous aurez besoin de peu de monde. La ville n'a d'autre garnison que les bourgeois et quelques nobles qui défendent Isabelle et donnent le titre de roi à Ferdinand. Il faut, Rodrigue, que, malgré votre jeunesse, vous épouvantiez par un coup d'éclat tous ces hommes qui prétendent que cette croix est trop grande pour que vous puissiez la supporter. Voyez les comtes d'Uregna vos auteurs, vous montrer du haut du Temple de la Gloire, les lauriers qu'ils ont acquis. Voyez le marquis de Villena, et tant d'autres capitaines vos ancêtres, qui ont fatigué les ailes de la Renommée, s'indigner de votre oisiveté. Tirez du fourreau cette épée brillante, et que dans les combats la lame en soit teinte de pourpre comme la croix de votre manteau. Comment pourra-t-on vous nommer le grand-maître de l'ordre de la croix rouge [5], tant que celle de votre épée sera blanche. Elles doivent être de la même couleur; et vous, illustre Giron [6], vous devez être digne de ceux dont vous tirez le jour.

LE GRAND-MAITRE.

Soyez certain, Fernand Gomez, que, dans ces troubles civils, je me concerterai avec mes parens. Et puisque vous jugez convenable que je passe à Ciudad-Réal, vous verrez que je renverserai ses murs comme la foudre. Parce que j'ai perdu mon oncle, qu'on ne pense pas que la valeur du grand-maître soit morte avec lui. Je tirerai ma brillante épée, et je ternirai son éclat en la baignant dans le sang ennemi. Où résidez-vous, commandeur? Avez-vous quelques soldats?

LE COMMANDEUR.

Peu, mais ce sont tous gens à moi. Ils combattront

comme des lions si vous agréez leurs services. Vous savez qu'à Fontovéjune, il n'y a que des hommes de basse condition, et moins faits au métier de la guerre qu'aux soins de leurs champs et à leurs travaux rustiques.

LE GRAND-MAITRE.

C'est là que vous faites votre résidence ordinaire ?

LE COMMANDEUR.

Entre les terres de ma commanderie, j'ai choisi celle-là pour y demeurer pendant ces troubles. Faites rassembler vos soldats. Je suis sûr que pas un de vos vassaux ne refusera de vous suivre.

LE GRAND-MAITRE.

Dès ce soir vous me verrez à cheval et la lance en arrêt.

(Ils sortent.)

SCÈNE II.

Fontovéjune ; près de la maison du commandeur.

LAURENCE, PASCALE.

LAURENCE.

Puisse-t-il ne revenir jamais en ces lieux !

PASCALE.

Vraiment ? Eh bien, je t'avoue que quand je t'ai donné cette nouvelle, je croyais qu'elle te ferait plus de peine.

LAURENCE.

Fasse le ciel que de ma vie je ne le revoie à Fontovéjune !

JOURNÉE I, SCÈNE II.

PASCALE.

J'ai connu telle fille aussi fière que toi et peut-être davantage, qui a fini par devenir maniable comme de la cire.

LAURENCE.

Soit, mais il n'existe pas de vieux chêne plus dur et plus rêche que moi.

PASCALE.

Va, va, personne ne doit dire : Fontaine, je ne boirai pas de ton eau.

LAURENCE.

Vivé.... le soleil! je le dirai, dût le monde entier me dédire. Pourquoi aimerais-je Fernand Gomez? Il ne m'épousera pas.

PASCALE.

Non, certainement.

LAURENCE.

Et que me faut-il de plus que la crainte de la honte ? Toutes celles de nos jeunes filles qui se sont fiées à lui, tu vois comme il les a laissées.

PASCALE.

Si tu peux lui échapper, je le regarderai comme un miracle.

LAURENCE.

Miracle soit; tu peux le tenir pour sûr. Il y a plus d'un mois qu'il me poursuit en vain. Flores, son digne agent, et ce drôle d'Ordogne me montrèrent des robes, un collier, un ornement de tête ; sur mes refus, ils me dirent tant de choses du commandeur, qui est bien leur digne maître, qu'ils me donnèrent des craintes; mais ils n'ont pas ébranlé ma fermeté.

PASCALE.

Où t'ont-ils parlé ?

LAURENCE.

Là-bas, au bord du ruisseau; il n'y a pas encore huit jours.

PASCALE.

Prends garde, Laurence; je crains qu'ils ne te trompent.

LAURENCE.

Me tromper, moi !

PASCALE.

Non, ce sera le curé [7].

LAURENCE.

Je suis une jeune poulette, disent-ils; mais par dix [8], je ne suis pas assez tendre pour sa révérence. J'aime mieux le matin mettre au feu un morceau de lard aux œufs pour mon déjeuner, et le manger avec du pain que j'ai pétri moi-même, voler à ma mère un verre de vin de la jarre cachetée; j'aime mieux à midi voir mon bouilli s'agiter au milieu des choux, et, si je suis fatiguée de mon travail, unir quelques aubergines à un morceau de lard; j'aime mieux après un léger goûter, pendant que je travaille au souper, décrocher quelques raisins de ma vigne (que Dieu garde de grêle!); j'aime mieux manger le soir une salade avec de l'huile et du piment, et ensuite aller, contente, au lit, après avoir fait mes prières et répété du fond du cœur, mon *ne nous induisez point en tentation*, que toutes

JOURNÉE I, SCÈNE II.

les sottises d'amour et de tendresse que me content ces mauvais sujets. Avec tous leurs soins ils ne tâchent à autre chose qu'à nous donner des chagrins éternels, et cela, pour voir eux-mêmes arriver la nuit avec plaisir, et le matin avec dégoût.

PASCALE.

Tu as bien raison, Laurence; lorsqu'ils cessent de nous aimer, les hommes sont ingrats comme les moineaux de nos champs. Tu les as vus dans l'hiver, lorsque le froid a gelé la terre, descendre de leurs toits, en disant au laboureur : *tu es biau, biau, biau!* et venir manger les miettes sous sa table. Mais lorsque le printemps reparaît, et qu'ils voient les champs reverdir, oubliant les bienfaits qu'ils ont reçus, ils revolent sur les toits et chantent à leurs hôtes : *tu es un viau, viau, viau* [9]; tels sont les hommes. Tant qu'ils nous désirent, nous sommes leur vie, leur existence, leur âme, leur cœur; mais une fois que le fossé est franchi, leurs astres sont pour eux des désastres, et celles qui leur étaient chères pour la vie, sont de la chair à jeter à la voirie.

LAURENCE.

Ne nous fions à pas un.

PASCALE.

C'est ce que je dis, Laurence.

(Mengo, Barrildo, et Frondose entrent.)

FRONDOSE.

Tu y mets cependant trop d'obstination, Barrildo.

BARRILDO.

Au moins nous avons ici qui pourra nous dire la vérité.

MENGO.

Soit. Mais, avant de leur expliquer de quoi il s'agit, faisons un arrangement. Si elles prononcent en ma faveur, vous me donnerez l'un et l'autre ce que vous avez parié.

BARRILDO.

J'y consens ; et toi si tu perds.... ?

MENDO.

Je vous donnerai mon violon, qui vaut un cent de gerbes, ou que du moins j'estime autant.

BARRILDO.

C'est bien comme cela.

FRONDOSE.

Approchons. Dieu vous gard', belles dames.

LAURENCE.

Tu nous appelles dames, Frondose ?

FRONDOSE.

Je veux me mettre à la mode. Ne vois-tu pas qu'on appelle licencié, le bachelier ; qu'on dit d'un négligent, qu'il est bon homme ; d'un ignorant, qu'il a du sens ; d'un polisson, qu'il a l'air militaire ; d'un chicaneur, qu'il est diligent ; d'un bouffon, qu'il est amusant ; d'un hâbleur, qu'il a de l'esprit ; d'un tapageur, qu'il est brave : on donne le nom de timide au poltron ; de vaillant, au coupe-jarret ; de bon enfant, à l'imbécile ; de garçon de bonne humeur, à l'extravagant : on trouve qu'une bouche grande est fraîche; que des yeux petits sont perçans; qu'une tête chauve a de l'autorité; que les niaiseries sont des gentillesses; qu'un grand pied est un bon fondement? Je ne finirais pas de citer les nombreux exemples qui m'autorisent à vous nommer des dames.

LAURENCE.

On s'explique souvent ainsi par courtoisie; mais, sur ma foi, j'en connais d'autres qui ont bien un pire vocabulaire. Ils disent de l'homme grave, qu'il est ennuyeux; du réservé, qu'il est triste; du sévère, qu'il est cruel; du sensible, qu'il est imbécile : ils donnent le nom de grossier à celui qui a de la fermeté; de flatteur, au courtois; d'hypocrite, au charitable; d'ambitieux, au chrétien : ils trouvent que le mérite est du bonheur; la véracité, de l'impudence; la patience, de la lâcheté. Pour nous, ils nous traitent de sottes, si nous sommes honnêtes; d'évaporées si nous sommes gaies, et de.... Mais je t'en ai dit assez pour te répondre.

MENGO.

J'ai toujours pensé que tu étais un diable.

BARRILDO.

Par ma foi, elle parle bien.

MENGO.

A son baptême, le curé dut lui jeter le sel à poignées [10].

LAURENCE.

Quelle discussion avez-vous? si toutefois je n'ai pas mal entendu.

FRONDOSE.

Écoute-moi, je t'en prie.

LAURENCE.

Parle.

MENGO.

Nous nous en remettons à ta décision.

LAURENCE.

Quels sont les parieurs ?

FRONDOSE.

Barrildo et moi, nous sommes contre Mengo.

LAURENCE.

Et que prétend-il ?

BARRILDO.

Il nie une chose qui est de toute évidence.

MENGO.

Oui, je la nie, et je sais que j'ai raison.

LAURENCE.

Mais enfin que dit-il ?

BARRILDO.

Qu'il n'existe point d'amour.

LAURENCE.

S'il parle absolument, c'est exagéré.

BARRILDO.

C'est une exagération et une sottise : sans l'amour, le monde ne pourrait pas même se conserver.

MENGO.

Je n'entends rien à la philosophie, et plût au ciel

que je susse lire, je vous en dirais bien d'autres. Toujours est-il vrai que les élémens sont en perpétuelle discorde, que nos différentes humeurs se combattent en nous; qu'il y a la bile, la mélancolie, le sang et le flegme,... c'est clair.

BARRILDO.

Dans ce monde et dans l'autre, partout règne l'harmonie la plus admirable, et l'harmonie c'est l'amour.

MENGO.

Ah! je vous avertis que je ne nie point la puissance de l'amour naturel, de celui qui soutient toutes choses par la correspondance nécessaire de ce que nous voyons ici-bas. Je n'ai jamais nié que chacun n'ait un amour, qui tend à conserver sa propre existence. Ma main défendra ma figure du coup qu'on lui portera; mes pieds enlèveront, en fuyant, mon corps au danger qui le menace; mes paupières se fermeront pour protéger mes yeux. Voilà l'amour naturel.

PASCALE.

Eh bien ! en quoi prétends-tu qu'ils se trompent ?

MENGO.

En ce que, suivant moi, nul n'aime que sa propre personne.

PASCALE.

Cela est faux, Mengo, pardon. C'est un fait que l'homme aime la femme, et chaque animal son semblable.

MENGO.

Cela, c'est de l'amour-propre et non pas de l'amour. Qu'appelles-tu amour, Laurence?

LAURENCE.

C'est, je crois, le désir de la beauté.

MENGO.

Et pourquoi la désire-t-on ?

LAURENCE.

C'est... c'est...

MENGO.

Pour la posséder, n'est-ce pas ?

LAURENCE.

Sans doute.

MENGO.

Mais le plaisir de cette possession n'est-il pas pour celui qui la désire ?

LAURENCE.

Je le crois.

MENGO.

Ce n'est donc que parce qu'il s'aime lui-même, qu'il recherche le bien qui doit le satisfaire.

LAURENCE.

Il est vrai.

MENGO.

Il n'y a donc point d'autre amour que celui que je dis ; c'est celui qui fait toute ma passion, et auquel je veux me livrer.

BARRILDO.

Notre curé nous dit un jour dans le sermon qu'il y avait un certain Platon qui nous enseignait à aimer, que celui-là n'aimait que l'âme et la vertu de l'objet chéri.

PASCALE.

Je crois que vous vous êtes occupés là d'une question qui peut-être tourmente le cerveau de nos savans dans leurs académies et leurs universités.

LAURENCE.

Pascale a raison. Ne te fatigue pas, Mengo, à vouloir persuader tes amis, et rends grâces au ciel qui t'a créé sans amour.

MENGO.

Et toi, aimes-tu?

LAURENCE.

Mon propre honneur.

FRONDOSE.

Que Dieu punisse un jour ton indifférence par la jalousie!

BARRILDO.

Qui a gagné le pari?

PASCALE.

Vous pouvez aller le demander au sacristain. Le curé ou lui résoudront votre question. Laurence n'aime pas; j'ai peu d'expérience; comment pourrions-nous prononcer un jugement?

FRONDOSE.

En est-il de plus cruel que cette insensibilité?

(Flores entre.)

FLORES.

Dieu garde les gens de bien!

PASCALE.

Voilà un des valets du commandeur.

LAURENCE.

Un de ses limiers. D'où vient-il donc, ce brave homme?

FLORES.

Ne voyez-vous pas mon habit militaire?

LAURENCE.

Le commandeur revient!

FLORES.

Notre guerre est finie; il est vrai qu'elle nous a coûté un peu de sang et quelques amis.

FRONDOSE.

Conte-nous ce qui s'est passé.

FLORES.

Personne ne le peut mieux que moi qui ai tout vu de mes yeux.

Pour faire cette expédition sur Ciudad-Réal, le brave grand-maître réunit deux mille hommes d'infanterie de ses vassaux et trois cents hommes d'armes, tant séculiers que chevaliers de l'ordre. Il y avait même des prêtres, parce que la croix rouge oblige tous ceux qui la portent à se battre.... Il est vrai que ce ne devrait être que contre les Mores. Quoi qu'il en soit, le jeune grand-maître parut vêtu d'une casaque verte brodée d'or, dont les manches étaient relevées par des tresses; il montait un fort cheval de bataille, gris-pommelé, qui a bu l'eau du Guadalquivir, et a pâturé sur ses fertiles rivages. La croupière était garnie en lanières de peau, et la crinière, tressée avec des rubans blancs, était assortie aux taches blanches qui ornaient la peau du coursier. A son côté était Fernand Gomez, votre seigneur, montant un destrier isabelle à crins noirs. Il portait une cotte de mailles turque, et sur son armure brillante

JOURNÉE I, SCÈNE II.

un riche manteau était relevé avec des rubans orangés ; de la même couleur étaient ceux qui, avec l'or et les perles, ornaient son casque. Il maniait un frêne entier qui lui servait de lance et qui est redouté jusques à Grenade. La ville se mit en défense ; les citoyens ne voulaient point avoir d'autre seigneur que le roi, et défendaient son patrimoine. Mais enfin, malgré leur résistance, le grand-maître pénétra dans la place. Il fit trancher la tête aux plus rebelles et à ceux qui avaient osé attaquer son honneur. Pour les coupables de la populace, ils furent fouettés, leurs lèvres étant serrées dans des tenailles. Le vainqueur est maintenant si redouté, si estimé dans la ville, qu'on pense que celui qui dans un âge aussi tendre a su combattre, vaincre et punir, sera dans un autre temps la terreur de la fertile Afrique, et assujettira les croissans d'azur à sa croix écarlate. Il a donné de telles récompenses au commandeur et à tous ceux qui l'ont suivi, qu'on aurait cru que le sac de la ville était celui de ses biens. J'entends la musique ; recevez votre maître avec joie, car la bonne volonté des vassaux est la plus belle couronne qui puisse embellir les triomphes du seigneur.

(Le commandeur entre avec Ordogne ; Estévan, Jean le Roux, Alouze, peuple, musiciens.)

(On chante.)

Chantons à la ronde
Notre commandeur ;
Il occit son monde
En homme de cœur.

En paix, plein de grâce,
D'amour, de douceur,

De sa noble race
Il garde l'honneur.

Mais pendant la guerre,
Au loin sa valeur
Fait trembler la terre
Muette de peur.

Heureuse fortune!
Notre bon seigneur
Dans Fontovéjune
Est rentré vainqueur.

LE COMMANDEUR.

Ville de Fontovéjune, je vous remercie de l'attachement que vous venez de me montrer.

ALONZE.

Ce n'est qu'une partie de ce que nous éprouvons; mais si vous méritez d'être aimé, vous étonnez-vous de notre affection ?

ESTÉVAN.

Seigneur, Fontovéjune [11] et son corps municipal, que vous daignez honorer de votre protection, vous supplient de vouloir bien accepter un petit présent que portent ces chars, plus brillans par les fleurs dont ils sont couverts, plus intéressans par notre bonne volonté, qu'ils ne sont précieux par les dons qu'ils renferment. Vous y trouverez deux corbeilles de poterie fine, un troupeau tout entier d'oies qui passent la tête par les barreaux de leurs cages, pour chanter à l'envi votre valeur et votre gloire. Dix cochons salés et d'autres pièces de charcuterie dont l'odeur est dans quelques occasions plus agréable que celle des gants parfumés d'ambre; cent paires de chapons; des poules qui ont laissé dans le veuvage les coqs de tous les hameaux voisins. Nous n'avons ici ni armes, ni chevaux, ni riches harnachemens brodés d'or pur. Nous ne vous offrons d'autre or que l'amour de vos vassaux et rien de plus pur que dix outres de vin vieux, qui même au milieu de l'hiver, si vous en doublez vos guerriers⁽¹²⁾, leur donneront la force de résister au temps et à l'ennemi. Je ne vous rends point compte des fromages et des autres bagatelles, juste tribut des cœurs que vous avez gagnés, et bon prou vous fasse, à vous et à votre maison.

LE COMMANDEUR.

Je vous remercie. Vous pouvez vous retirer.

ESTEVAN.

Reposez-vous maintenant, seigneur, et soyez le très-bienvenu. Les arcs de joncs et de feuillage que vous voyez à votre porte auraient été formés de perles et de pierres précieuses s'il eût été possible à la ville de faire pour vous tout ce que vous méritez.

LE COMMANDEUR.

Je le crois, je le crois. Adieu, messieurs.

ESTÉVAN.

Allons, chanteurs. Encore une fois la reprise.

(On chante.)

Chantons à la ronde
Notre commandeur;
Il occit son monde
En homme de cœur.

(Ils sortent, sauf Laurence et Pascale.)

LE COMMANDEUR.

Attendez un moment, vous deux.

LAURENCE.

Qu'ordonne votre seigneurie ?

LE COMMANDEUR.

Encore les dédains de l'autre jour ! Et avec moi ? parbleu ce n'est pas mauvais.

LAURENCE.

Est-ce à toi que monseigneur parle, Pascale ?

PASCALE.

A moi ! Non. Dieu m'en préserve !

LE COMMANDEUR.

C'est à vous, belle sauvage, à vous et aussi à cette autre jeune fille. Ne m'appartenez-vous pas ?

PASCALE.

Nous sommes à vous, sans doute ; mais non comme vous l'entendez.

LE COMMANDEUR.

Allons, allons, entrez chez moi, belles personnes; il y a des hommes, vous ne risquez rien.

LAURENCE.

Si vous aviez reçu chez vous les alcades, moi qui suis la fille de l'un d'eux, j'aurais pu décemment entrer, mais sans cela....

LE COMMANDEUR.

Flores.

FLORES.

Monseigneur.

LE COMMANDEUR.

Qu'attendent ces petites filles pour faire ce que je leur ai dit ?

FLORES.

Allons, entrez.

LAURENCE.

Ne vous avisez pas de nous toucher.

FLORES.

Entrez, ne soyez pas là comme des sottes.

PASCALE.

Oui, et quand nous serions dedans, la porte se fermerait sur nous.

FLORES.

Entrez donc, le commandeur veut vous montrer les belles choses qu'il a rapportées de la guerre.

LE COMMANDEUR, bas à Ordogne.

Dès qu'elles seront dans la maison, Ordogne, tu la fermeras.

(Il sort.)

LAURENCE.

Flores, laissez-nous passer.

ORDOGNE.

Vous êtes comprises dans les présens qu'on a faits au commandeur.

PASCALE.

Ce serait assez bon, sur ma foi. Éloignez-vous, ou sans cela.....

FLORES.

Venez, vraiment vous êtes charmantes.

LAURENCE.

Votre maître n'a-t-il pas assez de tous les cadeaux que lui a faits la ville?

ORDOGNE.

Mais c'est vous surtout qu'il désire.

LAURENCE.

Qu'il s'en passe, dût-il crever [13].

(Elles sortent.)

FLORES.

Nous voilà chargés d'une belle ambassade. Je ne sais comment nous pourrons supporter ce qu'il va nous dire en nous voyant arriver sans elles.

ORDOGNE

Quand on veut s'avancer dans son service, il faut faire ces choses-là. On doit souffrir avec patience ou bien prendre son congé tout de suite.

(Ils sortent.)

SCÈNE III.

Palais de Ferdinand et Isabelle.

LE ROI, LA REINE, MANRIQUE, suite.

LA REINE.

Je crois, seigneur, que nous devons y porter la plus grande attention. Alfonse est dans une position avantageuse. Il lève des troupes, et si nous ne prenons les devans, si nous ne remédions au mal avant qu'il soit plus grand, je ne sais comment nous pourrons en éviter les suites.

LE ROI.

Nous sommes sûrs des secours de la Navarre et de l'Aragon. Nous nous occupons de mettre de l'ordre dans la Castille, et je crois que nous sommes en mesure d'attendre des succès.

LA REINE.

Croyez que tout consiste dans l'activité.

MANRIQUE.

Deux régidors de Ciudad-Réal attendent votre permission pour se présenter à vous. Peuvent-ils entrer?

LE ROI.

Je suis toujours prêt à les recevoir.

(Les deux régidors entrent.)

LE PREMIER RÉGIDOR.

Ferdinand, roi catholique, que le ciel a envoyé de l'Aragon à la Castille pour notre protection et notre bonheur, nous venons humblement de la part de Ciudad-Réal, vous présenter nos hommages et réclamer votre puissant secours. Nous regardions comme un bonheur insigne l'honneur de vous appartenir, mais le sort contraire vient de nous l'arracher. Le fameux Rodrigue Tellez Giron, dont, dans un âge aussi tendre, la valeur est consommée, le grand-maître de Calatrava, voulant augmenter l'honneur et la richesse de son ordre, est venu nous assiéger. Nous nous sommes mis vaillamment en défence, nous avons résisté à ses attaques, le sang de nos citoyens blessés ou morts a coulé à torrens dans nos rues. Enfin il a pris possession de la ville; il n'y serait cependant jamais parvenu si Fernand Gomez ne l'avait assisté de ses conseils et de son bras. Giron est resté le maître, et nous serons malgré nous ses vassaux, si vous ne daignez porter un prompt remède aux maux que nous éprouvons.

LE ROI.

Où est maintenant Fernand Gomez ?

LE PREMIER RÉGIDOR.

A Fontovéjune, sans doute. Cette ville lui appartient ; c'est là qu'il est établi, et c'est là qu'avec plus de licence que nous ne pouvons l'exprimer, il met au désespoir ses nombreux vassaux.

LE ROI.

Avez-vous des chefs ?

LE SECOND RÉGIDOR.

Sire, il ne nous en reste aucun : tous ont été blessés ou tués.

LA REINE.

Un tel événement exige de promptes mesures. Rester dans l'inaction serait donner nous-mêmes du courage à nos ennemis. Avec un point d'appui pareil, le roi de Portugal pourrait entrer par l'Estrémadoure et nous faire le plus grand mal.

LE ROI.

Manrique, partez sur-le-champ avec deux compagnies, et ne laissez aucun repos aux rebelles que vous n'ayez puni leurs excès. Le comte de Cabra pourra aller avec vous : c'est un Cordova, et le monde entier le reconnaît pour un bon soldat. Allez, c'est en ce moment ce que nous pouvons faire de mieux.

MANRIQUE.

La sagesse de ces dispositions est digne de vous. Je réprimerai leurs fureurs si la mort ne me prévient.

LA REINE.

Puisque c'est vous qui vous en chargez, le succès en est certain.

(Ils sortent.)

SCÈNE IV.

Un bois près de Fontovéjune.

LAURENCE, FRONDOSE.

LAURENCE

J'ai laissé mon étendage à moitié pour ne pas donner lieu, audacieux jeune homme, à de nouveaux caquets. Je veux te gronder de tes étourderies. Tout le monde jase : on sait que tu me parles, que je te parle ; chacun s'occupe de nous, et comme tu es un garçon bien fait, que tu te mets mieux que les autres, il n'y a pas une fille dans le village, pas un garçon dans les champs, qui ne soit prêt à jurer que nous sommes d'accord, et qui ne croie chaque dimanche nous entendre jeter de la chaire en bas [14]. Et puissent tes greniers être pleins de grains au mois d'août ! puissent tes jarres être combles de vendange ! comme il est vrai que jamais l'idée d'être à toi ne m'a occupée, comme elle ne m'a jamais donné ni souci, ni peine, ni désir, ni chagrin.

FRONDOSE.

Belle Laurence, tes dédains me mettent dans un tel état, que lorsque je t'entends il me semble que tu m'ôtes la vie que tes regards me donnent. Tu sais que mon intention est de devenir ton époux. Est-ce donc là le prix que tu dois à une foi aussi constante, à une ardeur aussi pure ?

LAURENCE.

Je ne puis t'en donner d'autre.

FRONDOSE.

Est-il possible que tu n'aies point de pitié de me voir ainsi accablé de soucis, de savoir que, sans cesse occupé de toi, je ne puis boire, manger ni dormir ? Tant de rigueur peut-elle se trouver avec une figure aussi angélique ? Vive Dieu ! j'en mourrai [15]

LAURENCE.

Fais-toi guérir de cette maladie.

FRONDOSE.

C'est à toi que j'en demande la guérison. Nous pourrons être unis comme deux tendres colombes, après que l'église aura sanctifié nos liens.

LAURENCE.

Parles-en à ton père. Quoique je ne t'aime pas encore, je sens que l'envie pourrait m'en venir.

FRONDOSE.

Que vois-je ? c'est le commandeur !

LAURENCE.

Il vient sans doute chasser au daim. Cache-toi dans ces broussailles.

FRONDOSE.

Et Dieu sait avec quelle jalousie !

(Il se cache.)

Le Commandeur entre.)

LE COMMANDEUR.

En suivant un daim, ce n'est pas jouer de malheur que de rencontrer une aussi jolie biche.

LAURENCE.

Fatiguée de laver, je me reposais un moment sous l'ombrage. Je vais retourner au ruisseau, si votre seigneurie me le permet.

LE COMMANDEUR.

La rudesse de tes dédains, belle Laurence, fait un disparate avec les grâces que le ciel t'a départies. Tu es un assemblage de contrastes. Mais si tu as pu d'autres fois fuir mes demandes passionnées, aujourd'hui il n'en sera pas de même. Ce bois, ami sûr et discret, ne le permet point. Tu ne dois pas seule dans la contrée avoir tant de hauteur, et éviter ton seigneur avec un tel soin, qu'on pourrait voir quelque dédain dans ta conduite. Dis-moi, Sébastienne, la femme de Pierre le Rond, ne s'est-elle pas rendue à ma poursuite? celle de Martin du Puits m'a-t-elle resisté? et l'une et l'autre n'étaient mariées que depuis quelques jours.

LAURENCE.

Elles avaient acquis dans leurs liaisons avec d'autres l'art de vous être agréables, et vous n'êtes pas le seul qui ait eu le talent de les séduire. Je vous quitte, seigneur; que Dieu vous conduise dans la poursuite de votre daim! Laissez-moi; si je ne vous voyais avec la croix, je vous prendrais pour un démon, tant vous êtes obstiné à me poursuivre.

LE COMMANDEUR.

Après tout, je perds patience : je pose là mon arbalète, et ce sera la force de mes bras qui me fera raison de tes minauderies.

LAURENCE.

Comment! que faites-vous? y pensez-vous, seigneur?

LE COMMANDEUR.

Ne te défends pas.

(Frondose reparaît.)

FRONDOSE, à part.

Vive Dieu! si je prends l'arbalète, je ne viserai pas par terre.

(Il la prend.)

LE COMMANDEUR.

Finis-en donc; rends-toi.

LAURENCE.

Cieux tout-puissans, secourez-moi!

LE COMMANDEUR.

Ne crains rien, nous sommes seuls.

FRONDOSE.

Généreux commandeur, laissez cette fille; ou croyez que malgré mon respect pour votre croix, elle sera le but de ce trait chargé de venger mon affront et mes soucis.

LE COMMANDEUR.

Vilain! chien!

FRONDOSE.

Il n'y a ici ni chien, ni vilain. Fuis, Laurence.

JOURNÉE I, SCÈNE IV.

LAURENCE.

Frondose, prends garde à ce que tu fais.

FRONDOSE.

Sois tranquille sur moi. Va-t'en.

(Laurence sort.)

LE COMMANDEUR.

Oh! mal advienne à l'étourdi qui peut poser son épée! Je l'ai laissée pour ne pas être gêné dans mes courses.

FRONDOSE.

Ne bougez pas, monseigneur; si je touche la paillette, vous êtes mort.

LE COMMANDEUR.

Elle est partie à présent! infâme, traître. Rends-moi sur-le-champ l'arbalète. Rends-la, vilain.

FRONDOSE.

Vraiment! pour que vous tiriez sur moi aussitôt. Songez, seigneur, que l'amour est sourd, et qu'il n'écoute rien quand il sent sa force.

LE COMMANDEUR.

Comment! un homme comme moi sera-t-il obligé de fuir devant un pareil drôle? Tire, et si tu me manques, défends-toi; j'oublierai que je suis chevalier.

FRONDOSE.

Pour moi, je n'oublie pas qui je suis; mais, forcé de conserver ma vie, je m'en vais avec cette arme.

(Il sort à reculons.)

LE COMMANDEUR.

Étrange péril ! Mais je me vengerai et de l'insulte et de l'occasion qu'il m'a fait perdre. Comment ne me suis-je pas lancé sur lui ? Vive Dieu ! je rougis de honte.

(Il sort.)

FIN DE LA PREMIÈRE JOURNÉE.

JOURNÉE DEUXIÈME.

SCÈNE PREMIÈRE.

La place de Fontovéjune.

ESTÉVAN, ALONSE.

ESTÉVAN.

Ainsi puissiez-vous vous bien porter, mon ami, comme mon avis est qu'on ne tire plus de grain du dépôt. L'année s'annonce mal. Le temps est encore long jusques à la récolte, et il vaut mieux que notre subsistance soit en sûreté, quoique plus de quatre soient d'un avis contraire.

ALONZE.

Il m'a semblé que nous devions agir ainsi pour gouverner en paix cette ville [16].

ESTEVAN.

Il faudra que nous fassions une demande là-dessus à Fernand Gomez. Je sais bien que les astrologues nous annoncent des grains à foison; mais je ne puis souffrir que ces charlatans veuillent nous persuader, avec leurs longs préambules, qu'ils sont initiés dans les secrets de la providence, qu'ils prétendent savoir le passé et l'avenir, tandis qu'ils connaissent le présent moins bien même que les autres. Ont-ils les nuages enfermés dans leurs maisons pour en disposer? connaissent-ils quelle est l'influence des astres, pour venir nous affliger de leurs sornettes? Ils nous disent quand et comment il faut semer; tantôt le blé, tantôt l'orge ou les légumes; tantôt les melons, la moutarde ou les citrouilles. Les véritables citrouilles, ce seraient eux, si nous n'étions plus stupides encore, nous qui les écoutons. Puis ils vous racontent qu'il mourra un personnage d'une haute importance, et il se trouvera que c'est un prince de Transylvanie. Ils vous annoncent qu'il y aura beaucoup de bière en Allemagne, que les cerises gèleront dans un canton de la Gascogne, et que les forêts de l'Hyrcanie nourriront des tigres. Et après tout, qu'on les écoute ou non, l'année n'en finit pas moins le dernier jour de décembre.

(Léonel et Barrildo entrent.)

LÉONEL.

Sur ma foi, vous n'aurez pas le premier prix; la *mensongerie* [17] est occupée avant vous.

BARRILDO.

Comment vous êtes-vous trouvé à Salamanque?

LÉONEL.

J'en aurais beaucoup à vous conter.

BARRILDO

Vous serez un Bartole.

LÉONEL.

Pas même un barbier. On sait assez comment vont les études dans ce pays.

BARRILDO.

Vous n'en aurez pas moins travaillé.

LÉONEL.

J'ai tâché d'acquérir les connaissances les plus im--portantes.

BARRILDO.

Depuis que nous voyons imprimer tant de livres, sans doute il n'est plus personne qui ne veuille devenir savant.

LÉONEL.

Je pense, au contraire, qu'on n'en est que plus ignorant, parce que la quantité d'objets étant trop considérable, l'esprit ne peut se concentrer, et ses efforts, par la confusion des idées, n'aboutissent qu'à un vain étalage : celui qui est le plus accoutumé à lire est épouvanté, rien qu'en parcourant les titres des ouvrages. Ce n'est pas que l'art de l'imprimerie n'ait tiré une foule de génies d'une enfance où ils auraient éternellement langui ; ce n'est pas que je veuille lui ôter la gloire de conserver les œuvres de l'esprit contre les outrages du temps qui fixe ensuite leur mérite, et Guttemberg de Mayence, inventeur de cet art, a acquis des droits immortels à la gloire et à la reconnaissance des hommes. Mais beaucoup d'écrivains qui avaient une réputation acquise, l'ont perdue par la publication de leurs ouvrages ; mais beaucoup d'ignorans usurpent des noms illustres pour faire acheter leurs impertinences ; mais des méchans prennent par envie le nom de l'homme qu'ils abhorent pour le décréditer par les sottises qu'ils lui prêtent.

BARRILDO.

Je ne crois pas que l'envie aille jusque-là.

LÉONEL.

C'est ainsi que le sot se venge de l'homme instruit.

BARRILDO.

Léonel, l'imprimerie est une découverte inappréciable.

LÉONEL.

Beaucoup de générations s'en sont passées, et nous ne voyons pas que la nôtre fournisse des Jérôme ni des Augustin.

BARRILDO.

Laissons cela, et asseyons-nous ; vous êtes de mauvaise humeur.

(Jean le Roux entre avec un laboureur.)

JEAN LE ROUX.

Il faut quatre domaines pour payer les frais d'un mariage, si on veut faire les cadeaux, les visites, les noces à la mode. Et l'on doit faire attention que le paysan et l'honnête cultivateur font les mêmes folies.

LE LABOUREUR.

Y a-t-il quelque nouvelle du commandeur ? Ne vous troublez pas.

JEAN LE ROUX.

Comme il a failli traiter cette pauvre Laurence !

LE LABOUREUR.

Il n'existe pas un homme plus brutal et plus débauché que lui. Que ne puis-je le voir un de ces jours pendu à cet olivier !

(Le Commandeur entre avec Flores et Ordogne.)

LE COMMANDEUR.

Dieu garde les gens de bien !

(Tous les paysans se lèvent.)

ALONZE.

Monseigneur....

LE COMMANDEUR.

Je vous en prie, ne vous dérangez pas.

ESTÉVAN.

Que votre seigneurie prenne son siége ordinaire, nous resterons fort bien debout.

LE COMMANDEUR.

Je vous répète de vous asseoir.

ESTÉVAN.

C'est aux gens de bien qu'il appartient d'honorer les autres ; car on ne peut donner de l'honneur si l'on en manque soi-même.

LE COMMANDEUR.

Asseyez-vous, Estévan ; nous causerons.

ESTÉVAN.

Comment avez-vous trouvé mon lévrier ?

LE COMMANDEUR.

Ma foi, alcade, mes gens sont revenus de la chasse, émerveillés de sa légèreté.

ESTÉVAN.

C'est une excellente bête. Il pourrait bien disputer le prix de la course à un malfaiteur poursuivi, ou à un poltron un jour de bataille.

LE COMMANDEUR.

A propos de cela, mon ancien, vous devriez bien le lâcher après une proie qui m'a déjà plus d'une fois échappé à la course.

ESTÉVAN.

Volontiers ; où est-elle ?

LE COMMANDEUR.

Elle n'est pas loin : c'est votre fille.

ESTÉVAN.

Ma fille ?

LE COMMANDEUR.

Oui, Laurence.

ESTÉVAN.

Et vous croyez que ce gibier est fait pour que vous l'atteigniez ?

LE COMMANDEUR.

Au nom de Dieu, alcade, faites-moi le plaisir de la gronder.

ESTÉVAN.

Pourquoi donc ?

LE COMMANDEUR.

Elle s'entête à me donner du chagrin. Vous savez qu'il se trouve ici des femmes très-respectables, des femmes dont les maris sont au milieu de vous, et qui n'ont pas fait difficulté de chercher à me voir dès que j'en ai eu le désir ?

ESTÉVAN.

Elles ont mal fait ; et vous, monseigneur, vous

ne faites pas bien de nous parler d'une manière aussi libre.

LE COMMANDEUR.

Voilà des sermons du vilain. Flores, fais donner à l'alcade les œuvres d'Aristote ; il nous expliquera sa politique.

ESTÉVAN.

Seigneur, ce peuple veut vivre avec honneur sous la protection de votre autorité. Songez qu'à Fontovéjune il y a des gens très comme il faut.

LÉONEL, à part.

Avec quelle insolence il l'écoute !

LE COMMANDEUR.

Est-ce que j'aurais dit, messieurs, quelque chose qui pût vous fâcher ? répondez-donc, alcade.

ALONZE.

Ce que vous avez dit est une calomnie ; ne la répétez pas, vous nous ôtez l'honneur.

LE COMMANDEUR.

Et vous aussi, vous voulez avoir de l'honneur ! Les plaisans chevaliers de Calatrava que nous aurions là !

ALONZE.

Tel qui a reçu la croix de vous et qui s'en vante, n'est pas d'un sang plus pur que le nôtre.

LE COMMANDEUR.

Et souillerai-je donc ce sang précieux en y mêlant le mien ?

ALONZE.

Le vice souille tout.

LE COMMANDEUR.

Quoi qu'il en soit, nos bontés honorent vos femmes.

ESTÉVAN.

Vos paroles les déshonoreraient; car pour les faits, personne ne les croit.

LE COMMANDEUR.

Ennuyeux paysans! Qu'on est plus heureux dans les villes; là, rien ne contrarie les goûts et les fantaisies d'un homme de qualité; là, les maris mieux éduqués s'enorgueillissent des visites qu'on adresse à leurs épouses.

ESTÉVAN.

Cela vous plaît à dire : dans les villes comme ici, le vice mérite la haine de Dieu; et plus près de l'autorité, il y rencontre plutôt le châtiment qui vient des hommes.

LE COMMANDEUR.

Otez-vous de là.

ESTÉVAN, à Alonze.

Je parie que c'est à nous deux qu'il parle.

LE COMMANDEUR.

Sortez de la place. Que personne ne reste ici.

ESTÉVAN.

Nous partons.

LE COMMANDEUR.

Ensemble! Ce n'est pas cela.

FLORES.

Modérez-vous, monseigneur, je vous en supplie.

LE COMMANDEUR.

Ces coquins voudraient aller former des groupes séditieux hors de ma présence !

ORDOGNE.

Ayez un peu de modération.

LE COMMANDEUR.

Je suis émerveillé de m'en trouver autant. Séparez-vous, et que chacun aille droit à sa maison.

LÉONEL, à part.

O ciel ! tu permets tout cela !

ESTÉVAN.

Moi, je m'en vais par ici.

(Tous les paysans sortent.)

LE COMMANDEUR.

Que vous semble de cette canaille ?

ORDOGNE.

Vous ne savez pas dissimuler. Ils n'ont pu écouter paisiblement ce que vous leur disiez en face.

LE COMMANDEUR.

Voudraient-ils s'égaler à moi ?

FLORES.

Ils n'ont point cette prétention ; mais sans s'égaler à vous...

LE COMMANDEUR.

Et le drôle de l'autre jour doit-il rester impuni et garder mon arbalète ?

FLORES.

Hier je crus le voir à la porte de Laurence, et je

donnai joliment sur les oreilles à quelqu'un qui avait le malheur de lui ressembler.

LE COMMANDEUR.

Où se cachera-t-il, ce coquin de Frondose ?

FLORES.

On dit qu'il erre dans ces environs.

LE COMMANDEUR.

Dans ces environs ? Un homme qui a voulu me tuer !

FLORES.

Comme l'oiseau étourdi, comme le poisson affamé, il répond à l'appel et vient mordre à l'hameçon.

LE COMMANDEUR.

Se peut-il qu'un jeune homme, un paysan, ait pointé son arbalète sur la poitrine d'un capitaine dont l'épée fait trembler Grenade [18] ! C'est la fin du monde, Flores.

FLORES.

L'amour peut faire davantage ; et puisque vous vivez encore, je crois que vous devez lui en avoir de l'obligation.

LE COMMANDEUR.

Je me contiens, mes amis ; sans cela, en moins de deux heures, je passerais tout le village au fil de l'épée ; mais jusqu'à ce que je trouve une occasion, je fais céder ma vengeance à la raison. Parlons d'autre chose : que dit Pascale ?

FLORES.

Elle répond qu'elle est au moment de se marier.

LE COMMANDEUR.
J'entends ; elle demande du terme.

FLORES.
Elle vous promet de tout payer à l'échéance.

LE COMMANDEUR.
Que sais-tu d'Olailla ?

ORDOGNE.
Elle fait une jolie réponse.

LE COMMANDEUR.
Elle ne manque pas d'esprit. Que dit-elle ?

ORDOGNE.
Que son futur, jaloux de mes allées et venues et des visites que vous lui faisiez, ne lui laisse pas un moment de repos ; mais que s'il lui donne quelque relâche, vous pourrez en profiter.

LE COMMANDEUR.
C'est bien, foi de chevalier. Il la garde donc bien, ce vilain ?

ORDOGNE.
Il semble qu'il se transporte par les airs ; on le trouve partout : c'est son ombre.

LE COMMANDEUR.
Et Inès ?

FLORES.
Laquelle ?

LE COMMANDEUR.
Celle d'Anton.

FLORES.
Elle est prête à vous servir avec toutes ses grâces.

Je lui ai parlé par la cour de sa maison, et vous pourrez l'y voir quand vous voudrez.

LE COMMANDEUR.

J'aime que les femmes soient faciles, mais je ne suis pas content de celles qui le sont. Oh! si elles savaient s'estimer ce qu'elles valent!

FLORES.

Il n'y a point de dégoûts qui puissent contre-balancer le bonheur d'obtenir leurs faveurs. Il est vrai que quand elles se rendent trop aisément, on a mauvaise opinion d'elles. Mais qu'y faire? Il y a des femmes qui, comme dit le philosophe, désirent les hommes comme la forme désire la matière. Ne vous étonnez pas d'en trouver quelques-unes.

LE COMMANDEUR.

Un homme amoureux est bien aise, dans le moment de son ivresse, de ne point rencontrer une résistance importune. Mais bientôt après il fait peu de cas de la conquête qu'il a obtenue ; et le moyen le plus sûr qu'ait une femme pour dégoûter d'elle celui à qui elle a fait le plus de sacrifices, c'est de ne pas lui faire payer assez cher ce qu'il désire.

(Cimbranos entre.)

CIMBRANOS.

Le commandeur est-il ici?

ORDOGNE.

Ne le vois-tu pas?

CIMBRANOS.

Brave Fernand Gomez, changez votre bonnet de velours pour le casque d'acier, changez votre manteau pour des armes brillantes. Le grand-maître de Saint-Jacques et le comte de Cabra, envoyés par la reine de Castille, assiégent Ciudad-Réal où s'est enfermé don Rodrigue, et l'ordre de Calatrava est au moment de perdre une acquisition qu'il a payée de tant de sang. Déjà on aperçoit des murs de la ville les lions et les châteaux de Castille, et les barres d'Aragon ; sans doute le roi de Portugal désirerait vivement de secourir Giron, mais, malgré ses efforts, ce sera beaucoup si notre grand-maître peut rentrer libre et vivant à Almagro. Montez à cheval, seigneur, et que la terreur de votre nom les force à renoncer à leur entreprise.

LE COMMANDEUR.

Il suffit, attends. Ordogne, fais tout de suite sonner le rappel. Combien ai-je ici de soldats ?

ORDOGNE.

Environ cinquante.

LE COMMANDEUR.

Qu'ils montent tous à cheval sur-le-champ.

CIMBRANOS.

Si vous ne vous hâtez, Ciudad-Réal retombera sous la puissance du roi.

LE COMMANDEUR.

Ne craignez pas qu'elle lui revienne jamais.

(Ils sortent.)

SCÈNE II.

Un bois près de Fontovéjune.

LAURENCE, MENGO, PASCALE.

PASCALE.

Ne t'écarte pas de nous.

MENGO.

Comment, ici, vous avez peur ?

LAURENCE.

Il faut que nous allions ensemble à la ville ; nous craignons de le rencontrer.

MENGO.

Que ce démon incarné soit importun à ce point !

LAURENCE.

Il ne nous laisse en paix ni au soleil ni à l'ombre.

MENGO.

Que ne peut-il descendre du ciel un bon coup de foudre qui mette fin à ses folies !

LAURENCE.

C'est une bête féroce, c'est l'arsenic, c'est la peste du lieu.

MENGO.

On m'a conté que, dans ces environs, Frondose pour te délivrer de lui, lui mit l'arbalète sur la poitrine.

LAURENCE.

Moi qui abhorrais les hommes, Mengo, depuis ce jour-là, je les vois avec d'autres yeux. Frondose montra une rare valeur; mais je crains que son dévouement ne lui coûte la vie.

MENGO.

Il sera forcé à quitter le pays.

LAURENCE.

Quoiqu'à présent je l'aime bien, je lui conseille de s'éloigner, mais il reçoit mes avis avec colère et avec dédain; et le commandeur jure de son côté qu'il le fera pendre par un pied aux créneaux du château.

PASCALE.

Puisse Fernand Gomez être bientôt étranglé!

MENGO.

Souhaite-lui seulement un bon coup de pierre. Je jure le soleil que si je lui tirais une de celles que je porte dans ma gibecière, à peine vous auriez entendu son bruïssement qu'elle serait enchâssée dans son crâne. Jamais le héros Sabale, le Romain, ne fut aussi vicieux.

LAURENCE.

Tu veux dire le féroce Éliogabale.

MENGO.

Cabale, ou cavale, ça m'est égal; je ne sais pas l'histoire; mais la mauvaise réputation qu'il a laissée n'égale pas celle que mérite notre homme. Y-a-t-il dans le monde un autre Fernand Gomez?

PASCALE.

Heureusement non. La nature lui a donné un cœur de tigre.

(Jacinthe entre.)

JACINTHE.

Secourez-moi, pour Dieu! si l'amitié peut quelque chose sur vous.

LAURENCE.

Que t'arrive-t-il, ma chère Jacinthe?

PASCALE.

Tu peux compter sur nous deux.

JACINTHE.

Des domestiques du commandeur qui vont avec lui à Ciudad-Réal, et plus couverts encore d'infamie que d'acier, veulent me conduire à lui. Ils me poursuivent, et je ne puis aller plus loin.

LAURENCE.

Que Dieu daigne te protéger, ma chère Jacinthe! Si Fernand Gomez te persécute, que ne ferait-il pas contre moi?

(Elle s'enfuit.)

PASCALE.

Jacinthe, je ne suis pas un homme pour pouvoir te défendre.

(Elle s'enfuit.)

MENGO.

C'est moi qui le suis, et qui veux en soutenir le nom. Approche-toi de moi, Jacinthe.

JACINTHE.

As-tu des armes?

MENGO.

Les premières du monde.

JACINTHE.

Ah ! s'il était vrai !

MENGO.

J'ai ici des pierres.

(Flores et Ordogne entrent.)

FLORES.

Ah, ah ! Tu pensais nous échapper à la course.

JACINTHE.

Ah, Mengo ! je suis morte.

MENGO.

Voyez, messieurs, songez que les pauvres laboureurs....

ORDOGNE.

Tu veux t'aviser de défendre cette femme ?

MENGO.

Je la défends par mes prières. C'est ma parente, et je la protégerai si je le puis.

FLORES.

Débarrassons-nous de lui.

MENGO.

Par le ciel, si je m'entête et que je détache ma ceinture, ma vie pourra vous coûter cher.

(Il détache sa fronde.)

(Le commandeur entre avec Cimbranos.)

LE COMMANDEUR.

Qu'est ceci ? Comment me forcez-vous à mettre pied à terre pour de la canaille pareille ?

FLORES.

Ce sont des gens de ce village, auquel vous devriez mettre le feu puisqu'on n'y fait rien pour vous plaire, qui osent attaquer vos soldats.

MENGO.

Seigneur, si vous avez quelque pitié, châtiez ces hommes qui, profanant votre nom, enlèvent cette paysanne à son futur époux et à ses parens, gens d'honneur et considérés. Permettez-moi de la reconduire dans la ville.

LE COMMANDEUR.

Je leur permets de se venger de toi. Laisse cette fronde.

MENGO.

Monseigneur !

LE COMMANDEUR.

Vous autres, servez-vous-en pour lui attacher les mains.

MENGO.

Est-ce ainsi que vous protégez l'honneur de vos vassaux ?

LE COMMANDEUR.

Que pensent-ils de moi, les vilains de Fontovéjune ? Dis-le-moi ?

MENGO.

En quoi, seigneur vous ai-je offensé ? De quoi s'est rendu coupable le peuple de Fontovéjune ?

FLORES.

Faut-il le tuer ?

LE COMMANDEUR.

Ne souillez pas vos armes que vous devez garder pour de meilleures occasions.

ORDOGNE.

Que voulez-vous que nous en fassions?

LE COMMANDEUR.

Attachez-le à ce chêne, dépouillez-le, et avec les étrivières de vos selles...

MENGO.

Pitié, pitié, monseigneur! songez à votre noblesse.

LE COMMANDEUR.

...Fouettez-le jusqu'à ce que les boucles se détachent.

MENGO, à part.

O ciel! et tu permets que la punition manque à tant de crimes?

(On l'emmène.)

LE COMMANDEUR.

Et toi, paysanne, pourquoi fuyais-tu? Un laboureur grossier vaut-il donc mieux qu'un homme comme moi?

JACINTHE.

Est-ce ainsi que vous me rendez mon honneur qu'on a déjà terni en m'enlevant pour vous?

LE COMMANDEUR.

En voulant t'enlever.

JACINTHE.

Soit. Mon père est un homme estimable; s'il ne vous égale pas par une aussi haute naissance, il est au-dessus de vous par la vertu.

LE COMMANDEUR.

L'insolence et les injures sont de mauvais moyens pour apaiser un homme en colère. Marche par ici.

JACINTHE.

Avec qui?

LE COMMANDEUR.

Avec moi.

JACINTHE.

Regardez à ce que vous faites.

LE COMMANDEUR, après l'avoir regardée attentivement.

A la male heure pour toi, j'y ai regardé. Tu ne seras pas pour moi; mais marche, tu serviras encore aux goujats de l'armée.

JACINTHE.

Tant que je vivrai, nulle puissance dans le monde n'est assez forte pour m'outrager.

LE COMMANDEUR.

Allons, drôlesse, va donc.

JACINTHE.

Grâce et pitié, monseigneur.

LE COMMANDEUR.

Il n'y a point de pitié.

JACINTHE.

J'appelle de ta cruauté à la justice divine.

(Ils sortent.)

SCÈNE III.

La maison d'Estévan.

LAURENCE, FRONDOSE.

LAURENCE.

Comment oses-tu venir ainsi sans craindre les malheurs qui te menacent?

FRONDOSE.

C'est pour te donner de sûrs témoignages d'un amour que tu dois partager. Du haut de ce coteau j'ai vu partir le commandeur, et le désir de te voir m'a fait perdre toute autre crainte. Qu'il s'en aille, en tel lieu qu'on ne l'en voie jamais revenir!

LAURENCE.

Ne maudis pas; on dit que ceux dont on désire la mort vivent plus long-temps.

FRONDOSE.

En ce cas qu'il vive mille ans. Tout ira bien si en désirant son bonheur il doit lui en mésarriver. Mais, ma Laurence, dis-moi, mon amour est-il présent à tes pensées? ma constance a-t-elle enfin obtenu le retour qu'elle mérite? Tu le sais, toute la ville croit que nous allons être unis, et s'étonne de ce retard; laisse-là tes dédains accoutumés et réponds-moi oui ou non.

LAURENCE.

Eh bien, je réponds à toi et à toute la ville que je ne demande pas mieux.

FRONDOSE.

Je tombe à tes pieds pour te remercier du bonheur que tu m'accordes. C'est une nouvelle vie que je devrai à ton amour.

LAURENCE.

Abrège les complimens, et, pour réussir plus vite, parle, Frondose, à mon père, qui vient avec mon oncle, et sois sûr, mon ami, que je serai heureuse d'être ta femme.

FRONDOSE.

Je l'espère et me confie en Dieu.

(Laurence se cache, Frondose se retire au fond de la chambre. Estévan et Alonze entrent.)

ESTÉVAN.

Il est vraiment extraordinaire qu'il ait fait un tel éclat sur la place. Il s'est conduit en tout non-seulement avec tyrannie, mais avec grossièreté. Il n'est personne qui ne soit choqué de ses excès, mais c'est Jacinthe qui perd le plus à ses extravagances.

ALONZE.

Cela ne durera pas ; l'Espagne rendra bientôt une entière obéissance à ses pieux souverains. Déjà saint Jacques vient lui-même à cheval [19] commander en chef le siége de Ciudad-Réal occupée par Giron. Mais les secours arriveront tard pour Jacinthe ; j'en suis fâché, c'était une fille de mérite.

ESTÉVAN.

Vous dites qu'il a fait fouetter Mengo ?

ALONZE.

Ils ont laissé sa peau plus noire que de l'encre.

ESTÉVAN.

N'en parlons pas davantage. Ces extravagances et la mauvaise réputation qu'il se fait me brûlent le sang. Pourquoi suis-je chargé de cette vare? Ce n'est qu'un morceau de bois inutile si je ne puis faire observer les lois.

ALONZE.

Lorsque ses domestiques sont les coupables, vous n'y pouvez rien; pourquoi vous affligeriez-vous?

ESTÉVAN.

Voulez-vous apprendre un forfait encore plus odieux? Ils rencontrèrent un jour dans la partie la plus profonde du vallon la femme de Pierre le Rond, et, après qu'elle eût eu à souffrir les insolences du commandeur, il l'abandonna à ses gens.

ALONZE.

J'entends quelqu'un. Qui est-ce?

FRONDOSE.

C'est moi qui attends que vous me permettiez de m'approcher.

ESTÉVAN.

Pour venir me parler, Frondose, tu n'as pas besoin de permission. Tu dois l'existence à ton père, et à moi une tendre affection. Je t'ai vu naître et t'aime comme mon fils.

FRONDOSE.

C'est dans la confiance que m'inspire cette bonté que j'attends une grâce de vous. Vous connaissez ma famille?

ESTÉVAN.

Ce fou de Fernand Gomez t'aurait-il fait quelque outrage ?

FRONDOSE.

Oui, sans doute.

ESTÉVAN.

J'en étais sûr.

FRONDOSE.

Ce n'est pas pour m'en plaindre que je viens. Croyant à votre attachement pour moi, et amoureux de Laurence, je vous demande sa main et le bonheur. Pardonnez si dans mon impatience, je vous fais moi-même cette prière, mais j'ai cru pouvoir vous dire ce qu'un autre vous aurait dit.

ESTÉVAN.

Tu te présentes, Frondose, dans un moment où ta recherche prolongera ma vie, en me délivrant des soucis les plus pénibles qui puissent tourmenter le cœur d'un père. Oui, mon fils, je remercie le ciel qui m'envoie un nouveau gardien pour mon honneur, et je suis obligé à ton amour de la pureté de tes intentions. Mais il est juste que tu avertisses d'abord ton père ; ce n'est point un retard que je cherche ; je suis prêt à lui donner Laurence pour belle-fille aussitôt qu'il aura consenti. Une telle alliance comble mes vœux.

ALONZE.

Prenez, avant de l'accepter, l'avis de votre fille.

ESTÉVAN.

Ne soyez pas en peine ; je suis sûr que déjà tout est arrangé entre eux, et qu'avant que Frondose vînt ici, ils étaient d'accord. Quant à la dot, nous pouvons en causer dès à présent. Je compte bien vous donner quelques deniers.

FRONDOSE.

Ne vous mettez pas en souci de cela; je n'ai pas besoin de toucher l'argent que vous lui destinez.

ALONZE.

Songez qu'il vous fait encore grâce de ne pas la demander toute nue.

ESTÉVAN.

Je vais cependant prendre l'avis de ma fille, puisque vous le trouvez bon.

FRONDOSE.

Sans doute, on a toujours tort de vouloir forcer les gens.

ESTÉVAN, appelant.

Laurence, ma fille Laurence!

LAURENCE, paraissant.

Mon père.

ESTÉVAN.

Voyez si je n'avais pas raison, et comme elle a bientôt répondu. Ma fille Laurence, mon amour, je veux t'adresser une question; écartons-nous un peu. Dis-moi, ne trouves-tu pas que nous ferions bien de marier Gilette ton amie avec Frondose? C'est un brave garçon, et qui n'a pas son pareil dans Fonto-véjune.

LAURENCE.

Gilette se marie avec Frondose?

ESTÉVAN.

Ne le mérite-t-elle pas? n'est-elle pas son égale?

LAURENCE.

Moi, mon père, je suis très-fort d'avis de ce mariage.

ESTÉVAN.

Et non pas moi. Gilette est laide, et Frondose fera infiniment mieux de t'épouser, Laurence.

LAURENCE.

Malgré votre âge, vous conservez votre goût pour la plaisanterie.

ESTÉVAN.

Sérieusement, l'aimes-tu?

LAURENCE.

J'ai de l'affection pour lui et vous en savez bien l'occasion.

ESTÉVAN.

Veux-tu que je dise oui?

LAURENCE.

Dites-le pour vous, et dites-le aussi pour moi.

ESTÉVAN.

Est-ce que j'ai la clef de ta bouche? Amis, c'est arrangé. Viens avec moi, Alonze, nous chercherons mon compère sur la place.

ALONZE.

Allons.

ESTÉVAN.

Et de la dot, mon fils, que lui en dirons-nous? Je puis bien la porter jusques à quatre mille maravédis.

FRONDOSE.

Seigneur, vous me parlez encore de cela? Vous faites injure à mon honneur.

ESTEVAN.

Va, va, mon ami, tous ces beaux sentimens passent; et si la dot manque, on ne tarde pas à se repentir.

(Estévan et Alonze sortent.)

LAURENCE.

Eh bien, es-tu content, Frondose?

FRONDOSE.

Je ne sais si je pourrai soutenir la joie que je ressens. Je deviendrai fou. Mon cœur fait effort pour sortir de mon sein, en voyant, ma chère Laurence, que tu vas m'appartenir à jamais.

(Ils sortent.)

SCÈNE IV [20].

Les dehors de Ciudad-Réal.

LE GRAND-MAITRE, LE COMMANDEUR, Soldats.

LE COMMANDEUR.

Fuyez, seigneur; il n'y a point d'autre moyen de salut.

LE GRAND-MAITRE.

C'est la faiblesse du mur qui cause notre perte. D'ailleurs l'armée ennemie était si puissante!

LE COMMANDEUR.

Cette conquête leur coûte beaucoup de morts et une infinité de blessés.

LE GRAND-MAITRE.

Et du moins ils ne pourront pas se vanter d'emporter dans leurs trophées, l'étendard de notre ordre, qui aurait suffi seul pour faire la gloire de leur entreprise.

LE COMMANDEUR.

Je pense, grand-maître, que notre projet est manqué.

LE GRAND-MAITRE.

Qu'y puis-je faire, si cette aveugle fortune, ceux qu'elle s'élève un jour, elle les abat le lendemain ?

(On entend crier en dedans : *Victoire pour Ferdinand et Isabelle !*)

LE GRAND-MAITRE.

Déjà ils couronnent leurs créneaux de lumières et embellissent les fenêtres de leurs tours avec leurs drapeaux victorieux.

LE COMMANDEUR.

Ils pourraient bien les rougir avec le sang qu'il leur en coûte. C'est plutôt pour eux une tragédie qu'une réjouissance.

LE GRAND-MAITRE.

Je retourne à Calatrava, Fernand Gomez.

LE COMMANDEUR.

Et moi je me retire dans mes montagnes de Fontovéjune, en attendant que vous vous décidiez soit à demeurer dans le parti de votre famille, soit à vous réunir au roi catholique.

LE GRAND-MAITRE.

Mes lettres vous instruiront de ma résolution.

LE COMMANDEUR.

Le temps porte conseil, il vous éclairera.

LE GRAND-MAITRE.

Il n'est que trop vrai, et ma jeunessse en a fait une cruelle expérience.

(Ils sortent.)

SCÈNE V.

La place de Fontovéjune.

FRONDOSE, LAURENCE, ESTÉVAN, JEAN-LE ROUX, ALONZE, BARRILDO, MENGO, Musiciens, Villageois des deux sexes.

(On chante.)

Chantons ces deux époux amans;
Que toujours contens,
Que toujours constans,
Ils vivent long-temps.

MENGO, à Barrildo.

Sur ma foi, tu ne t'es pas mis en grands frais pour composer ce couplet.

BARRILDO.

Je voudrais que tu t'avisasses d'en faire un, pour savoir s'il serait meilleur.

FRONDOSE.

Mengo est expert pour juger d'une flagellation; mais quant au mérite des vers, il n'est pas aussi connaisseur.

MENGO.

Ne vous moquez pas tant de moi; il en est tel dans la vallée à qui le commandeur....

BARRILDO.

Par ta vie, Mengo, fais-moi le plaisir de ne nous rien dire de ce barbare. Ce brigand déshonore le pays.

MENGO.

Que cent soldats réunis m'aient donné les étrivières, à moi qui n'avais que ma fronde, ce n'est pas le plus étonnant; mais qu'un homme, que je ne nomme pas, ait souffert qu'on lui fît avaler une médecine mêlée d'encre et de gravier, c'est cela qui est étrange.

BARRILDO.

Il le faisait pour rire, sans doute.

MENGO.

Il n'y a pas le mot pour rire dans une médecine; et encore qu'elles soient composées pour faire du bien, j'aimerais mieux mourir....

FRONDOSE.

Je t'en prie, dis-nous ton couplet, si ton couplet est raisonnable.

MENGO chante.

Le ciel conserve long-temps
Cette union fortunée,
Et que, d'année en année,
Ils l'enrichissent d'enfans!
Que la diligente épouse
Soit soigneuse et point jalouse;
Que l'époux, par amitié,
Soit soumis à sa moitié.

Chargé d'ans, si l'un sans plainte
Passe de vie à trépas,
Que l'autre meure, de crainte
De s'ennuyer ici bas.

BARRILDO.

Maudits soient et le couplet et le poëte !

FRONDOSE.

Il a du moins été bientôt fait.

MENGO.

A vous dire vrai, voici ce que je pense de nous autres poëtes. N'avez-vous pas vu un faiseur de beignets jeter des morceaux de pâte dans l'huile brûlante, jusqu'à ce que la poêle soit remplie ? Les uns sont enflés, d'autres boiteux ou bossus, d'autres gauches ; les uns sont bien frits, on en trouve aussi de crus et de brûlés. Il en est de même du poëte qui travaille les idées ou la pâte que le sujet lui fournit. Il va jetant à la hâte les vers dans la poêle du papier ; il espère que le miel de la rime [21] couvrira tous les défauts ; mais lorsqu'il veut les exposer sur son éventaire, personne n'en veut, et ils ne peuvent être avalés que par celui qui les a faits.

BARRILDO.

Laisse ces folies. Écoutons les mariés.

LAURENCE, à Jean le Roux.

Donnez-nous vos mains à baiser.

JEAN LE ROUX.

Les voilà, ma fille ; demande-les à ton père pour Frondose et pour toi.

FONTOVÉJUNE,

ESTÉVAN.

Mon ami, prions Dieu que sa main puissante les protège, et qu'il joigne ses bénédictions aux nôtres.

FRONDOSE, à genoux avec Laurence.

Nous sommes prêts à les recevoir.

JEAN LE ROUX, après avoir donné sa bénédiction.

Allons, chantez à présent qu'ils sont unis.

(On chante.)

La fillette au fond du bois
Se promenait sans rien craindre :
Chevalier à rouge croix
La poursuit et va l'atteindre.
Elle qui fuit les hasards,
Qui veut toujours rester sage,
Sous l'abri du vert feuillage
Se dérobe à ses regards.
Pourquoi donc te cacher, bergère que j'adore?
Mon œil ne te voit plus, mon cœur te voit encore.

Le guerrier la suit de près;
D'amour le flambeau l'éclaire;
Le taillis le plus épais
Ne peut sauver la bergère.
Un asile plus discret
Vient lui présenter son ombre,
Et dans une grotte sombre
La belle entre et disparaît.
Pourquoi donc te cacher, bergère que j'adore?
Mon œil ne te voit plus, mon cœur te voit encore.

(Le commandeur entre avec Flores, Ordogne, et suite de soldats.)

LE COMMANDEUR.

Que la noce s'arrête, et que personne ne bouge.

JEAN LE ROUX.

Ce n'est point un jeu, seigneur. Nous sommes prêts à vous obéir. Voulez-vous qu'on se range pour laisser passer votre troupe? Quel est le succès de votre expédition? Êtes-vous vainqueur? Mais puis-je en douter?

FRONDOSE.

Je suis perdu. Ciel, délivre-moi!

LAURENCE.

Échappe-toi dans la foule, Frondose.

LE COMMANDEUR.

Non, il n'échappera pas. Arrêtez-le, attachez-le.

JEAN LE ROUX.

Rends-toi, mon fils; va en prison.

FRONDOSE.

Vous voulez donc qu'il me tue?

LE COMMANDEUR.

Je ne suis point un homme qui fasse périr une personne sans sujet. Si tels eussent été mes désirs, ces soldats lui auraient déjà ôté la vie. J'ordonne qu'il soit conduit en prison, et je veux que son père lui-même prononce la peine que mérite son attentat.

PASCALE.

Songez, monseigneur, qu'il se marie.

LE COMMANDEUR.

Que m'importe son mariage? Il ne manque pas de jeunes gens dans la ville.

PASCALE.

S'il vous a offensé, pardonnez, pour vous montrer l'homme que vous êtes.

LE COMMANDEUR.

Ce n'est point une offense qui m'intéresse seul, Pascale. C'est le grand-maître, Tellez Giron, (que Dieu conserve!) qui a été insulté; c'est l'ordre de Calatrava tout entier qui a été atteint dans son honneur, et le châtiment de ce crime importe pour l'exemple. Sans cela, au premier jour on verra des audacieux élever contre notre saint ordre l'étendard de la révolte; des hommes tels que ce Frondose; des vassaux loyaux et fidèles comme lui, qui un soir n'a pas craint de diriger un arbalète sur le commandeur mayeur de Calatrava.

ESTÉVAN.

Si comme son beau-père, j'ai le droit de le défendre, je vous dirai qu'il est peu surprenant qu'un jeune homme éperdument amoureux se soit emporté dans une telle occasion. Il a manqué au respect qu'il vous devait; mais si vous vouliez lui enlever son épouse, était-il si coupable de la défendre?

LE COMMANDEUR.

Alcade, vous êtes un sot.

ESTÉVAN.

C'est vous qui m'avez donné cette charge.

LE COMMANDEUR.

Je n'ai jamais voulu lui enlever sa femme, puisque Laurence ne l'était pas.

ESTÉVAN.

Vous l'avez voulu, seigneur; il suffit. Nous avons maintenant en Castille des monarques qui mettront ordre à tout, et qui, lorsqu'ils auront vaincu les rebelles qui osent leur résister, ne permettront plus sans doute qu'il y ait dans les villes et les villages des hommes assez puissans pour porter des croix aussi grandes. Que notre bon roi place cette insigne sur sa poitrine, elle n'est pas faite pour d'autres que lui.

LE COMMANDEUR.

Holà! ôtez-lui la vare.

ESTÉVAN.

Reprenez-la, seigneur, et que ce soit à la bonne heure.

LE COMMANDEUR.

Il faut que je m'en serve pour le corriger comme un cheval vicieux.

(Il le frappe.)

ESTÉVAN.

Vous êtes le maître, je dois souffrir; frappez-moi.

PASCALE.

Vous maltraitez un vieillard?

LAURENCE.

Tu le frappes parce qu'il est mon père. Pourquoi te venges-tu sur lui?

LE COMMANDEUR.

Emmenez aussi cette crieuse, et que dix soldats la gardent.

(Il sort avec ses soldats qui emmènent Frondose attaché, et Laurence.)

ESTÉVAN.

C'est au ciel qu'il faut demander justice.

(Il sort.)

PASCALE.

La noce s'est changée en deuil.

(Elle sort.)

BARRILDO, après un moment de silence.

Aucun de nous n'a-t-il rien à dire ?

MENGO.

Pour moi, j'ai ma ration; les meurtrissures se voient encore [22]. Que d'autres essaient de l'importuner.

JEAN LE ROUX.

Amis, réunissons-nous; qu'avons-nous à faire ? Que chacun de nous dise son avis.

MENGO.

Voici le mien : Que chacun de nous se taise, si vous ne voulez que votre peau, comme la mienne, ressemble bientôt à des tranches de saumon frais.

FIN DE LA DEUXIÈME JOURNÉE.

JOURNÉE TROISIÈME.

SCÈNE PREMIÈRE.

Une cour de maison à Fontovéjune.

ESTÉVAN, ALONZE, BARRILDO.

ESTÉVAN.

Ils ne sont point venus au conseil?

BARRILDO.

Ils ne s'y sont point encore rendus.

ESTÉVAN.

Cependant à chaque instant le péril est plus imminent.

BARRILDO.

Le plus grand nombre des citoyens est déjà prévenu.

ESTÉVAN.

Grand Dieu! Frondose prisonnier dans la tour, ma fille dans un si grand danger! Si la bonté céleste ne vient à notre secours.....

(Jean le Roux et autres entrent.)

JEAN LE ROUX.

Pourquoi crier ainsi, Estévan, lorsque le secret nous importe autant?

ESTÉVAN.

Je suis surpris même de pouvoir me contenir.

(Mengo et autres entrent.)

MENGO.

Et moi aussi, je viens me trouver à cette réunion.

ESTÉVAN.

Honorables laboureurs, un homme dont les larmes baignent les cheveux blancs vous demande quelles funérailles vous voulez faire à votre patrie déjà perdue et déshonorée à jamais. Comment même pourrez-vous lui rendre les honneurs funèbres, puisqu'il n'en est aucun entre vous à qui un barbare n'ait enlevé l'honneur ? Répondez moi, quel est le citoyen de Fontovéjune qui n'ait pas été offensé dans ses biens, sa personne ou sa gloire ? Ce n'est point ici pour les malheurs des autres que j'ai besoin de vous émouvoir; chacun a des sujets de gémir pour lui-même; et si vous avez tout perdu, la patrie et l'honneur, qu'attendez-vous ? quel nouveau malheur vous faut-il endurer encore ?

JEAN LE ROUX.

Nous ne pouvons rien éprouver de pire. Mais puisque nous avons déjà appris que tout est à peu près pacifié dans la Castille, que nos souverains sont disposés à aller à Cordoue, envoyons à la cour deux de nos régidors, et que, prosternés aux pieds de nos souverains, ils leur demandent appui et protection.

BARRILDO.

Tout autre moyen serait meilleur. Ferdinand est

encore trop occupé de la guerre et des troubles de l'intérieur pour pouvoir nous faire le bien qu'il désirerait.

UN RÉGIDOR.

Si vous voulez en croire mon avis, nous abandonnerons tous le pays [23].

JEAN LE ROUX.

Est-ce possible dans le peu de temps que nous avons?

MENGO.

S'il parvient à connaître cette réunion, notre junte coûtera la vie à quelqu'un.

ALONZE.

Le vaisseau de la patrie, désemparé de ses mâts et de ses agrès, est près de s'abîmer. On enlève la fille de l'homme qui est à la tête de votre communauté; on brise sur sa tête le signe respecté de sa magistrature. Qui pourrait souffrir ces injustices? Quel esclave est descendu jamais à ce degré d'avilissement?

JEAN LE ROUX.

Que voudrais-tu donc que fît le peuple?

ALONZE.

Mourir, ou tuer les tyrans : nous sommes nombreux, ils ne sont qu'une poignée.

BARRILDO.

Prendre les armes contre notre seigneur ?

ESTÉVAN.

Après Dieu, c'est le roi seul qui est notre seigneur; ce n'est point un homme qui a renoncé aux droits de l'humanité qu'il outrage. Et si Dieu aide le juste zèle avec lequel nous défendrons notre cause et la sienne, qu'avons-nous à redouter?

MENGO.

Messieurs, permettez-moi de vous recommander de la prudence. Je suis ici pour les simples ouvriers, ce sont eux qui souffrent le plus d'injures, et cependant je ne vous représente que leurs craintes.

ALONZE.

Sans doute ils ont tout à craindre. Si nos malheurs menacent déjà notre vie, qu'attendons-nous encore? Resterions-nous immobiles si l'on venait brûler nos maisons et nos vignes? et ceux-ci nous ménagent-ils davantage? Ce sont des tyrans, courons à la vengeance !

(Laurence entre, échevelée.)

LAURENCE.

Laissez-moi entrer. Je puis paraître dans un conseil d'hommes ; si je ne puis y donner mon vote, je puis du moins y faire entendre ma voix. Me reconnaissez-vous ?

ESTÉVAN.

Ciel ! n'est-ce pas ma fille ?

JEAN LE ROUX, à Estévan.

Tu méconnais Laurence ?

LAURENCE.

Je suis si différente de ce que j'étais, que vous ignorez qui je suis maintenant.

ESTÉVAN.

Ma fille!

LAURENCE.

Ne m'appelle pas ainsi.

ESTÉVAN.

Pourquoi, ma chère ?

LAURENCE.

Parce que tu me laisses enlever par des tyrans sans me venger, ravir par des traîtres sans me recouvrer. Je n'étais pas encore à Frondose, et tu ne peux dire que ce fût à lui qu'appartînt la vengeance. Mon honneur était encore à vous, et c'était à vous d'en répondre [24]. A vos yeux Fernand Gomez m'a enlevée, m'a fait conduire dans sa maison. Comme le lâche pasteur, vous laissiez le loup saisir au milieu de vous la faible brebis. Que de poignards ont été levés sur mon sein ! que de menaces terribles ! que de traitemens atroces pour que ma chasteté se rendît à ses infâmes désirs ! Vous le voyez à mes cheveux, vous le voyez aux coups dont les empreintes subsistent encore, au sang qui coule de mes blessures. Et vous êtes des hommes nobles ! vous êtes nos pères et nos parens ! vous dont les entrailles ne se déchirent pas de douleur en songeant aux douleurs que j'ai éprouvées ! Faible troupeau d'animaux soumis [25], donnez-nous des armes. Puisque vous êtes insensibles comme des pierres, du bronze, barbares comme les tigres ; mais que dis-je ! les tigres suivent le chasseur qui vient ravir leurs petits, et l'immolent à leur vengeance, s'il n'est à temps à se précipiter dans les ondes de la mer ; puisque vous êtes des lâches et non des Espagnols [26], puisque vous abandonnez vos femmes à des ravisseurs, pourquoi vous ceindre l'épée? des quenouilles siéront mieux à vos côtés. Vive Dieu! je veux que les femmes seules rachètent leur honte par le sang des tyrans. Je veux que, victorieuses, elles vous couvrent d'outrages, et que demain nos coiffures et nos vêtemens deviennent votre parure. Déjà, sans procès, sans jugement, le commandeur va faire pendre Frondose à un créneau de cette tour; le même sort vous attend tous, et ce sera du moins une consolation dans mon désespoir que cette race de lâches, de femmelettes soit détruite et cesse de ternir l'honneur de Fontovéjune (27).

ESTÉVAN.

C'est injustement, ma fille, que tu nous fais de tels reproches : dût le monde entier s'opposer à moi, j'irai, seul s'il le faut, délivrer ou venger ton époux.

JEAN LE ROUX.

C'est mon fils; je te suivrai, quelque redoutable que me paraisse le pouvoir de notre adversaire.

ALONZE.

Mourons tous!

BARRILDO.

Faisons flotter un drap au bout d'un bâton, et meurent tous les scélérats!

JEAN LE ROUX.

Quel ordre voulez-vous suivre?

MENGO.

Allons le tuer sans ordre. Réunissez le peuple; il n'aura qu'un bras comme il n'a qu'une pensée. Tout le monde est d'accord; meurent tous les tyrans!

ESTÉVAN.

Que chacun s'arme d'épées, de lances, de javelots, d'arbalètes, ou de bâtons.

MENGO.

Vivent nos souverains Ferdinand et Isabelle!

TOUS.

Qu'ils vivent!

MENGO.

Meurent les tyrans et les traîtres!

TOUS.

Meurent les traîtres et les tyrans!

(Ils sortent tous en tumulte.)

LAURENCE.

Marchez, le ciel vous protège. Venez, femmes de Fontovéjune, venez recouvrer votre honneur. Accourez, accourez toutes.

(Pascale entre avec une troupe de femmes.)

PASCALE.

Qu'est ceci? Pourquoi nous appelles-tu?

LAURENCE.

Ne voyez-vous pas qu'ils vont tous tuer Fernand Gomez? Le vieillard et le jeune homme se précipitent avec une égale fureur. Faudra-t-il qu'ils jouissent seuls de l'honneur de cet exploit, et du plaisir de la vengeance? Les affronts faits aux femmes n'ont pas dû moins nous offenser.

JACINTHE.

Eh bien! parle; que veux-tu faire?

LAURENCE.

Que toutes réunies nous montrions au monde entier notre courage en les aidant de nos bras. Jacinthe, l'outrage dont tu as été la victime me réponds que tu te chargeras du commandement d'une compagnie.

JACINTHE.

Celui que tu as reçu n'est pas moindre.

LAURENCE.

Pascale, tu porteras notre étendard.

PASCALE.

Tu verras que je saurai m'acquitter de cet emploi. Je vais préparer une bannière.

LAURENCE.

Marchons, mon voile nous en servira.

PASCALE.

Nommons un capitaine.

LAURENCE.

Non.

PASCALE.

Pourquoi non ?

LAURENCE.

Où je suis, le Cid même ne doit pas concourir avec moi.

(Elles sortent.)

SCÈNE II.

L'intérieur du château.

LE COMMANDEUR, FLORES, ORDOGNE, FRONDOSE les mains attachées, Soldats.

LE COMMANDEUR.

Pour que son supplice soit plus douloureux, suspendez-le par la corde qui lui lie les bras.

FRONDOSE.

Est-ce donc ainsi que Fernand Gomez veut conserver par ses vertus l'éclat dont brille sa noble race ?

LE COMMANDEUR.

Hâtez-vous, allez le pendre au premier créneau.

FRONDOSE.

Je vous ai menacé, mais sans intention de vous tuer.

FLORES.

On entend un grand bruit.

LE COMMANDEUR.

Quel est ce tapage ?

FLORES.

Vous feriez bien de surseoir à l'exécution de votre sentence.

ORDOGNE.

On brise les portes.

LE COMMANDEUR.

Les portes d'une maison que j'habite, et qui appartient à l'ordre de Calatrava !

FONTOVÉJUNE,

FLORES.

Tout le peuple accourt dans ces lieux.

JEAN LE ROUX, derrière la scène,

Rompez, renversez, brisez ces portes. Si elles résistent, mettez-y le feu.

ORDOGNE.

Seigneur, il est difficile de contenir une émeute populaire.

LE COMMANDEUR.

Quoi donc, une émeute ? Ce peuple ose-t-il se soulever contre moi ?

FLORES.

Déjà leur fureur a renversé les portes.

LE COMMANDEUR.

Déliez ce jeune homme. Frondose, vas arrêter cet insolent alcade.

FRONDOSE.

J'y vais : c'est leur attachement pour moi qui les a excités.

(Il sort.)

MENGO, derrière la scène.

Vivent Ferdinand et Isabelle, et meurent les traîtres !

FLORES.

Je vous en supplie, monseigneur, qu'ils ne vous trouvent pas ici.

LE COMMANDEUR.

Cette chambre est forte, et s'ils éprouvent de la résistance ils s'enfuiront bientôt.

FLORES.

Lorsque les peuples offensés se soulèvent, ils n'abandonnent jamais leur entreprise qu'il n'y ait du sang versé.

LE COMMANDEUR.

Eh bien, on en versera! Mes amis, aux armes! et défendons cette porte comme l'entrée d'un fort.

FRONDOSE, derrière la scène.

Vive Fontovéjune!

LE COMMANDEUR.

C'est donc là leur chef? J'ai envie de faire une sortie pour voir ce que deviendra leur courage.

FLORES.

J'admire le vôtre, seigneur.

(Estévan et autres entrent par une autre porte.)

ESTÉVAN.

Amis, voilà le tyran et ses complices. Fontovéjune! et meurent les tyrans!

LE COMMANDEUR.

Peuple, écoutez.

TOUS.

Les hommes outragés n'écoutent rien.

LE COMMANDEUR.

Dites-moi de quoi vous vous plaignez; foi de chevalier, je réparerai le mal qu'ont fait mes erreurs.

TOUS.

Fontovéjune! Vive Ferdinand! Meurent les traitres et les mauvais chrétiens!

LE COMMANDEUR.

Vous ne m'écoutez pas? C'est Fernand Gomez qui vous parle; je suis votre seigneur.

TOUS.

Nos seigneurs sont Ferdinand et Isabelle.

LE COMMANDEUR.

Écoutez-moi, vous dis-je.

TOUS.

Fontovéjune! Meure Fernand Gomez!

(Ils sortent en se battant.)

SCÈNE III.

Le dehors du château.

LAURENCE et les femmes armées.

LAURENCE.

Arrêtez en ces lieux, braves soldats, et non plus faibles femmes : arrêtez, ici est notre espérance.

PASCALE.

Nous serons hommes pour combattre, et femmes pour la vengeance ! C'est donc ici que nous boirons tout son sang.

LAURENCE.

Si on le précipite du haut de ces murs, recevons-le sur la pointe de nos javelots.

JACINTHE.

Nous partageons ta résolution.

ESTÉVAN, derrière la scène.

Meurs, traître commandeur.

JOURNÉE III, SCÈNE III.

LE COMMANDEUR, derrière la scène.

Je meurs. Grâce, ô mon Dieu ! j'espère en ta miséricorde.

BARRILDO, de même.

Voilà Flores.

MENGO, de même.

Frappez le coquin : c'est lui qui m'a donné les écourgées.

FRONDOSE, de même.

Je ne suis pas vengé si je ne lui arrache l'âme.

LAURENCE.

Il est temps que nous entrions.

PASCALE.

Attends avec nous : il nous vaut mieux garder la porte.

BARRILDO, derrière la scène.

A présent, messieurs les petits marquis, ce n'est pas avec des larmes qu'on peut m'émouvoir.

LAURENCE.

J'entre, Pascale ; mon épée ne peut rester plus long-temps oisive.

(Elle sort.)

BARRILDO, derrière la scène.

Voilà Ordogne.

FRONDOSE, de même.

Fendez-lui la tête.

(Flores entre en fuyant, poursuivi par Mengo.)

FLORES.

Grâce, grâce, Mengo ; je ne suis point coupable.

MENGO.

N'eusses-tu pas été l'agent de ses plaisirs, c'est assez, drôle, que tu m'aies fouetté. Tu dois mourir.

PASCALE.

Je t'en supplie par ta vie, Mengo, arrête, livre-le aux femmes.

MENGO.

Je vous le livre, et ne pouvais mieux le punir.

PASCALE.

Je vengerai les coups que tu as reçus.

MENGO.

C'est ce que je disais.

JACINTHE.

Périsse le traître !

FLORES.

Périr au milieu des femmes !

JACINTHE.

N'est-ce pas beaucoup d'honneur pour toi ?

PASCALE.

C'est là ce qui t'afflige ?

JACINTHE.

Meurs, vil ministre de ses infamies.

PASCALE.

Meurs, scélérat.

FLORES.

Grâce, grâce, mesdames.

(Il tombe.)

(Ordogne entre poursuivi par Laurence.)

ORDOGNE.

Songe que ce n'est pas moi.

LAURENCE.

Va, je te connais bien. (*Elle le frappe.*) Entrez, teignons nos armes victorieuses dans le sang de ces misérables.

PASCALE.

Je tuerai jusqu'à ce qu'on me tue.

TOUTES.

Fontovéjune! Vive Ferdinand!

(Elles sortent.)

SCÈNE IV.

Cour de Ferdinand et d'Isabelle.

LE ROI, LA REINE, MANRIQUE, suite.

MANRIQUE.

Les précautions furent si bien prises, que nous obtînmes avec peu de peine le succès que nous désirions. Il n'y eut qu'une faible résistance, et elle ne pouvait rendre la réussite douteuse. Le comte de Cabra est resté pour défendre la place, dans le cas où vos adversaires oseraient encore l'attaquer.

LE ROI.

C'est très-bien. Il doit y demeurer, et réorganiser les troupes de manière à occuper fortement le passage. C'est le moyen d'être de ce côté-là à l'abri des inquiétudes que nous pourrait donner le roi de Portugal. Le comte de Cabra est actif; il nous montrera dans ce poste important quelles sont sa sagesse et sa valeur. En nous le conservant, il nous garantit des dangers, et, comme une loyale sentinelle, il veille sur la sûreté de l'état.

(Flores entre, blessé.)

FLORES.

Roi catholique Ferdinand, à qui le ciel touché de vos vertus a assuré la couronne de Castille, écoutez le récit de la plus grande barbarie qui ait jamais fait frémir les hommes, depuis les lieux où le soleil paraît, jusqu'à ceux ou il termine sa course.

LE ROI.

Sois plus calme.

FLORES.

Mes blessures, roi puissant, ne me permettent point de différer le compte que j'ai à vous rendre : déjà la fin de ma vie approche. Je viens de Fontovéjune où, remplis de furie, les habitans ont donné la mort à leur seigneur. Fernand Gomez est mort, tué par ses traîtres vassaux ; ces hommes qui sont faits pour obéir, n'ont besoin que de causes légères pour se soulever. La populace se rassemble, elle flétrit le commandeur du nom de tyran ; à ce mot, ils volent à la fois au crime ; ils brisent les portes de son château ; ils sont sourds à la parole qu'il leur donne, foi de chevalier, de satisfaire ceux qui peuvent se plaindre ; ils n'écoutent rien. Dans leur fureur impatiente, ils percent de mille coups ce cœur couvert de la sacrée insigne de la croix. Des hautes fenêtres des tours, ils font voler son corps dans la rue, où des femmes forcenées le reçoivent sur la pointe de leurs lances. Son cadavre traîné dans une maison, y est exposé à de nouveaux outrages. On arrache sa barbe et ses cheveux, on perce encore de coups son corps inanimé, on le déchire en mille pièces [28]. On brise ses armoiries avec le fer des piques, et l'on ose dire à haute voix qu'on veut y placer les vôtres, parce que celles-là leur sont odieuses. Sa maison est mise au pillage comme si c'eût été celle d'un ennemi, et les brigands pleins de joie partagent entre eux ses dépouilles. Laissé pour mort, j'ai pu me cacher, voir tous les événemens, et le soir, à la faveur des ombres de la nuit, m'échapper pour vous en instruire. Faites justice, seigneur; c'est votre devoir : que ces barbares soient punis de leur exécrable forfait; le sang de Fernand et celui de tous ses serviteurs égorgés réclame à haute voix un grand exemple de sévérité.

LE ROI.

Sois sûr que les coupables ne demeureront pas impunis. Je suis irrité au plus haut point d'un tel crime. Qu'un juge aille sur-le-champ sur les lieux; qu'il informe, et qu'il fasse un exemple terrible des séditieux; un capitaine ira avec lui pour sa sûreté. Une telle audace demande une punition prompte et sévère. Faites traiter ce soldat de ses blessures.

(Ils sortent.)

SCÈNE V.

Place de Fontovéjune.

LES PAYSANS ET LES PAYSANNES, précédés de la musique. On porte sur une lance la tête du commandeur.

(On chante.)

De Ferdinand, d'Isabelle,
Que la sagesse éternelle
Daigne protéger long-temps
Les destins brillans.
Qu'ils vivent mille ans,
Et meurent les tyrans !

(On danse.)

BARRILDO.

Chante ton couplet, Frondose.

FRONDOSE.

Je vais le chanter : s'il y manque quelque syllabe ou quelque rime, un autre plus habile que moi y pourvoira.

Pour Ferdinand, Isabelle,
Le jour du bonheur a lui ;
Ferdinand est tout pour elle,
Isabelle est tout pour lui.
Pour leur bonheur, pour le nôtre,
Toujours épris l'un de l'autre,
Puissent leurs amours constans
Triompher du temps.
Qu'ils vivent mille ans,
Et meurent les tyrans !

(A chaque couplet la musique répète la reprise, et on danse.)

LAURENCE.

À toi, Barrildo.

BARRILDO.

J'y ai déjà pensé.

PASCALE.

Si tu as fait ton couplet à tête reposée, il sera bon.

BARRILDO.

De Ferdinand, d'Isabelle,
Chantons les faits glorieux ;
Victorieux du rebelle,
Ils le seront en tous lieux.
Amis, quelque temps encore,
Nous verrons l'orgueilleux More
Leur soumettre en frémissant
L'odieux croissant.
Qu'ils vivent mille ans,
Et meurent les tyrans !

LAURENCE.

Et Mengo, ne chantera-t-il pas?

FRONDOSE.

Il chantera.

MENGO.

Je suis un poëte sans règles.

PASCALE.

Mais non pas sans discipline [29].

MENGO.

Certain beau jour de dimanche,
Des scélérats à rôtir,
S'étant retroussé la manche,
S'exercèrent sur mon cuir.
Plus de pareille injustice :
Des lois, et non du caprice.

Nos souverains bienfaisans,
Seront seuls puissans.
Qu'ils vivent mille ans,
Et meurent les tyrans!

ESTÉVAN.

Emporte cette tête odieuse.

MENGO.

Il a manqué sa vocation, car il avait une figure à être pendu [30].

(Jean le Roux entre avec un écusson aux armes de Castille et d'Aragon.)

ALONZE.

Voici les armes de nos augustes souverains.

ESTÉVAN.

Porte-les ici.

JEAN LE ROUX.

Où devons-nous les placer?

ALONZE.

Sur la porte de l'hôtel-de-ville.

ESTÉVAN.

Honorable et puissant écusson!

BARRILDO.

Quelle joie de le voir briller de nouveau à Fontovéjune!

FRONDOSÉ.

C'est un soleil qui nous promet un jour sans nuage.

ESTÉVAN, pendant qu'on place l'écusson.

Vive Castille et Léon, et les Barres d'Aragon [31], et meure la tyrannie!

TOUS.

Vive Ferdinand et Isabelle !

ESTÉVAN.

Fontovéjune, écoutez les paroles d'un vieillard : jamais il n'a été superflu d'entendre les avis que j'ai donnés. Nos monarques, sans doute, voudront juger cet événement ; surtout dans les circonstances où ils se trouvent, au moment de traverser ces contrées pour aller pacifier l'Andalousie. Soyons d'accord sur ce que nous devons répondre au juge.

FRONDOSE.

Que nous conseilles-tu ?

ESTÉVAN.

De mourir, s'il le faut, en disant : Fontovéjune, et que nul ne prononce une autre parole.

FRONDOSE.

C'est le moyen le plus sûr. Fontovéjune a tout fait.

ESTÉVAN.

Voulez-vous répondre ainsi?

TOUS.

Oui.

ESTÉVAN.

Eh bien, je vais prendre le rôle du juge d'information pour mieux vous indiquer ce que vous aurez à faire. Que Mengo soit celui qui est mis à la question.

MENGO.

Moi ! n'en avez-vous pas de plus faible ?

ESTÉVAN.

Croyais-tu que ce fût tout de bon?

MENGO.

Allons, voyons. Interroge-moi.

ESTÉVAN.

Qui a tué le commandeur?

MENGO.

Fontovéjune l'a fait.

ESTÉVAN.

Chien que tu es! Je vais te martyriser.

MENGO.

Quand vous me tueriez, monsieur le juge.

ESTÉVAN.

Avoue, coquin.

MENGO.

Je vais tout avouer.

ESTÉVAN.

Bon. Qui est le coupable?

MENGO.

Fontovéjune.

ESTÉVAN.

Serrez davantage les cordes.

MENGO.

C'est égal.

ESTÉVAN.

C'est à merveille. Bran pour le procès.

(Un régidor entre.)

LE RÉGIDOR.

Que faites-vous ici ?

ESTÉVAN.

Qu'y a-t-il de nouveau, Quadrado ?

LE RÉGIDOR.

Un juge d'information arrive.

ESTÉVAN.

Dispersez-vous sur-le-champ.

(Les paysans sortent par différens côtés.)

LE RÉGIDOR.

Il mène un capitaine avec lui.

ESTÉVAN.

Qu'il mène le diable ; nous savons ce que nous devons dire.

LE RÉGIDOR.

Ils commencent à faire des arrestations. Ils saisissent tout ce qu'ils rencontrent.

ESTÉVAN.

Il n'y a rien à craindre. Mengo, qui a tué le commandeur ?

MENGO.

Qui ? Fontovéjune.

(Ils sortent tous.)

SCÈNE VI.

Le palais du grand-maître, à Calatrava.

LE GRAND-MAÎTRE, UN SOLDAT, suite.

LE GRAND-MAITRE.

Quelle affreux événement m'apprends-tu? Malheureux Fernand, quelle triste destinée! J'ai failli te faire payer de ta vie les déplorables nouvelles que tu m'apportes.

LE SOLDAT.

Seigneur, je ne suis qu'un messager; et je n'ai pas voulu vous faire de la peine.

LE GRAND-MAITRE.

Qu'une populace furieuse et effrénée ait eu pareille audace! J'irai avec cinq cents hommes, je détruirai leur ville, je n'y laisserai pas pierre sur pierre, et son nom même ne restera pas dans la mémoire des hommes.

LE SOLDAT.

Songez, seigneur, qu'ils se sont donnés au roi [32]; et, dans les circonstances où vous vous trouvez, vous devez éviter les occasions de l'irriter.

LE GRAND-MAITRE.

Comment ont-ils pu se donner au roi, s'ils appartiennent à l'ordre?

LE SOLDAT.

Vous pourrez ensuite plaider avec Ferdinand sur les droits que vous avez.

LE GRAND-MAITRE.

Jamais procès lui ôta-t-il ce qu'il tenait en ses mains? Mais Ferdinand et Isabelle sont mes souverains ; je le reconnais, et puisque Fontovéjune s'est mise sous la main du roi, je mettrai un frein à ma colère. Je vais me présenter à lui. C'est le plus sûr ; et encore que j'aie commis une faute grave, mon âge servira à me disculper. J'ai quelque honte à faire cette démarche, et l'honneur seul pouvait m'y obliger, mais je ne dois point mettre de retard dans une chose qui importe autant à ma gloire et à mes intérêts.

(Ils sortent.) (33)

SCÈNE VII.

La place de Fontovéjune.

LAURENCE seule.

Quelle peine cruelle pour l'amour, de craindre le malheur de l'objet aimé ! Celui qui attend le mal pour ce qu'il aime, sent augmenter à la fois sa frayeur et sa tendresse.

Plus l'amour est vif, plus l'appréhension l'afflige. Il n'est point de peine légère pour une affection constante, et les moindres soupçons deviennent d'horribles angoisses.

J'adore mon époux. Les circonstances où nous sommes me condamnent à redouter le sort qui le menace, si le destin ne le favorise.

Combattant entre l'amour et la terreur, si je le vois, ma peine est certaine ; s'il s'éloigne de moi, je mourrai de douleur.

(Frondose entre.)

FRONDOSE.

Ma Laurence !

LAURENCE.

Cher époux, comment oses-tu rester ici ?

FRONDOSE.

C'est mon amour qui m'oblige à résister à tes instances.

LAURENCE.

Mon ami, Fais en sorte de te cacher. Je crains pour toi.

FRONDOSE.

A Dieu ne plaise, ma chère Laurence, que je t'abandonne ainsi.

LAURENCE.

Ne vois-tu pas la rigueur qu'on exerce envers les autres, et la fureur qui anime ce juge ? Conserve toi, je t'en supplie ; n'attends pas le mal qui peut t'atteindre.

FRONDOSE.

Comment oses-tu me proposer une fuite aussi honteuse ? Veux-tu que j'évite le péril qui menace et mes concitoyens et toi-même ? N'exige pas, ma chère, un tel sacrifice. Il serait déshonorant pour moi, dans une occasion aussi grave, de me mettre à couvert afin d'éviter de courir les risques auxquels les autres sont exposés. (*On entend des cris derrière la scène.*) J'entends, je crois, des cris ; c'est quelqu'un qu'on met à la torture : prêtons l'oreille.

LE JUGE, toujours derrière la scène ainsi que les témoins.

Dites la vérité, bon vieillard.

FRONDOSE.

C'est un vieillard qu'on met à la question.

LAURENCE.

Quelle cruauté!

ESTÉVAN.

Laissez-moi respirer.

LAURENCE.

Dieu! c'est mon père.

LE JUGE.

Je vous laisse. Qui a tué Fernand Gomez?

ESTÉVAN.

Fontovéjune l'a fait.

LAURENCE.

O mon père, que ton nom soit éternellement glorieux!

FRONDOSE.

Quel courage!

LE JUGE, au bourreau.

Prends cet enfant. Allons, drôle, serre-le bien. (*A l'enfant.*) Je sais que tu es instruit : dis-moi qui c'est? (*Au bourreau.*) Veux-tu serrer, ivrogne?

L'ENFANT.

Seigneur, c'est Fontovéjune.

LE JUGE.

Par la vie du roi, misérables, je vous étranglerai de mes mains. Qui a tué le commandeur?

L'ENFANT.

Seigneur, Fontovéjune.

FRONDOSE.

Qu'on donne la question à un enfant, et qu'il nie avec ce courage! Quel bon peuple!

LAURENCE.

Bon et fort.

LE JUGE.

Mets cette femme sur le chevalet, et donne-lui un bon tour de corde.

LAURENCE.

La colère lui fait perdre le sens.

LE JUGE.

Soyez sûrs, coquins, que je vous fais tous mourir dans les tourmens. Qui a tué le commandeur?

PASCALE.

Fontovéjune, seigneur.

LE JUGE.

Serre.

FRONDOSE.

Efforts inutiles.

LAURENCE.

Pascale se tait, Frondose.

FRONDOSE.

Cela t'étonne-t-il? Des enfans ont su se taire.

LE JUGE, au bourreau.

Je crois que tu les ménages. Veux-tu bien!...

PASCALE.

Ah! Dieu du ciel!

JOURNÉE III, SCÈNE VII.

LE JUGE, au bourreau.

Va donc, infâme; es-tu sourd?

PASCALE.

Fontovéjune l'a tué.

LE JUGE.

Amenez-moi ce courtaud à moitié nu, ce gros-là.

LAURENCE.

Pauvre Mengo! c'est lui sans doute.

FRONDOSE.

Je crains qu'il n'avoue tout.

MENGO.

Ahie! ahie!

LE JUGE.

Commence à serrer.

MENGO.

Ahie! ahie!

LE JUGE, au bourreau.

As-tu besoin d'aide?

MENGO.

Ahie! ahie!

LE JUGE.

Brigand, qui a tué le seigneur commandeur?

MENGO.

Ahie! Je vais vous le dire, seigneur.

LE JUGE.

Lâche un peu la main.

FRONDOSE.

Il va tout révéler.

MENGO.

Restez tranquille : je vais vous le conter.

LE JUGE.

Qui l'a tué?

MENGO.

Seigneur, FONTOVÉJUNETTE (34).

LE JUGE.

A-t-on vu pareille impudence! Ils se rient de la douleur; et ceux sur qui on comptait le plus, sont ceux qui nient avec le plus d'audace. Laisse-les, je suis fatigué.

FRONDOSE.

O Mengo! que Dieu te protége : tu m'as ôté toute crainte.

(Mengo entre soutenu par Barrildo et Alonze.)

BARRILDO.

Vive Mengo!

ALONZE.

Tu dis bien.

BARRILDO.

Mengo vive!

FRONDOSE.

Tu as bien raison.

MENGO.

Ahie! ahie (35)!

BARRILDO.

Tiens, prends, mon ami Mengo.

MENGO.

Ah! qu'est cela?

BARRILDO.

De la confiture de citron.

MENGO.

Ahie!

FRONDOSE.

Verse-lui à boire.

BARRILDO.

En voilà.

FRONDOSE.

Bon, cela passe bien.

LAURENCE.

Donne-lui encore à manger.

MENGO.

Ah! mes amis.

BARRILDO.

Encore ce verre à ma santé.

LAURENCE.

Il boit à merveille.

FRONDOSE

Qui bien nie, doit bien boire.

BARRILDO.

En veux-tu encore?

MENGO.

Oui, oui.

FRONDOSE.

Bois, tu le mérites bien.

LAURENCE.

Autant de versé, autant d'avalé.

FRONDOSE.

Couvre-le, il a froid.

BARRILDO.

Veux-tu boire davantage ?

MENGO.

Ahie ! ahie ! encore trois ou quatre coups. C'est-il fini ?

FRONDOSE.

Il demande s'il y a encore du vin.

BARRILDO.

Sois tranquille : bois à ton plaisir. Qu'as-tu ?

MENGO.

Une certaine incommodité. Rentrons, je m'enrhumerais.

FRONDOSE.

Va, mon ami. Qui a tué le commandeur ?

MENGO.

Fontovéjunette l'a égorgeté [36].

(Ils sort avec Barrildo.)

FRONDOSE.

On fait bien d'avoir soin de lui. Que je te tourmente à mon tour. Dis-moi, mon amour, qui a tué Fernand Gomez ?

LAURENCE.

Fontovéjune, mon cher.

FRONDOSE, grossissant sa voix.

Qui l'a tué ?

LAURENCE.

Tu me fais peur. C'est Fontovéjune.

FRONDOSE.

Et moi, comment t'ai-je tuée ?

LAURENCE.

Par l'amour que tu m'as inspiré.

(Ils sortent.)

SCÈNE VIII.

La cour d'Isabelle [37].

LE ROI, LA REINE.

LA REINE.

Je ne croyais pas, seigneur, vous trouver ici. Je bénis mon sort qui m'a procuré ce plaisir.

LE ROI.

C'est un bien toujours nouveau que de me trouver près de vous. En allant en Portugal, j'ai dû passer pour vous voir.

LA REINE.

Quelle que soit ma satisfaction, je serais fâchée que vous vous fussiez dérangé pour moi d'un voyage aussi important.

LE ROI.

Comment avez-vous laissé la Castille ?

LA REINE.

En paix, parfaitement tranquille et soumise.

LE ROI.

Vous vous en étiez chargée : j'étais sûr que vous réussiriez.

(Manrique entre.)
MANRIQUE.

Le grand-maître de Calatrava, qui vient d'arriver, demande la permission d'être admis à votre auguste présence.

LA REINE.

Il me tardait de le voir.

MANRIQUE.

Je vous engage ma foi, madame, que bien jeune encore, ce n'en est pas moins un valeureux soldat.

(Le grand-maître de Calatrava entre.)

LE GRAND-MAITRE, un genou en terre.

Rodrigue Tellez Giron, grand-maître de Calatrava, qui ne cessera de célébrer vos louanges, vous demande humblement pardon. Je l'avoue, j'ai été trompé, et de mauvais conseils m'ont engagé à me conduire autrement que je ne l'aurais dû. Les avis de Fernand Gomez, et mon zèle pour l'ordre, m'ont aveuglé. Je vous supplie d'excuser mon erreur; et si je puis obtenir de vos majestés la grâce que je réclame, vous pouvez, à l'avenir, compter sur mon zèle et mes services. Dans cette guerre de Grenade que vous allez entreprendre, vous verrez la valeur de mon épée : si je la tire du fourreau, répandant les angoisses parmi les mores, je planterai mes croix rouges sur leurs créneaux orgueilleux; cinq cents braves soldats me suivront dans cette campagne, et je vous engage ma parole et ma foi, de ne plus vous déplaire désormais.

LE ROI.

Relevez-vous, grand-maître. Vous êtes venu; il suffit : vous étiez sûr d'être bien reçu.

LE GRAND-MAITRE.

Votre bonté est l'asile du malheureux.

LA REINE.

Vous montrerez au champ d'honneur que vous savez bien faire comme bien dire.

LE GRAND-MAITRE.

Je vois en vous une autre Esther, digne épouse du plus grand des rois [38].

MANRIQUE.

Sire, le juge chargé d'informer à Fontovéjune, vient rendre à votre majesté compte de sa mission.

LE ROI, à la reine.

Jugez vous-même les coupables.

LE GRAND-MAITRE.

Sans mon respect pour vous, sire, je leur aurais appris à tuer mes commandeurs.

LE ROI.

Dans ce moment cela ne vous touche pas.

LA REINE, au grand-maître.

J'espère que, s'il plaît à Dieu, nous reverrons encore le pouvoir dans votre main.

(Le juge entre.)

LE JUGE.

Suivant vos ordres, sire, j'ai été à Fontovéjune, et avec tout le soin que j'ai pu y mettre, j'ai cherché à découvrir les coupables du crime qui a été commis. On n'a pu écrire au procès une seule page qui contînt des renseignemens positifs. Tous les témoins unanimes, avec un cœur inébranlable, lorsqu'on leur a demandé qui était l'auteur du forfait, ont répondu : Fontovéjune. J'en ai soumis plus de trois cents aux épreuves de la torture, et ce n'a pas été avec peu de rigueur.; et je vous assure que je n'ai pu en tirer autre chose. J'ai approché du chevalet jusqu'à des enfans de dix ans; et les tourmens ni les menaces, les promesses ni les flatteries n'en ont rien obtenu. Ainsi puisqu'il est si difficile de connaître la vérité, ou vous devez leur pardonner à tous, ou tuer tous les habitans. Ils viennent devant vous, sire, et, si vous le désirez, vous pouvez vous-même vous assurer de ce que je vous rapporte.

LE ROI.

Dis-leur qu'ils peuvent entrer.

(Les alcades, les paysans et les paysannes de Fontovéjune entrent.)

LAURENCE, à Frondose.

Ce sont là nos souverains.

FRONDOSE.

Oui, les maîtres de la Castille.

LAURENCE.

Qu'ils sont beaux l'un et l'autre! puisse saint Antoine les bénir!

LA REINE.

Voici donc les mutins.

ESTÉVAN.

Fontovéjune, madame, se jette à vos pieds pour vous offrir sa fidélité et ses services. La tyrannie excessive, l'insupportable rigueur du commandeur qui nous faisait mille outrages, a été la cause de son malheur. Sans pitié, sans lois, sans mœurs, il enlevait nos biens, maltraitait nos personnes, insultait nos vierges.....

FRONDOSE.

Cette jeune fille, que le ciel m'a accordée pour mon bonheur, le même soir de mes noces, il l'emmena dans sa maison comme si elle lui eût appartenu. Si la vertu qui brille en elle ne lui avait donné des forces pour résister [39], vous pouvez penser quel eût été son sort.

MENGO.

N'est-ce pas mon tour de parler, si toutefois on m'en accorde la permission? Vous serez émerveillés de savoir comme il m'a arrangé. Parce que, je voulais défendre une pauvre fille contre les violences de ses gens, ce Néron me fit traiter de manière que ma peau devint aussi rouge, mais non pas aussi dure, que celle d'une écrevisse cuite [40]. Trois hommes battirent la mesure sur mon corps avec une telle constance, que je m'en ressens encore, quoique, pour tanner mon pauvre cuir tout déchiré, j'aie employé plus de poudre de myrte que ne vaut mon bien entier.

ESTÉVAN.

Sire, madame, nous voulons être à vous. Vous êtes nos maîtres naturels, et à ce titre nous avons déjà inauguré vos armoiries. Nous comptons sur votre clémence; et vous ne verrez dans cet événement déplorable que l'erreur de l'innocence égarée par l'excès de la tyrannie.

LE ROI.

Quelque grave qu'ait été la faute, puisqu'on ne

peut en connaître légalement les auteurs, je suis forcé de la pardonner. Fontovéjune restera provisoirement sous ma garde, puisqu'elle réclame ma protection, et nous verrons un jour si nous trouvons quelque commandeur à qui nous puissions la transmettre.

FRONDOSE.

Le langage du roi est celui de la sagesse; (*au public*) et c'est ainsi, illustre assemblée, que finit Fontovéjune.

FIN DE LA TROISIÈME ET DERNIÈRE JOURNÉE.

NOTES

SUR

FONTOVÉJUNE.

---

(1) Si le nom de la ville de *Fuente-Ovejuna* ne revenait pas souvent dans la pièce, je ne l'aurais pas francisé. Mais on le remontre très-fréquemment, et j'ai cru devoir faire comme si, au lieu d'être dans la Sierra Moréna, cette ville se trouvait aux pieds des Pyrénées; et traiter son nom comme nos ancêtres ont traité celui de *Fuenterrabia* dont ils ont fait *Fontarabie*. Au reste, cette petite ville est située au bord et près des sources du Guadiato, sur les frontières du royaume de Cordoue, de l'Estramadoure et de la Manche. A l'époque à laquelle se rapporte la pièce, elle appartenait à l'ordre de Calatrava depuis peu de temps. Le roi Henri IV la donna à don Pèdre Giron, vers 1456, celui-ci l'échangea avec l'ordre, et reçut en contre-échange la terre d'Ossone (*Osuna*) qui valait beaucoup mieux.

(2) Don Rodrigue Tellez Giron fut nommé grand-maître par la résignation de son père, en 1466; il avait huit ans. Don Pèdre Giron abdiqua parce qu'il allait se marier avec l'infante, depuis la reine Isabelle; il mourut en chemin. On assure que cette mort imprévue fût un miracle accordé aux prières d'Isabelle, qui se sentait destinée à épouser un roi : d'autres ont pensé que des moyens purement humains avaient avancé le terme de ses jours. Son fils ne prit l'administration de l'ordre qu'en 1475, à la mort de son oncle Pacheco, grand-maître de Saint-Jacques. Il avait alors seize ans : ce jeune grand-maître fut tué au siége de Loxa en 1482.

(3) Fernand Gomez de Gusman était entré dans l'ordre, sous la maîtrise de don Pèdre Giron. Il ne pouvait avoir guère plus de quarante ans en 1475. Il ne fut jamais marié et laissa plusieurs enfans; j'ai traduit son titre par commandeur *mayeur*, parce que *major* et *majeur* auraient donné de fausses idées; inconvénient que n'a pas *mayeur* qui n'était que le nom peu usité d'une charge municipale. Le *comendador mayor* était l'un des chefs de l'ordre et des conseils du grand-maître.

(4) J'ai regardé *Roxo* comme un sobriquet, et je l'ai traduit ainsi que *Redondo* et *del Pozo*.

(5) La croix d'Alcantara est verte. L'insigne de l'ordre de Saint-Jacques est une épée.

(6) (*Litt.*) « Et vous, fameux chiffon (*Giron*), vous devez devenir un manteau qui couvre le temple de vos augustes ancêtres. » Cet amphigouri est un calembourg sur le nom de *Giron*, qui signifie haillon, morceau d'étoffe, pièce remise à un vêtement.

(7) Expression proverbiale, analogue à : Non; c'est le chat.

(8) Euphémisme, pour ne pas dire : Par Dieu.

(9) J'ai été obligé de traduire, et fort mal, l'onomatopée des mots *tio*, *tio*, oncle, et *judio*, *judio*, juif; et à la fin du même couplet j'ai remplacé un jeu de syllabes par un autre.

(10) La métaphore de *sel* pour *esprit*, appartient, en Espagne, au langage populaire.

(11) On personnifie toujours, en Espagne, les villes et les provinces. « Tolède parle aux cortès avant Burgos : Castille pour Ferdinand ! etc. »

(12) *Cuero* veut dire *outre* de vin, et *cuir*. « Si vous habillez vos soldats de ces cuirs, etc. »

(13) (*Litt.*) « N'a-t-il pas assez de toute la viande qu'on lui a présentée? — C'est de la vôtre qu'il a envie. — Eh bien ! qu'il crève de faim? »

(14) Publier les bans de notre mariage.

(15) Frondose dit dans l'original qu'il *enrage*, ou qu'il est *enragé*. Laurence lui répond de se faire *saluer*. Les *saludadores* étaient des gens qui prétendaient avoir le don de guérir la rage, l'épilepsie, etc., par diverses simagrées, et surtout par leur salive (Feyjoo, *Theat. Crit*). C'est à cette opinion populaire et à ce remède que Frondose fait allusion dans sa réplique :

Basia me capiunt blandas imitata columbas (Mart.)

(16) (*Litt.*) « Cette ré publique. »

(17) *El mentidero*, « l'endroit où l'on ment. » On appelle ainsi en Espagne, la place qui est ordinairement près de l'église, et où les hommes ne réunissent pour causer et parfois pour mentir.

(18) Cordoue était au pouvoir des chrétiens, mais ce n'était pas une raison pour ne pas craindre un Fernand Gomez.

(19) On sait que saint Jacques combattait les Mores à la tête des armées espagnoles, monté sur un cheval blanc. Ici c'est une allusion au grand-maître de l'ordre de Saint-Jacques qui commandait le siége.

(20) Voici une scène uniquement faite pour éviter un récit, et qui occasione deux changemens de décorations. Mais il faut observer qu'elle coupe l'action et laisse ainsi le temps de faire les préparatifs de la noce pour la scène suivante.

(21) Le sucre était moins commun qu'aujourd'hui au temps de Lope, et en 1475 il était presque inconnu. On assaisonne encore les baignets de miel.

(22) (*Litt.*) « On peut encore voir les cardinaux sur moi sans aller à Rome. » Jeu de mots sur *cardenal*, cardinal et meurtrissure.

(23) L'histoire d'Espagne rapporte plusieurs exemples de pareilles déterminations.

(24) L'original ajoute : « Jusqu'à la nuit des noces, cette obligation court pour le compte du père et non pour celui du mari ; car si j'achète un bijou, jusqu'à ce qu'il me soit délivré, je ne puis être chargé ni des frais de la garde, ni des risques à courir de la part des voleurs. »

(25) (*Litt.*) « Vous êtes bien des brebis, comme le dit le nom Fuente-Ovejuna. » Fontaine aux brebis.

(26) Ajoutez entre autres épithètes que j'ai omises, *lièvres*, *barbares* et *poules mouillées*.

(27) On trouve de plus dans l'espagnol : « Et qu'ainsi revienne chez nous le siècle de ces Amazones qui sont encore l'effroi du monde. »

(28) (*Litt.*) « Les morceaux les plus gros ont été les oreilles. »

(29) J'ai remplacé un jeu de mots par un autre.

(30) Ceux qui trouvent une double action dans les *Horaces*, penseront que la mort du commandeur est une péripetie complète, et que le sort des habitans est le sujet d'un autre drame.

(31) Les barres sont les armes d'Aragon.

(32) Les villes du Marquisat de Villena, état assez considérable, en avaient fait autant quelque temps auparavant, ainsi que la ville d'Ocagna.

(33) Voilà encore un changement de lieu peu motivé. Mais il remplit le temps qui doit se passer entre l'arrivée du juge et la fin de l'instruction. Lope de Vega a sacrifié la vraisemblance de lieu, par égard pour la vraisemblance de temps.

(34) *Fuente-Ovejunica*, diminutif de *Foente-Ovejuna*.

(35) *Ay*, en espagnol, est l'interjection de douleur, *Ahie!* et *hay* qu'on prononce et qu'on écrit souvent de même, signifie *il y a*, ou *y a-t-il*, ou *y en a-t-il*. Cela remplit cette petite scène de jeux de mots intraduisibles.

(36) *Egorgeter*, n'est point un néologisme ; il a été employé

par un des bons écrivains du seizième siècle, Rabelais. Au reste, cette disposition sanguinaire à trouver dans la mort violente d'un individu des sujets de plaisanterie était un des résultats nécessaires de l'état de la société à cette époque. Hors de la civilisation, le courage se confond souvent avec la férocité... Si Lope avait mis la scène de son temps, il n'aurait pas prêté à ses amoureux les aimables plaisanteries sur la torture qui terminent cette scène.

(37) Dans ces momens d'agitation, le roi et la reine étaient plus nomades encore que de coutume. Ils sont supposés se rencontrer, mais je n'ai pu fixer exactement le lieu de la scène. D'ailleurs il est assez probable que l'endroit où Giron se présenta devant Ferdinand, ne fut pas le même où celui-ci reçut le juge commissaire de Fontovéjune, et ce serait violer outrageusement l'unité de lieu que de prétendre que les personnages sont dans deux endroits à la fois.

(38) (*Litt.*) « Un divin Xerxès. » Comme il n'est pas bien sûr que Xerxès fût Assuérus, et que Xerxès n'est pas d'ailleurs un terme de comparaison très-flatteur, j'ai cru pouvoir mettre au lieu du nom d'un roi de Perse la qualification de tous, *le grand roi.*

(39) Ici c'est le mari qui parle. Comparez avec la page 222.

(40) L'auteur revient ici aux tranches de saumon. J'ai pris un autre terme de comparaison pour varier l'expression, mais je l'ai cherché dans le même ordre d'idées ; même en se rappelant ce qu'il a souffert, Mengo doit penser à ce qu'il peut manger.

PERSÉVÉRER
JUSQU'A LA MORT.

NOTICE
SUR PERSÉVÉRER
JUSQU'A LA MORT.

Lorsque Lope de Vega voulait rassembler dans un cadre resserré tous les événemens d'une longue suite d'années, il avait assez de goût et un esprit d'analyse assez juste pour les présenter sans confusion. Lorsqu'il voulait retracer une action simple, il avait assez de fécondité dans l'esprit pour remplir, sans s'éloigner de son sujet, l'étendue ordinaire de ses pièces.

Porfiar hasta morir est de ce genre. Mazias devient amoureux de Claire; les conseils, les obstacles, les menaces, les punitions, rien ne l'empêche de persévérer.... que la mort.

Le verbe que j'ai employé dans le titre ne rend pas exactement le verbe espagnol. Chaque nation établit, dans les différens ordres d'idées ou de sensations qui ne forment dans la nature qu'une suite continue, des coupes arbitraires, et qui peuvent différer d'un pays à l'autre. La *porfia* de l'Espagnol est entre la *persévérance* et *l'entêtement* du Français. C'est la persévérance, c'est-à-dire la constance dans le sens actif, mais mêlée d'une nuance de cet esprit d'indépendance, de résistance à la contrainte, ou, si l'on veut, de contradiction qui constitue l'entêtement, devient l'obstination, et à un plus haut degré ce que les Espagnols nomment *capricho*.

Porfiado se prend en bonne et en mauvaise part : dans le dernier cas, je l'ai souvent traduit par *obstiné* et *entêté*.

Cet une conception heureuse que celle du jeune poëte Mazias. La pureté de ses feux lui donne de la dignité, et les circonstances dans lesquelles l'auteur l'a placé sont telles, que sa conduite n'est pas déraisonnable. On convient qu'il est insensé ; mais on sent que dans une situation pareille, il serait difficile de ne pas l'être.

Au reste, c'est comme amoureux que Mazias est un personnage historique. C'est la phrase : *enamorado como Mazias,* qui est devenue proverbe ; c'est surtout comme tel que Lope le présente. Il est fâcheux qu'il ait manqué ici, comme dans l'*Arauque dompté*, l'occasion de peindre le poëte. Mais jusqu'à présent, Piron, dans la *Métromanie*, et Legouvé, dans le Lucain d'Épicharis, sont les seuls auteurs dramatiques qui aient osé entreprendre cette tâche. Peut-être l'écrivain espagnol a-t-il pensé que s'il donnait plus d'enthousiasme poétique à son héros, il affaiblirait l'intérêt qu'on porte à son amour, et que les spectateurs pourraient penser, comme le dit Claire, que Mazias ne cherchait dans sa passion qu'un sujet pour exercer sa muse.

Le caractère de Claire est tracé d'une manière ingénieuse. Elle est assez honnête pour n'avoir rien à se reprocher, et assez coquette pour que la persévérance de Mazias soit vraisemblable.

Tello est tel qu'il doit être. Ce n'est pas sans raison que Lope, qui connaissait l'intérieur des grandes maisons espagnoles, qui avait été aussi domestique de grands seigneurs, indique, dans le courant de la troisième journée, que le mari de Claire est aussi irrité de voir Mazias favori de son maître qu'amant de sa femme, et qu'il le montre aussi jaloux de la faveur du marquis de Villena que de l'amour de sa moitié.

Le grand-maître est présenté avec dignité. Cependant, sous le rapport de leurs exploits guerriers, le roi et lui sont peints un peu plus grands que nature. Nugne est un valet comique, mais il tient à l'action ; c'est un de ces rôles qui, comme le dit M. Schlegel, parodient la partie sérieuse de l'ouvrage.

Tous les caractères d'ailleurs sont également soignés. Il n'est pas jusqu'à Paëz, personnage accessoire, où l'on ne découvre le grand poëte. Il jure à Tello la plus sincère amitié ; et quand celui-ci lui parle de sa haine contre Mazias, il ne peut répondre autre chose sinon que le grand-maître aime beaucoup ce dernier ; et lorsque Tello l'a quitté, il fait au valet de Mazias autant de protestations d'amitié pour son maître, qu'il vient d'en prodiguer à son ennemi. Dans ce temps, les maisons des grands seigneurs étaient montées sur un pied tel, qu'elles ressemblaient, au faste près, aux cours des princes d'aujourd'hui.

Quoique l'action soit bien conduite, on y remarque une contradiction au moins apparente.

A la fin du premier acte le mariage entre Claire et Tello est projeté, arrêté si l'on veut, mais il n'est que cela. Au commencement du second, et sans intervalle, ils sont fiancés. C'est aisé à expliquer en supposant, ou que les futurs époux étaient convenus de cacher la solennité des engagemens qu'ils avaient pris, ou que le grand-maître, voulant terminer le mariage de son gentilhomme malgré l'autorité du roi, suppose que les choses sont plus avancées qu'elles ne l'étaient. L'une ou l'autre de ces suppositions vraisemblables pouvait être indiquée par quelques vers.

La durée de l'action est seulement de quelques jours. Lope l'a pressée tant qu'il a pu : elle se passe toujours à Cordoue, sauf la première scène qui est placée à deux lieues de la ville.

Le style est constamment soigné. Le rôle de Mazias en particulier est écrit avec une perfection remarquable. La dernière scène du second acte contient une des situations les plus hasardeuses qu'ait pu se donner un auteur dramatique, et Lope s'en est tiré avec un singulier bonheur; s'il n'a pu dissimuler tout ce qu'elle a de choquant, il a du moins su conserver dans l'expression une réserve méritoire.

On verra plus loin les faits que lui a fournis l'histoire. Il a pris beaucoup de libertés; et quant à la nature des liaisons de Mazias et de Claire, il a bien fait. On peut lui pardonner aussi d'avoir fait de Henri de Villena, grand-maître de Calatrava, un grand-maître de Saint-Jacques. Il a été plus exact en plaçant auprès de lui dona Maria de Albornoz, qui avait été sa femme, avec qui il divorça pour cause prétendue d'impuissance, et, dans le fait, pour pouvoir être nommé grand-maître en 1404. La comtesse, après ce divorce, alla passer quelques jours dans un couvent, et revint ensuite auprès de son époux, avec lequel elle vécut conjugalement. Ce fait, prouvé au procès, fut un des motifs pour lesquels, après la mort de Henri III son protecteur, en 1407, le grand-maître fut destitué. La sentence ne fut cependant confirmée par le chapitre général de *Cîteaux*, dont l'ordre relevait, qu'en 1414.

Ce n'est pas non plus un grand mal que Lope ait fait trouver Henri III à Cordoue, en 1406, lors de l'attaque des Maures. Ce prince n'alla en Andalousie qu'une fois, en 1399, quatre ans avant que Villena ne fût grand-maître. Mais ce qui est inexcusable, c'est que notre auteur ait négligé d'indiquer, ne fût-ce que par un vers, le caractère de ce dernier. Il en fait un pourfendeur de Maures : ce n'était pas alors une distinction, et rien ne le fait reconnaître pour un savant, ce qui était bien autrement rare parmi les chevaliers du quatorzième siècle.

Le marquis de Villena était un des hommes les plus instruits de son temps : aussi fut-il accusé de sortilége et de magie. Après sa mort, en 1434, le roi Jean II ordonna à l'évêque de Ségovie, Juan de Barrientos, qui n'était pas suspect de sorcellerie, de visiter ses nombreux manuscrits. L'inquisition n'existait pas encore. Sa seigneurie illustrissime dit qu'il y avait du bon et du mauvais, et proposa, comme le plus sûr, de brûler le tout, ainsi qu'il avait été décidé dans un cas analogue pour les livres de la bibliothéque d'Alexandrie ; et depuis, dans une circonstance un peu différente, pour les habitans catholiques et albigeois réfugiés pêle-mêle dans l'église de Béziers. Juan de Barrientos fut chargé de l'exécution de la sentence qu'il avait pronon-

cée. Il faut cependant lui rendre justice : il l'a-
doucit, et un des ouvrages du marquis de Villena
fut conservé par lui pour l'instruction de la pos-
térité. Il est intitulée : *De arte cisoriá*, de l'art
de découper les viandes.

Trois auteurs sur la fin du dix-septième siècle ont fait une autre pièce sur le même sujet,
et sous le titre *del Espanol mas amante y
desgraciado Mazias*. Ils ont cherché à placer le
fait historique dans le cadre d'une comédie d'intrigue : en conséquence, ils ont fait de la sœur
de Tello, qu'ils appellent Garcie Tellès, une seconde amoureuse qui, passionnée pour Mazias,
ainsi que Marguerite (Claire de Lope), donne
lieu à des scènes de jalousie, d'explications, etc.
Cette Léonor a d'un autre côté un amant qui
aspire à sa main, de sorte que Mazias se trouve
placé entre deux femmes et deux hommes,
tous ayant des vues et des intérêts divers. La
pièce est trop compliquée pour en donner une
analyse complète. Je placerai cependant dans les
notes quelques observations pour qu'on puisse
en comparer la marche avec celle de *Porfiar
hasta morir*.

A. La Beaumelle.

EXTRAIT DE L'OUVRAGE

INTITULÉ

OBLEZA DE ANDALUCIA,

PAR DON GONZALVE ARGOTE DE MOLINA.

———

CETTE époque (de 1404 à 1407), était grand-maître de Calatrava don Enrique de Villena, fameux par es connaissances littéraires. Il avait à son service Maias, devenu illustre par sa constance dans ses amours. e jeune homme, s'abandonnant à ses passions avec 'impétuosité de son âge, jeta les yeux sur une jolie peronne qui appartenait à la maison du grand-maître. De art et d'autre ils mirent dans leur liaison le plus grand ystère, si bien que Villena, n'en ayant pas été instruit, aria cette demoiselle, en l'absence de son amant, à un entilhomme des premiers de la ville de Porcuna. Cet événement ne découragea point Mazias. Se rappelant la assion que sa maîtresse avait pour lui, il ne put croire ue l'inconstance eût pénétré dans un cœur aussi passionné, et pensa que l'autorité du grand-maître avait seule pu le rendre infidèle. En effet, il fut assuré bientôt, par une tendre correspondance, que son amour vivait encore dans l'âme de la jeune femme. Dès lors, il la servit avec la même foi et la même affection qu'auparavant.

Ces amours ne purent être si secrets que le mari n'en fût instruit, et n'osant pas tuer le rival qui l'offensait, parce que c'était un des écuyers les plus chéris du grand-maître, il prit le parti de porter ses plaintes à ce dernier, qui réprimanda Mazias, lui défendit de penser davantage à cette femme, et lui ordonna d'abandonner entièrement cette liaison ; mais l'amour avait tellement asservi le jeune écuyer, qu'en vain on tâcha de l'arrêter par des obstacles ; son affection s'accrut par les difficultés qui s'opposaient à ses désirs ; et, déterminé à tout risquer, il continua ses poursuites avec tant d'opiniâtreté, que le grand-maître l'envoya prisonnier dans le château d'Arjonilla, ville appartenant à l'ordre, à cinq lieues de Jaën, faute de pouvoir trouver un autre moyen pour faire cesser les plaintes auxquelles sa conduite donnait lieu.

Confiné dans une triste prison, privé de sa liberté, Mazias, pour distraire ses chagrins, composait des chansons amoureuses dans lesquelles il déplorait sa triste destinée, et, les faisant passer à sa dame, il s'entretenait de souvenirs et d'espérances. Il nous reste encore une de ces chansons, dans une collection de la bibliothéque de l'Escurial. La voici (1) :

> Étonnés, pleins de douleur,
> Oyant le bruit de mes chaînes,
> Voulez savoir quel malheur
> M'accable de telles peines.

---

(1) Cette imitation n'a d'autre mérite que celui d'une parodie exacte de la mesure et de la coupe des vers de l'original. J'ai

Cessez, ô féaux amis!
Cessez vos questions vaines :
Toujours dirai ce que dis :
J'eus tort; ayant des pensées
Pour trop hautes, insensées.

Ai voulu, dans mon orgueil,
Atteindre le bien suprême;
Et vais descendre au cercueil,
Et ma misère est extrême.
Mais en vain suis malheureux;

---

cependant rendu les idées principales. M. de Sismondi, dans l'excellent ouvrage que j'ai déjà cité, a inséré un fragment de traduction de la même pièce. Il n'a pu la compléter, parce qu'il la traduisait sur la copie très-inexacte qu'en a donnée Sanchez dans sa collection des anciens poëtes. J'aurais été encore moins fidèle que ce savant littérateur, si M. Dubeux, jeune employé à la bibliothèque du roi, qui a autant d'obligeance que de talens, n'avait bien voulu, et restituer le texte, et m'en faciliter l'intelligence. Ce monument de l'ancienne littérature hispano-portugaise étant très-précieux, je pense qu'on ne me saura pas mauvais gré de l'insérer ici, imprimé intelligiblement pour la première fois.

Cativo, de minha tristura
Ja todos prenden espanto,
E preguntan, que ventura
Foy, que me atormenta tanto.
Mas non sei, no mundo amigo,
Que mays de meu quebranto
Diga, de esto que vos digo
Que bem sei nunca devia
Al pensar que faz folia.

Cuydé subir en alteza,
Por cobrar mayor estado;
E cay en tal pobreza,
Que moyro desamparado.
Con pezar e con desejo

Tant plus souffre et tant plus aime.
Chu dans un abîme affreux,
Le fol remonter désire,
Dût sa rechute être pire.

Pour si peu n'allez gémir.
Bien plus grande est ma faiblesse,
Et mourrai du seul désir
D'aggraver mal qui me blesse.
Las ! onc plus ne dois la voir !
Ne plus voir, aimer sans cesse,
Tel destin a pu m'échoir !
Cil qui vécut dans les chaînes
Doit mourir aux mêmes peines.

Mon sort me sut enchaîner
A si douteuse espérance,
Que mon cœur ne put donner
A mes vœux nulle assurance ;
Mais de ce cruel amour

Que vos direy, malfadado!
Lo que yo he, bem o vejo :
Quando o loco, cay mais alto.
Subir prende mayor salto.

Pero que pobre sandece,
Por que me deva pezar?
Minha locura asi crece
Que moyro por entonar.
Pero, mays non a verey !
Si : non ver y desejar.
E poren assi direy :
Quen carcel sole viver
En carcel se veja morrer.

Minha ventura, en demanda
Me puso atan dudada,
Que mi corazon me manda
Que seja siempre negada.
Pero mais no saberan

On ignore la puissance,
Et l'on dit du troubadour :
Évitez-le ! il a la rage.
Son maître en rend témoignage.

Ces chansons, et quelques lettres de Mazias, étant tombées dans les mains de l'époux de la dame à qui elles étaient adressées, il ne put contenir plus long-temps sa fureur, et résolut d'en finir d'une fois : il monta à cheval armé de toutes pièces, et arrivant à Arjonilla, il vit Mazias à la fenêtre de sa prison, chantant des lamentations d'amour. Ne pouvant souffrir cette vue importune, il lui porta un coup de lance; et le malheureux amant, le corps traversé par le fer, donna fin à ses amours avec les derniers soupirs de sa vie. Le chevalier s'échappa, grâces à la vitesse de son cheval, et se réfugia dans le royaume de Grenade.

Le corps de Mazias fut enseveli dans l'église de Sainte-Catherine, du chateau d'Arjonilla. Il y fut porté par les plus nobles du pays. On plaça sur son tombeau la lance qui l'avait frappé, avec cette inscription :

« On ne m'a point jeté cette lance d'un mur, je ne l'ai point gagnée en bataille; mais, m'approchant sans défiance de l'amour, le cruel m'a frappé : tel a été mon sort. »

Outre Argote de Molina, Juan de Mena et son commentateur, Garci-Sanchez de Badajoz, le marquis de Santillane, ont parlé de cet événement. Ce dernier cite les titres de quatre de ses chansons, et en a composé une

---

De minha coyta lazdrada
E poren assi diran :
Can ravioso e cosa brava,
De su senhor se que traba.

dans laquelle il en a inséré des fragmens. Jean Rodriguez du *Padron* donne à entendre que Mazias était comme lui natif de cette ville. Il demande à être enterré auprès de la victime de l'amour, « pour qu'une même terre garde leur cercueil, comme une même terre a vu leur naissance. » Martin de Ximena, dans les annales ecclésiastiques de Jaën, assure que l'on voyait de son temps, 1648, le tombeau de Mazias dans l'église de sainte Catherine, d'Arjonilla, et qu'il portait cette inscription en vieux caractères :

Aqui yace Mazias el enamorado.

Cit-gît Mazias l'amoureux.

PERSÉVÉRER

JUSQU'A LA MORT.

PERSONNAGES.

HENRI III, roi de Castille.
HENRI DE VILLENA, grand-maître de Saint-Jacques.
LA COMTESSE DE CANGAS ET TINÉO, femme du grand-maître avant sa profession.
MAZIAS, jeune gentilhomme castillan.
TELLO DE MENDOCE,
FORTUNÉ PAEZ,
FERNAND GIRON,
UN COMMANDANT DU CHATEAU,
} Gentilshommes de la maison du grand-maître.
CLAIRE, dame de la comtesse,
LÉONOR, esclave de Claire.
NUGNE, domestique de Mazias.
TROIS SPADASSINS.
UN CABARETIER.
SOLDATS, MUSICIENS, etc.

PERSÉVERER
JUSQU'A LA MORT.

JOURNÉE PREMIÈRE.

SCÈNE PREMIÈRE.

Cour d'un des cabarets (1) d'Alcoléa.

MAZIAS, NUGNE.

MAZIAS.

Celui qui désire d'arriver, n'aime ni les longues nuits, ni les méridiennes. Nous voici donc arrivés aux cabarets d'Alcoléa.

NUGNE.

Oui, nous y sommes.

MAZIAS.

Et voilà le fameux pont de ce nom ?

NUGNE.

C'est celui par lequel sont passés tant d'aveugles, dont on se souvient encore. A leur tête marchait le bon vieillard don Bertrand (2).

MAZIAS.

C'est le nom qu'on donne à l'Amour, il est aveugle, et conduit des aveugles.

NUGNE.

Il ne les conduit pas, puisqu'ils se trompent si souvent de chemin.

MAZIAS.

On guide au mal comme au bien... Tu te promettais de dormir, peut-être; mais il n'en sera rien : dès que nos chevaux auront mangé, nous repartirons.

NUGNE.

Comme l'eau du Gualdaquivir est claire et transparente dans ces bouteilles! je les admire et cependant, dans cette occasion, je les aimerais autant pleines de vin. Comme cette entrée me plaît, décorée d'oranges et de citrons! Là-haut, dans la capitale, on vous étale devant les boutiques de beaux habits; ici l'honnête cabaretier vous montre des oiseaux et des poissons. Allons, reposez-vous; et ainsi Dieu vous soit en aide; reposez-vous, pour peu que les aloses vous duisent : quoiqu'il soit tard, nous pourrons arriver à Cordoue; la distance est courte.

MAZIAS.

Combien compte-t-on d'ici?

NUGNE.

Deux lieues.

MAZIAS.

N'importe, il faudra partir, le temps est assez frais, pour l'Andalousie.

NUGNE.

Je ne crains ni froid ni chaud, mais c'est quand j'ai doublé mon estomac d'un peu de liqueur de Bacchus.

(Le grand-maître de Saint-Jacques entre, sa croix couverte par son manteau, suivi de trois spadassins.)

PREMIER SPADASSIN.

Point de paroles inutiles, monsieur le parfumé, monsieur le sérieux! Par toute l'eau de la mer, il faut qu'il nous donne de l'argent ou de bons gages.

LE GRAND-MAITRE.

Songez que je suis un cavalier.

SECOND SPADASSIN.

Qu'avons-nous à songer? c'est à manger qu'il nous faut.

TROISIÈME SPADASSIN.

Monsieur le courtisan était tout enflé à se promener dans la cuisine et nous laissait mourir de faim.

LE GRAND-MAITRE.

Si je m'étais mis à table, je n'aurais pas été impoli [3]. Mais je n'ai rien mangé, j'ai seulement demandé de l'orge pour mon cheval.

TROISIÈME SPADASSIN.

Si bien que c'est de l'orge que mange monsieur.

LE GRAND-MAITRE.

Je me suis perdu en chassant dans la montagne, et je suis arrivé ici.

SECOND SPADASSIN.

Il risque de s'en retourner à pied.

TROISIÈME SPADASSIN.

Monsieur le fera avec plaisir, le chemin est superbe et uni comme la main.

LE GRAND-MAITRE.

Je n'en ferai rien. Dès que mon cheval aura mangé, je le montrai pour partir.

PREMIER SPADASSIN.

Pas tant de paroles; lâchez ce manteau, monsieur l'homme de cour.

LE GRAND-MAITRE.

Je vous engage à vous retirer.

PREMIER SPADASSIN.

Je vous engage à nous le donner si vous ne voulez qu'on vous le prenne.

LE GRAND-MAITRE.

Ah! ah! lâches coquins, il faut donc que je vous montre qui je suis.

(Il met l'épée à la main.)

MAZIAS, l'épée à la main.

Seigneur, vous avez deux hommes à vos côtés.

NUGNE, l'épée à la main.

Et deux Rolands!

(Ils chassent à coups d'épée les trois spadassins. Le cabaretier arrive quand ils sont sortis.)

LE CABARETIER.

Arrive, Gil, on se tue. Arrêtez, arrrêtez, messieurs.

MAZIAS.

Ils fuient, les brigands.

LE GRAND-MAITRE.

Dans les occasions sérieuses, ils ne cherchent qu'à montrer la légèreté de leur course.

LE CABARETIER.

Dieu vous le rende, messieurs! combien ne vous dois-je pas de reconnaissance pour avoir chassé ces misérables. Ils me donnaient le même chagrin avec tous les voyageurs.

NUGNE.

Il y en a un qui s'en va criant. Je crois qu'en lui coupant les cheveux, je lui ai par mégarde ouvert un peu le crâne. Ont-ils des femmes?

LE CABARETIER.

Sûrement, il y a là-dedans deux petites filles.

NUGNE.

C'est bon, je vais à coups de fouet...

LE CABARETIER.

Laissez-moi faire, je m'en acquitterai en conscience! ces coquins qui décréditaient mon cabaret!

NUGNE.

Le saint homme!

(Le cabaretier sort.)

LE GRAND-MAITRE.

Je dois vous rendre mille grâces, noble cavalier, d'avoir comme un homme de cœur aidé à ma défense; enfin j'étais seul contre trois.

MAZIAS.

Je craignais au contraire, seigneur, d'avoir fait tort à votre valeur. Ils étaient trois, mais c'étaient des lâches.

LE GRAND-MAITRE.

Allez-vous à Cordoue ?

MAZIAS.

C'est mon dessein.

LE GRAND-MAITRE.

Je vous y servirai volontiers, si je puis vous y être bon à quelque chose ?

MAZIAS.

En vous voyant on devine la noblesse de vos sentimens. Comment vous trouvez-vous ici ?

LE GRAND-MAITRE.

En chassant, j'ai perdu ma route au milieu de la forêt. Mon cheval étant fatigué, je me suis rappelé ce cabaret ; j'y suis venu. Pendant qu'on pansait mon cheval, je me suis approché du feu où mangeaient ces trois coupe-jarrets avec leurs belles, de tout point bien dignes d'eux. J'aurais bien pu leur donner quelque secours, s'ils ne l'avaient pas demandé de manière à ce qu'un homme comme moi eût été compromis en cédant à cette canaille. Vous avez vu le reste, et comment je suis devenu votre obligé. Mais on m'amène mon cheval, je suis forcé de partir. Permettez-moi de vous offrir ce diamant.

MAZIAS.

La fortune m'a été assez favorable, en me fournissant ici une occasion de vous être utile ; gardez cet anneau. Si je vous retrouve à la cour, je ne refuserai pas de vous avoir d'autres obligations.

LE GRAND-MAITRE.

Dieu vous garde !

JOURNÉE I, SCÈNE I.

MAZIAS.

Puisse sa bonté vous accompagner !

(Le grand-maître sort.)

NUGNE.

Vous ne lui avez pas demandé qui il était.

MAZIAS.

S'il eût été moins pressé, nous aurions pu d'ici à Cordoue causer de mes affaires ; c'eût été heureux pour moi : peut-être aurait-il dirigé mes démarches d'une manière plus utile, dans une autre carrière que celle des armes. Comme j'ai fait mes études....

NUGNE.

Je ne sais si vous avez bien fait de les abandonner, de quitter votre pays pour venir tenter la fortune. Mais ce qui est fait est fait.

MAZIAS.

Mon cœur m'appelle plutôt à suivre l'état militaire qu'un autre, je pense que les lettres que je porte pourront m'être utiles pour avoir un emploi convenable dans l'armée ; si je ne puis l'obtenir, je resterai à la cour ; j'ai aussi quelque aptitude pour les emplois sédentaires.

NUGNE.

Vous avez, seigneur, autant d'esprit que de courage ; vous avez de l'habileté et de la valeur et pour la paix et pour la guerre.

(Tello de Mendoce, Fernaud et Paëz entrent.)

TELLO.

Il est inutile de le chercher plus long-temps.

FERNAND.

Et surtout d'aller t'en informer comme tu le fais à des voyageurs qui n'en peuvent rien savoir.

TELLO.

Je ne puis supporter l'idée de rentrer à Cordoue sans lui (*à Mazias*). Ah! messieurs, auriez-vous vu, par hasard, passer un cavalier avec un manteau de couleur, les plumes noires et jaunes, les éperons d'argent, monté sur un alezan à extrémités noires, dont la selle rase était couverte d'une housse verte et argent.

MAZIAS.

La personne que vous désignez vient à l'instant même de sortir de ce cabaret, et il vous sera facile de l'atteindre sans trop vous presser. Mais je vous en prie, par ma vie, dites-moi son nom.

TELLO.

C'est le grand-maître de Saint Jacques qui cachait sous ce manteau, l'épée écarlate qui honore le cœur généreux qu'elle couvre [5].

MAZIAS.

Je lui ai parlé, et suis désolé de ne l'avoir pas connu. Je lui porte des lettres de Castille.

TELLO.

Vous connaissez trop le monde pour ne pas savoir qu'il eût été moins poli de les lui remettre sur un chemin où vous le rencontrez. Son cheval, lorsqu'il le monte n'est pas aisé à atteindre; mais, si vous voulez nous suivre, vous pourrez plus convenablement lui donner vos lettres dans son palais.

MAZIAS.

Vous parlez comme un homme qui connaît la cour. J'irai en votre compagnie, puisque vous le voulez bien.

TELLO.

Paëz, nous allons partir.

(Il sort avec Paëz et Fernand.)

MAZIAS.

Que je suis fâché de n'avoir pas connu le grand-maître de Saint Jacques !

NUGNE.

Il est bien heureux pour vous d'avoir été à son secours avec tant de bravoure, qu'il se sera sûrement attaché à vous. Je suis certain même qu'il fait cas de moi, pour avoir donné à ce drôle qui lui demandait de l'argent, une estafilade capable de lui faire consommer dix livres de charpie.

SCÈNE II.

Une salle du palais du grand-maître de Saint-Jacques, à Cordoue.

LA COMTESSE, CLAIRE.

LA COMTESSE.

Jamais le grand-maître n'a tardé si long-temps.

CLAIRE.

L'amour est toujours impatient ; les soucis qu'il donne se renouvellent sans cesse.

LA COMTESSE.

La chasse et la guerre se ressemblent tellement, que mon amour s'épouvante autant de l'une que de l'autre : aussi lorsqu'il va à la forêt, mon cœur se remplit d'alarmes comme lorsqu'il va en campagne.

CLAIRE.

Cependant il n'est point raisonnable de mettre sur la même ligne la guerre véritable et ce qui n'en est que l'ombre.

LA COMTESSE.

Les souvenirs que la chasse me rappelle me tiennent en souci.

(Le grand-maître entre.)

LE GRAND-MAITRE.

Si j'étais seul, au moins j'ai pu arriver plus vite.

LA COMTESSE.

Tout seul, grand maître ! Pourquoi donc ?

LE GRAND-MAITRE.

Je me suis égaré, et j'ai même couru quelques dangers, non pas dans la forêt, mais à deux lieues d'ici ; j'ai rencontré des bravaches qui, par leurs discours et aussi par leurs actions, ont voulu tâter mon courage.

LA COMTESSE.

Vous bravez les ennemis; mais devriez-vous encore affronter sans gloire des voleurs ? J'avais bien raison d'être inquiète.

LE GRAND-MAITRE.

Heureusement, un brave gentilhomme qui se trouvait là, est venu se mettre à mon côté.

JOURNÉE I, SCÈNE II.

LA COMTESSE.

Lui avez-vous laissé quelque marque de votre reconnaissance ?

LE GRAND-MAITRE.

Il m'a refusé ; et j'en suis fâché. Je lui offrais ce diamant, parce que je voyais à sa mise que c'était un galant homme, et à ses œuvres qu'il était généreux, vaillant et adroit.

LA COMTESSE.

Vous l'avez quitté ainsi. Pourquoi n'avez-vous pas insisté ?

LE GRAND-MAITRE.

Parce que c'est de vous que je tiens cet anneau.

LA COMTESSE.

Alors que ne l'avez-vous amené, afin que je pusse lui témoigner toute ma gratitude d'avoir défendu cette vie de laquelle nous vivons vous et moi ? Grand maître, je n'aurais pas été fâchée, je vous aurais eu même de l'obligation que vous eussiez employé les gages de mon affection pour récompense d'avoir sauvé votre vie.

LE GRAND-MAITRE.

Ce jeune homme vient à la cour. J'espère que je le verrai au palais, et alors je vous fournirai l'occasion de satisfaire votre reconnaissance.

(Tello, Fernand, Paëz, Mazias et Nugne entrent.)

TELLO.

Jugez vous-même, seigneur, quel a été notre souci; depuis le moment où l'aurore couronnait de lumière les ombres qui fuyaient devant elle, jusques à celui où le soleil, prêt à disparaître, a doré les cîmes des montagnes dont il confondait les hauteurs, nous vous avons cherché en vain. Enfin, arrivés au pont qui opprime de son poids le Guadalquivir, nous avons appris de ce gentilhomme que vous étiez parti pour Cordoue.

LE GRAND-MAITRE.

Je vous remercie de l'avoir conduit ici.

MAZIAS.

Seigneur, au moment où je vous ai rencontré, je n'ai pu vous rendre de grands services; mais puisque ma bonne fortune a voulu que mon zèle du moins vous fût agréable, veuillez en recevoir l'hommage, et prendre en même temps ces lettres pour qu'elles soient de nouveaux titres à votre faveur [6].

(Il donne au grand-maître une lettre.)

LA COMTESSE.

C'est vous, monsieur, qui avez rendu au grand-maître le signalé service dont il m'a parlé?

MAZIAS.

Je baise la poussière de vos pieds, madame.

LA COMTESSE.

Il n'a pas eu pour vous toutes les attentions que vous méritiez. Veuillez recevoir cette chaîne.

MAZIAS.

Vous voulez m'enchaîner à votre service comme un prisonnier, mais les chaînes que donnent ces mains que j'adore, ne pouvaient être que des chaînes d'or.

LE GRAND-MAITRE lit.

« Cette lettre vous sera remise par Mazias, un des plus honorables gentilshommes de mes vassaux. Il a abandonné les études pour embrasser le parti des armes. Après vous avoir fait connaître ses désirs, il ne me reste qu'à supplier votre seigneurie de le favoriser, en le plaçant à l'ombre de ses étendards. Il le mérite, et je réponds de son bon service et de sa reconnaissance.

« D. LOUIS ALVAREZ DE TOLÈDE. »

Où est maintenant mon cousin ?

MAZIAS.

Dans son palais d'Albe, d'où, comme celle du soleil, son influence se répand sur toute la contrée (7).

LE GRAND-MAITRE.

J'aurai égard à la lettre, et parce qu'elle est de lui, et surtout à cause de vous qui me la remettez : vous resterez à mon service, et pouvez me compter pour un ami.

MAZIAS.

Seigneur, je serai votre reconnaissant esclave.

LA COMTESSE.

Je ne vous rendrai pas de mauvais services auprès du grand-maître.

MAZIAS.

Appuyé de votre faveur, madame, il n'est plus rien que je n'ose désirer.

LA COMTESSE

J'espère que je pourrai vous être utile.

(Tous sortent excepté Mazias, Claire et Nugne.)

CLAIRE.

Je suis restée la dernière pour vous parler. Je suis Castillanne, et, comme je l'ai entendu lorsque le grand-maître a lu cette lettre, vous l'êtes aussi. Je voudrais savoir des nouvelles de parens que j'ai dans ce pays.

MAZIAS.

Dans quelle ville ?

CLAIRE.

Je suis de la Barque d'Avila [8].

MAZIAS.

L'héroïque Tolède est seigneur du Val-de-Corneja et, entre les lieux que contient cette vallée, je sais que la Barque d'Avila est un des plus recommandables ; mais je n'y ai jamais été. Je ne croyais pas que ce fût la terre, je croyais que le ciel seul était la patrie des anges. Mais vous êtes de la Barque d'Avila : cette Barque conduira au bonheur infini, comme les poëtes ont feint qu'il y en avait une pour passer les âmes aux enfers. Le bonheur sera le partage de ceux qui obtiendront de vous quelques grâces ; et les enfers, c'est le sort de ceux que fait mourir votre dédain.

CLAIRE.

Enfin, vous n'avez pas été dans mon pays.

MAZIAS.

Je n'ai point eu cet avantage, mais je vois ce qu'il a pu produire de plus beau.

CLAIRE.

Puisque vous laissez les lettres pour les armes, comment donc êtes-vous si tendre ?

MAZIAS.

L'épée qui est à mon côté n'empêche pas mon âme d'admirer vos qualités. Les plus fameux capitaines dont les exploits aient asservi la terre, ont été assujettis eux-mêmes à la beauté. Voyez Samson dans les héros sacrés, voyez Hercule dans ceux de la fable : l'un et l'autre ont rendu foi, hommage et obéissance à des attraits moindres que les vôtres.

CLAIRE.

Oui, je sais que l'amour soumet, asservit, enchaîne tout ce qui est sous le ciel. Rien n'égale sa puissance; mais elle n'est pas telle pourtant, que, dans un instant aussi rapide que la course d'une étoile qui file dans les airs, elle produise d'aussi grands effets.

MAZIAS.

C'est parce que son action est aussi prompte que l'éclair, qu'on le peint la foudre à la main.

CLAIRE.

L'amour sans doute doit être dans chaque personne analogue à son tempérament. Les sanguins aimeront vite et ce n'est pas le meilleur. Les flegmatiques tarderont long-temps, mais leurs sentimens seront plus durables.

MAZIAS.

Tout se réunira en moi; j'aurai un tempérament ardent pour vous aimer vite, et je l'aurai si flegmatique pour conserver ma passion, qu'elle durera autant que durera mon âme immortelle.

CLAIRE.

Ne pensez pas à ces choses-là, je vous en supplie. Il est trop tard maintenant pour vous en occuper, et... Adieu.

MAZIAS.

Un mot.... Votre nom, je vous prie?

CLAIRE.

Claire.

MAZIAS.

Ah! Claire!

NUGNE, à part.

Ah! Obscure.

MAZIAS.

Que de beauté!

(Claire sort.)

NUGNE.

Que de folie! en vérité je suis forcé de vous le dire. A peine vous êtes entré dans cette maison, et déjà vous voilà amoureux!

MAZIAS.

Que veux-tu, mon cher Nugne? Il n'est point de passion plus violente que l'amour, lorsqu'il attaque un homme de sens. Sa raison fuit en un instant, et il commence aussitôt à faire des extravagances.

NUGNE.

Je crois que vous vous trompez, seigneur, et que la folie et la poésie suivent la même marche. Un jeune homme débute par adresser deux romances à sa dame. De là il passe à un sonnet; ensuite il hazarde une ode; après cela il en vient à un livre de pastorales, et enfin lorsqu'il a quelque réputation, qu'il est poëte déclaré (et ce n'est pas un petit malheur pour lui), il dit qu'il est un Virgile, un Homère, et dédaigne insolemment tout ce qu'écrivent les autres. Il en est de même d'un fou. Dans le commencement il sort sans chapeau et sans manteau; bientôt après il tire l'épée, si on ne la lui a enlevée; et lorsqu'il est fou déclaré, il se croit roi, monarque, soleil, que sais-je? il ose s'élever jusqu'à la divinité! A la bonne heure, voilà qui est dans l'ordre; mais vous qui, au moment même où vous voyez une femme, commencer à lui défiler un tel chapelet de balivernes [9], à quelle espèce d'insensés avez-vous pris cette humeur? Ah! j'y suis : j'oubliais que vous étiez poëte, et qu'en lui adressant vos complimens, si c'était une folie de le faire, du moins vous aviez la satisfaction de les lui dire en belles paroles. Si bien que, de la Barque d'Avila, vous êtes passé à la barque à Caron, où il ne vous manque plus que de paraître comme Orphée. Vous avez été aussi lui citer Samson; et je suis persuadé qu'elle sera si satisfaite de votre admirable érudition, qu'elle ne voudra plus vous voir ni vous entendre de sa vie.

MAZIAS.

Eh bien! je veux l'aimer.

NUGNE.

Vous, l'aimer?

MAZIAS.

Tant que je respirerai.

(Tello entre.)

TELLO.

Le grand-maître m'a ordonné de disposer votre logement; veuillez m'accompagner pour le reconnaître.

MAZIAS.

Est-il dans le palais?

TELLO.

Quelle importance y mettez-vous, puisque votre service vous oblige d'y rester à toute heure?

MAZIAS.

Pardonnez, mais voici pourquoi je vous le demandais.

Au moment où j'ai mis les pieds dans ce palais, j'ai vu le soleil de la beauté; j'ai vu des charmes dont s'étonne la nature qui les a formés, et qu'elle tâche de copier dans les autres belles. J'ai vu le doux éclat de l'aurore telle qu'elle paraît quand elle laisse errer les premiers rayons de sa pure lumière, avant que le soleil ne vienne l'atteindre au milieu des jasmins et des œillets que ses pleurs embellissent.

J'ai vu une nymphe plus belle que ne le parut Diane dans le bain aux yeux du chasseur téméraire. Moins indiscret ou moins heureux que lui, comme lui cependant j'ai craint la mort. Sa modestie m'annonce ses rigueurs; et sa beauté ferait mourir d'amour l'amour même.

J'ai vu les flèches de Cupidon : ses traits sont les regards de deux beaux yeux, tels que ne les copièrent ni ne les inventèrent jamais Apelles ni Protogènes. Mon âme enchantée s'est fixée sur celle qui sera désormais le seul auteur de ma félicité ou de mon infortune, et l'avenir que j'attends d'elle a couvert d'un obscur nuage tout le passé.

Elle m'a dit, entr'ouvrant deux roses vermeilles, que Claire était son nom, et ce joli nom convient à l'éclat dont elle brille [10]; et maintenant je vous prie de me dire, puisque je vous ai confié mon amour et peint ses attraits, je vous prie de me dire qui est Claire, quelle est sa qualité. Je veux offrir à sa beauté un hommage dont sa vertu ne pourra s'offenser.

TELLO.

Seigneur Mazias, cette belle dame qui est attachée au service de la comtesse, est aussi honnête que belle, et sa naissance est digne de sa vertu. Un cavalier qui l'aime, qui l'adore et qui se fait gloire de son amour, la sert à présent; il espère s'unir à elle par les nœuds de l'hymen, et Claire voit ses soins sans déplaisir.

Deux fois en décrivant ses cercles d'or le soleil a ramené le printemps et l'été, depuis que, sans manquer au respect qu'il lui doit, ce cavalier a montré pour elle son courage dans les combats, sa galanterie dans les fêtes. Malgré les refus et les dédains de cette belle, les dépouilles des Mores qu'il lui a offertes, l'ont obligée à montrer une reconnaissance et une estime qui ont encouragé d'honorables prétentions.

Le grand-maître s'occupe de leur mariage; et en attendant ce moment, la comtesse permet à ce gentilhomme de lui adresser publiquement ses vœux. Si l'amour vous a aveuglé, je dois vous éclairer en vous disant combien il est convenable que vous abandonniez une inutile espérance, qui n'a commencé à exister que pour mourir aussitôt.

Telle est la dame, telle est la rare beauté que vous aimez et qui le méritait bien par ses charmes. Telle est Claire; et pour que ce soit plus clair, c'est Tello de Mendoce qui possède son affection.

MAZIAS.

Vous m'avez dit qui était Claire : dites-moi à présent qui est Tello de Mendoce.

TELLO.

Vous ne le savez pas ?

MAZIAS.

Non, et je voudrais connaître celui dont j'envie le sort.

TELLO.

Eh bien ! je suis Tello.

(Il sort.)

MAZIAS.

A-t-on vu un malheur pareil au mien !

NUGNE.

C'est par trop fort aussi. A peine êtes-vous arrivé que vous donnez dans ces extravagances ! Heureusement qu'à présent que vous savez que son sort est fixé ; votre folie cessera.

MAZIAS.

Ah ! Nugne, sa beauté enflamme mon cœur de plus en plus. Je sais que c'est une erreur de mon âme, que de grands tourmens l'attendent ; mais ces dangers ne m'intimident pas. Quel est l'amour qui n'a pas rencontré des obstacles à vaincre ? qui n'a pas eu des malheurs à redouter ?

NUGNE.

Ainsi, malgré cet avertissement vous voulez toujours aimer Claire.

JOURNÉE I, SCÈNE II.

MAZIAS.

Et cet avertissement, est-ce donc un mari qui me l'a donné?

NUGNE.

Vous avez faute de raison, et vous aurez excès de malheurs. En arrivant pour servir dans cette maison, vous commencez par faire de la peine à ceux qui pourraient vous aider.

MAZIAS.

Que veux-tu, mon cher Nugne? je suis hors de moi.

NUGNE.

Le premier devoir de celui qui sert est d'obtenir les bonnes grâces du favori; car sans cela que pourrait-il prétendre? La première chose que doit gagner un amant, c'est la suivante : le procureur doit se faire aimer du domestique du plaideur, le solliciteur d'un ministre doit solliciter le portier. Orphée fut malheureux, j'en suis sûr, pour n'avoir pas graissé la pate à Cerbère, et Jason n'eût pas enlevé les pommes d'or du jardin défendu par les dragons, s'il n'eût d'abord séduit Médée [11]. Ne serait-ce pas une sottise à un étranger de commencer par se brouiller avec les gens du lieu où il vient habiter, et de qui il attend sa fortune? Je n'ai jamais vu prospérer les hommes qui montrent une telle arrogance. On dit qu'un jour le crabe, qui alors savait marcher, fut saisi d'un tel orgueil, qu'il entra dans la mer et défia la baleine à nager. Jupiter qui le vit traîner son impertinence sur le sable, lui dit : crabe, j'ordonne que désormais tu feras en arrière autant de chemin que tu en avais fait en avant.

MAZIAS.

Je sais bien que pour entrer sous d'heureux auspices dans cette maison, je devrais commencer par plaire à ceux qui l'habitaient avant moi.

NUGNE.

Si vous convenez que c'est une sottise de faire autrement, pourquoi, dès le premier abord, allez-vous offenser Tello? Tello, dont la faveur est la seule porte par laquelle vous puissiez parvenir aux grâces que vous espérez. Comment entrerez-vous, si vous vous fermez le passage?

MAZIAS.

Que n'ai-je pu le fermer à l'amour, qui est entré dans mon cœur avec la jalousie? Je trouve des obstacles dès le premier pas. Je ne sais ce qui sera de moi.

NUGNE.

Voilà bien la passion d'un poëte. C'est de toutes les espèces, la plus sujette à l'amour.

MAZIAS.

Je me perds, mais ma perte est pour un trop beau sujet pour que j'en sois fâché; je suis satisfait de mes maux. Oui, je me perds sans regret...

>   Oui, je me perds sans retour;
>   Mais sans regret je m'expose :
>   Dût-il m'en coûter le jour.
>   Et ma voix bénit l'amour
>   De tous les maux qu'il me cause (12).

NUGNE.

Nous y voilà. Faites à présent des couplets.

MAZIAS.

Oui, je vais arranger une glose sur ces vers et tu la lui porteras.

NUGNE.

Vous avez trouvé là un joli moyen de faire fortune! Mais moi, j'ai aussi des vers sur lesquels je ferai une glose.

MAZIAS.

Toi, des vers?

NUGNE.

Mon maître est fou sans retour,
Fou dans ses vers, dans sa prose.
Et moi, plus fol à mon tour,
Sans avoir un brin d'amour,
J'ai ma part des maux qu'il cause.

(Ils sortent) (13).

SCÈNE III.

Le palais du roi.

LE ROI, LE GRAND-MAITRE. Suite.

LE ROI.

Le More ose ainsi s'attaquer à moi, et oublier à la fois sa parole et la crainte qu'il doit avoir des armes de Castille!

LE GRAND-MAITRE.

Sire, quand vous arborerez vos bannières chrétiennes, lorsqu'il verra flotter dans les airs le château d'or et le lion couleur de sang, il reviendra bien vite à Grenade, humble et repentant d'avoir tiré l'épée contre vous, si toutefois il n'est pas atteint auparavant par celle que je porte à mon côté, s'il n'est pas frappé par elle aussi près de la porte d'Elvire [14], que l'est, de celles de Cordoue, le lieu d'où il ose les regarder en frémissant de rage.

LE ROI.

Il a rompu la trêve; je suis outré, grand-maître, d'avoir accepté cette suspension d'armes, je suis honteux d'être encore à Cordoue. Que l'on déploie partout mes nobles étendards, que les croix des ordres, les châteaux et les lions auxquels l'Africain manque de respect, flottent dans les airs. Cette fois-ci le châtiment les atteindra comme la foudre, et le Génil me verra sur ses bords, où il dort entre les joncs et les roseaux, changer en flots de sang ses ondes de cristal. Si je tire une fois l'épée du fourreau, le sang et le feu me frayeront la route de Grenade.

LE GRAND-MAITRE.

Ce serait, sire, donner trop d'importance à cette excursion, que de sortir vous-même de ces murs pour la punir. Daignez me permettre de la réprimer. J'irai avec mes troupes; les gentilshommes de ma maison seront les soldats de cette armée, et c'est peut-être encore faire trop de cas de ces infidèles.

LE ROI.

Ne savez-vous pas que d'ici j'entends leurs cris; que je suis réveillé par leurs tambours et leurs trompettes?

LE GRAND-MAITRE.

Ils seront à vos pieds sans que vous sortiez de Cordoue.

LE ROI.

Soit ; j'attends ce triomphe de votre valeur.

(Il sort.)

LE GRAND-MAITRE.

Tello, va avertir mes troupes.

TELLO.

Vous allez voir rassemblé un escadron dont les épées victorieuses pourraient bientôt briller sur les murs de Grenade.

(Ils sortent.)

SCÈNE IV.

Le palais du grand-maître.

NUGNE, LÉONOR

LÉONOR.

En deux jours Mazias est déjà aussi amoureux ?

NUGNE.

Songe qu'il est poëte, et qu'en pareil cas deux jours valent deux ans. Je le sers, et vive Dieu ! je n'ai plus assez de patience pour supporter l'audace de ses prétentions.

LÉONOR.

Vous ne vous ressemblez guère.

NUGNE.

Tu voudrais peut-être que je te contasse des fleurettes de mon côté.

LÉONOR.

Ne le mérité-je pas?

NUGNE.

Soit, je vais te dire des douceurs.

LÉONOR.

Je n'en ai plus envie.

NUGNE.

Attends, écoute-moi. Ces marques [15], belle Léonor, qui servent de mouches pour faire ressortir ta beauté, sont l'arsenal et le magasin de mes chagrins. Ce sont des chiffres tracés par l'amour. C'est en eux que, de mon exil, je vois....

LÉONOR.

Tais-toi; au lieu de vanter les attraits que j'ai, tu vas me parler de ces marques qui me défigurent et me rappellent le malheur de ma condition.

NUGNE.

J'ai commencé comme les gens d'esprit par louer les défauts, pour pouvoir exagérer les beautés à mon aise. Une dame borgne disait à son amant, un jour : vous ne m'aimez pas; vous louez ma bouche, toujours jolie qu'elle soit ouverte ou fermée; mes cheveux vous semblent parfaits; vous adorez mon front, et de mes yeux, vous n'en dites rien. Celui qui aime véritablement est charmé des défauts même de celle qu'il chérit. Les appas que j'ai n'ont pas besoin de vos louanges; adressez vos complimens à mes pauvres yeux, ce sont eux qui peuvent vous en tenir compte; célébrez surtout la beauté de celui que je n'ai plus.

En vérité, pour un œil borgne, autant que je puis le voir, il ne manque pas de grâces dans le regard.

LÉONOR.

Tu es un mauvais sujet. Plus de sottes plaisanteries. Où est le papier de ton maître ?

NUGNE.

Attends, je vais te le donner.

LÉONOR.

S'il ne contient pas des vers, ne crois pas que Claire consente à le lire.

NUGNE.

Ce sont des vers ; je l'ai vu les écrire. Il réfléchissait.

LÉONOR.

La belle preuve !

NUGNE.

De plus il faisait des grimaces épouvantables en les griffonnant.

LÉONOR.

Et les grimaces font qu'il composait des vers ?

NUGNE.

Ensuite, tout en alignant ses mots, il s'est rongé un ongle et demi.

LÉONOR.

S'il écrit de cette manière, il n'a point de grandes dispositions naturelles.

NUGNE.

Pardon, il en est plein. Ah ! si tu avais vu comme moi un poëte artificiel dans le travail de la composition, c'était bien autre chose ! Mon homme était dans son lit. Il avait devant lui un miroir, sur son nez des lunettes pour ne point se trop défigurer ; et cependant je ne sais si ce fut une attaque de paralysie qui lui tordit les yeux et la bouche, mais à coup sûr le vers dont il accoucha lui fit souffrir plus de douleur que je n'en ai jamais coûté à ma défunte mère.

LÉONOR.

Claire vient. Détale au plus vite.

NUGNE.

Voilà le papier. Adieu.

(Il sort.)

(Claire entre de l'autre côté.)

CLAIRE.

Seule en conversation avec Nugne ! Est-ce là, Léonor, se conduire comme une fille réservée ?

LÉONOR.

Cet étourdi m'a donné un papier qui contient des vers de Mazias.

CLAIRE.

Et c'était de cela que vous vous occupiez ?

LÉONOR.

Quel autre sujet de conversation pourrions-nous avoir ? Son maître s'est mis dans la tête de vous aimer, et c'était de vous que nous parlions.

CLAIRE.

Sont-ce là ces vers ?

LÉONOR.

Oui. Il a un esprit d'ange.

CLAIRE.

Donne-les moi.

JOURNÉE I, SCÈNE IV.

LÉONOR.

Si vite! Est-ce là, mademoiselle, se conduire comme une fille réservée?

CLAIRE.

Ah! Léonor! quelle est la femme qui soit fâchée de lire ses louanges?

LÉONOR.

Cachez-les sur-le-champ, voilà Tello.

(Tello entre.)

TELLO.

Mon départ est si prompt, que vous me pardonnerez sans doute d'être le premier à vous l'annoncer.

CLAIRE.

Que dites-vous, Tello? un prompt départ?

TELLO.

Si prompt que c'est tout à l'heure.

CLAIRE.

Où allez-vous?

TELLO.

A la guerre. Le roi voulait partir lui-même pour défendre ses frontières, qu'ose insulter Almanzor, roi de Grenade. Le grand-maître l'a supplié de confier à sa petite armée le soin de châtier cette insolence; le roi le lui a permis. Il vient ici, ma chère Claire, avec la comtesse; il prend congé d'elle; il souffre de la même douleur que moi, mais cela ne suffit pas pour me consoler. Déjà on entend le palais retentir du bruit des tambours et des instrumens militaires. Tout rappelle la guerre, mais celle que l'amour fait à mon cœur est la plus cruelle pour moi.

(Le grand-maître et la comtesse entrent, suivis de Mazias, Paëz, Fernand, Nugue et suite.)

LE GRAND-MAITRE.

Vous qui êtes si accoutumé à mes fréquentes excursions, pourquoi voulez-vous à présent que la peine que vous ressentez soit de mauvais augure? Ces absences sont-elles chose nouvelle dans mon palais? Y a-t-il donc si long-temps que je suis arrivé de la campagne d'Antequera? Je n'ai pu me dispenser de ce service.

LA COMTESSE.

L'eussiez-vous pu, vous auriez eu tort de le faire. Mais si cette absence n'est pas la première, vous devez aussi de votre côté être accoutumé à me voir répandre des larmes quand vous me quittez.

LE GRAND-MAITRE.

Je suis affligé de votre douleur.

LA COMTESSE.

Emmenez-vous des hommes à votre gré?

LE GRAND-MAITRE.

Entre ceux qui suivent mes bannières, il n'en est pas un qui ne pût égaler Hector, Achille ou César. Je prends parmi les gentilshommes de ma maison Tello, Fernand, Alvar, Paëz, Ramire, Biedma et d'autres nobles écuyers.

MAZIAS.

Et moi, seigneur, ne me mettez-vous pas du nombre?

JOURNÉE I, SCÈNE IV.

LE GRAND-MAITRE.

Élevé pour les lettres, c'est un peu trop tôt pour prendre les armes. Il faut plus d'expérience.

MAZIAS.

Pour commander, seigneur, il est vrai. Mais pour se servir de l'épée, qui eût pu empêcher Platon de la manier comme Alexandre?

LE GRAND-MAITRE.

Suivez-moi donc, et souvenez-vous tous que celui qui se conduira en brave n'aura pas besoin d'aller solliciter aux portes du palais. Ce sera à lui à combattre, à moi à le récompenser [16].

(Ils sortent. Mazias reste le dernier avec Nugne, et Claire qu'il retient.)

MAZIAS.

Écoutez, mademoiselle.

CLAIRE.

En quoi puis-je vous servir?

MAZIAS.

C'est à cause de vous que je vais à la guerre.

CLAIRE.

Vous ne m'en dites pas davantage?

MAZIAS.

Je le pourrais sans doute, si je parlais à quelqu'un qui voulût et qui pût m'entendre. Depuis que je vous ai vue, je brûle pour vous de l'amour le plus pur. Je voudrais avoir mille cœurs à vous donner. Celui-là est à vous, si vous l'acceptez; et lors même que vous en dédaigneriez l'hommage, il est trop tard pour qu'il cesse de vous appartenir. C'est toujours en vous que je vivrai. Ne daignerez-vous pas me donner un souvenir pour remplacer dans mon sein l'âme que vous m'avez ravie ? Je vous promets, foi de gentilhomme, de ne point revenir sans porter à vos pieds des trophées de ma valeur, dût-il m'en coûter cette vie à laquelle votre présence seule peut donner quelque prix. Que me répondez-vous ? vous hésitez. Quelles pensées vous occupent ?

CLAIRE.

Quelque temps plus tôt, et j'aurais pu être reconnaissante des sentimens que vous m'exprimez. J'étais à moi alors ; aujourd'hui je ne m'appartiens plus. La comtesse s'occupe de me marier à Tello : elle ne m'en a encore rien dit, mais il me suffit de savoir que sa seigneurie ait ces projets, pour que je sois résolue à obéir. Croyez-moi, Mazias, foi de fille d'honneur, j'aurais été sensible à votre affection, parce que vous le méritez, mais je ne puis. Je ne puis.... Permettez que je vous quittte.

(Elle sort.)

MAZIAS.

Ah ! Nugne, je suis perdu.

NUGNE.

Que perdez-vous à tout cela ? n'est-ce pas le parti que devait prendre une femme sage et spirituelle ? n'êtes-vous pas du moins satisfait de voir qu'elle est reconnaissante de votre amour ? Mais à présent elle est à Tello qui l'aime.

MAZIAS.

Et que m'importe à moi que Tello l'aime? Mon amour s'évanouira-t-il parce qu'elle appartient à un autre? M'a-t-elle donné quelque moyen pour la haïr, quelque philtre qui ait pu éteindre mes feux? Hélas! si ce qu'elle m'a dit m'a enflammé encore davantage; si ma passion, violente avant que je connusse un rival, s'est augmentée par la jalousie, comment pourrai-je l'oublier?

NUGNE.

Comment? en pensant aux qualités de celui qui doit l'épouser : ce serait à vous une folie de vous attaquer à un homme comme lui.

MAZIAS.

Et quels droits lui ont donné sur elle les loix et la religion? Laisse-moi du moins l'adorer tant qu'elle n'est pas à un autre.

NUGNE.

Et lorsqu'un autre la possédera?

MAZIAS.

Alors.... eh bien! alors.... je l'aimerai davantage. Rien n'augmente plus l'amour qu'un obstacle impossible à vaincre, que de verser des pleurs à la porte d'une ingrate qui prodigue ses feux à un indigne rival.

NUGNE.

Il me semble que mon amour augmenterait bien autrement, si j'étais l'indigne rival à qui ces feux sont prodigués.

MAZIAS.

Quelles idées grossières ! quelle basse imagination !

NUGNE.

Vive Dieu ! quand il gèle, j'aime mieux une bonne couverture que mille grilles et jalousies derrière lesquelles ma dame sera couchée, tandis que je ferai le pied de grue pour elle en soupirant au pied du mur de sa maison.

FIN DE LA PREMIÈRE JOURNÉE.

JOURNÉE DEUXIÈME.

SCÈNE PREMIÈRE.

Le palais du roi.

Le GRAND-MAITRE entre en appareil militaire, **PAEZ, FERNAND, TELLO, MAZIAS, NUGNE,** Soldats.

TELLO.

Toute la ville, seigneur, est dans l'admiration d'un retour aussi prompt.

LE GRAND-MAITRE.

C'est ainsi qu'avec de la valeur on repousse ses ennemis.

PAEZ.

Comme l'Africain s'est pressé de retourner à Grenade !

TELLO.

Vous venez, vous êtes vainqueur. C'est ainsi, César castillan, que vous imitez celui de Rome. Quoi qu'on puisse dire, il est impossible de vous flatter.

FERNAND.

Le roi montre sa satisfaction dans les honneurs

qu'il vous rend. Il vient vous recevoir jusque dans cette salle.

(Le roi entre avec sa suite.)

LE ROI.

Venez dans mes bras, grand-maître.

LE GRAND-MAITRE, voulant se mettre à genoux.

Souffrez, sire....

LE ROI, le relevant.

Je dois honorer votre valeur et montrer en public toute ma satisfaction. Je ne vous demande point comment vous vous trouvez, puisque vous êtes victorieux et que vous venez vous-même nous l'apprendre. Vous avez aujourd'hui donné tant de gloire à l'épée couleur de sang de votre ordre, que cette victoire sera pour long-temps l'épouvante et le frein des Mores. L'Africain, châtié sur la frontière, est aussi épouvanté que s'il eût vu nos étendards flotter sur les tours de l'Alhambra. Je ne puis assez vous exprimer quelle est ma satisfaction.

LE GRAND-MAITRE.

Vous récompensez du moins, auguste prince, le désir que nous aurions de vous offrir le monde entier pour trophées de nos victoires. Les soldats ont tous montré une telle valeur, qu'ils méritent que vous honoriez leur noble conduite. Tello de Mendoce est attaché à ma personne [17], et je vous jure qu'il serait capable de soumettre à vos lois les murs arabes de Grenade. Fortuné Paëz et Fernand Giron ont montré, dans toutes les occasions, qu'avec le sang qui coule dans leurs veines les Goths leurs ancêtres leur ont transmis la valeur; mais depuis que je me suis ceint l'épée, je puis vous assurer que je n'ai vu personne combattre comme ce jeune homme nouvellement venu de Castille, et que j'ai reçu à mon service. Je n'ai jamais rencontré un soldat à la fois aussi ardent et aussi constant, aussi adroit et aussi courageux; à tel point, que j'oserai vous dire que c'est à lui que je dois cette victoire.

MAZIAS.

Celui qui a l'honneur d'être soldat du grand-maître fait peu même en triomphant de mille Mores. Il aurait bien plus à faire s'il devait l'imiter. Guerrier novice et sans expérience, j'ai montré seulement le désir de vous servir.

LE ROI, au grand-maître.

On reconnaît dans ses yeux la vérité du témoignage que vous rendez de lui.

MAZIAS.

S'il existe en moi quelque constance, quelque courage, quelque hardiesse, ils ne m'appartiennent pas; c'est à celui qui daigne me guider, qu'on doit en rapporter l'honneur.

LE ROI.

Il est aussi courtois, il parle aussi bien qu'il est beau. Aimable jeune homme, demande-moi une grâce.

MAZIAS.

Si vous permettez à mes lèvres de baiser vos pieds ce sera pour moi une si grande récompense que je ne rechercherai pas d'autre bonheur. Mais si votre altesse veut, comme la divinité, montrer sa grandeur en favorisant un être aussi faible, je la supplie de vouloir bien me prêter l'oreille en secret.

LE ROI.

Volontiers. Il est juste que je sois reconnaissant envers ceux qui me servent bien.

MAZIAS.

Auguste roi don Henri, sang de tant de souverains, qui couronnes de nouveau le front de l'Espagne des lauriers perdus depuis si long-temps; toi qui, digne successeur et imitateur de Pélage, promets de mettre à fin la restauration de la monarchie que son courage osa commencer, je suis Mazias : j'appartiens à une des bonnes familles qui, de la montagne, vinrent s'établir dans la Castille [18]. L'avantage de la naissance est un don que l'on doit au ciel ; mais je crois qu'on peut s'en louer lorsqu'on a su s'en montrer digne. J'avais fait aux écoles de Palencia d'assez bonnes études pour ne point ignorer les lois ; mais ce fut vers la poésie que je fus entraîné par un puissant attrait; c'est elle qui devint ma science. J'ai fait quelques vers amoureux, auxquels l'ardeur de la jeunesse a donné peut-être un peu d'âme; puis, forcé par les circonstances à quitter ma chère patrie, je suis venu, prince, à ta cour, asile où tous les jeunes gens maltraités du sort comme moi sont amenés par l'espérance. Le seigneur d'Albe m'avait donné des lettres, je les ai remises au grand-maître qui m'a reçu dans sa maison.

Ainsi puisse la providence augmenter chaque jour ta gloire, et conduire tes nobles drapeaux jusques aux tours de Maroc, comme tu me pardonneras ce que je dois encore te dire. Je l'espère, car ta bonté doit ne point s'étonner des faiblesses de l'humanité. La comtesse donne Jeanne, digne sang des Lara, dont l'immense renommée n'est que l'ombre de ses vertus, parmi les dames qui la servent, en compte une dont les attraits peuvent seuls rendre excusable l'audace avec laquelle je te parle. La nature s'est plu à former à loisir son teint de rose et d'albâtre; choisissant dans toutes les beautés qu'elle a créées les traits les plus admirables, elle les a réunis comme jadis Apelles, pour composer une beauté parfaite. Ses yeux effacent l'éclat du soleil, des perles brillantes entre des œillets d'un pourpre éclatant ornent sa bouche charmante. Pardonne, grand roi, pardonne encore une fois, si la mienne, dans mon ivresse s'écarte du respect qui t'est dû.

Elle se nomme Claire, et le soleil lui-même paraît obscur près de ses charmes. Elle m'a dérobé mon cœur, et, dans l'ivresse de l'amour, je me réjouissais que le More osât attaquer tes soldats. Joyeux, je courus à la guerre; j'eusse voulu y rencontrer la mort: mais cette mort, qui fuit ceux qui la cherchent, n'a point voulu mettre fin à mes maux. Par ta vie sacrée, sire, je te jure que jamais je n'avais tiré l'épée jusqu'au jour où je vis les Africains; mais l'amour, qui fait les vaillans, sut me remplir d'un tel courage, que le grand-maître daigna lui-même donner quelque attention à mes exploits; et certes, Borée [19] en novembre fait avec moins de rapidité tomber les feuilles desséchées des peupliers de nos rivages, que les têtes des mécréans ne tombaient sous ma main terrible. Car pour la force de l'amour aucun exploit n'est difficile.

Tu m'as ordonné, seigneur, de te demander une grâce; comme Dieu, roi sage et bienfaisant, tu prends plaisir à la prière. J'oserai donc te supplier de commander au grand-maître de me donner Claire pour épouse. Tous les trésors de l'Orient me rendraient moins heureux que sa possession. Si tu daignes accorder ce bienfait à ma passion, tu montreras vraiment ta grandeur, car tu n'auras jamais donné une faveur plus éclatante; aucun bien terrestre ne peut égaler celui que je recevrais de toi, tu me donnerais le bonheur, tu me donnerais la vie, car la vie est pour moi dans mon amour [20].

LE ROI.

Je t'ai écouté avec plaisir; quoique je sois juge des hommes, je suis un homme aussi, et j'aime à le montrer par ma bonté. Éloigne-toi un moment. Grand-maître?...

LE GRAND-MAITRE.

Sire.

LE ROI.

C'est à vous que j'ai à demander la grâce que ce soldat vient d'implorer de moi.

LE GRAND-MAITRE.

Avec un tel intercesseur, il n'est rien qu'il ne doive obtenir.

LE ROI.

Donnez-lui Claire pour femme.

JOURNÉE II, SCÈNE I.

LE GRAND-MAITRE.

La comtesse l'a donnée à Tello de Mendoce, dont je vous ai parlé ; et ils ont déjà uni leurs mains.

LE ROI.

J'en suis fâché.

LE GRAND-MAITRE.

J'empêcherai que ce mariage ne s'accomplisse.

LE ROI.

Mais si maintenant je romps cette union, je serai coupable devant Dieu.

LE GRAND-MAITRE.

Il est vrai [21].

LE ROI.

Mazias ?

MAZIAS.

Sire.

LE ROI.

Cette dame est déjà mariée, les accords sont écrits.

MAZIAS.

Je suis malheureux, sire.

LE ROI.

Je ne puis payer ce que je dois à ta valeur qu'avec une croix de Saint-Jacques : c'est un prix que tu as bien mérité. Grand-maître ?

LE GRAND-MAITRE.

Sire.

LE ROI.

Vous donnerez, à cause de moi, l'habit de votre

ordre [22] à ce gentilhomme. C'est moi qui réponds de lui.

LE GRAND-MAITRE.

C'est vous qui le donnez, et nul ne l'aura obtenu d'une manière plus honorable, puisque c'est un roi qui daigne faire son information.

(Ils sortent, excepté Mazias et Nugne.)

MAZIAS.

Nugne, quel est le malheur qui puisse s'égaler au mien? c'est aujourd'hui le jour de ma mort. Claire ne sera point mon épouse! Je ne sais que devenir, je n'ai plus aucune espérance, et il n'est plus au pouvoir même de l'inconstante fortune de me rendre le bonheur. Ah! Claire, à jamais perdue pour moi! A quoi donc me sert la vie? désormais, remplie de douleur, elle ne sera pour moi qu'une longue mort. Une légère espérance et le bien de son souvenir m'avaient animé à la victoire; puisque je devais perdre ma belle, que n'ai-je expiré sur le champ de bataille! elle m'aurait peut-être donné des larmes, ma mort eût été le bonheur. Tello de Mendoce, ô ciel! va posséder ce que j'aime! Comment mon amour peut-il exister avec la jalousie qui me dévore? L'une me glace, l'autre m'enflamme; et au milieu de ces contradictions qui déchirent mon cœur, une seule est impossible, le bonheur d'un malheureux.

NUGNE.

Pour un homme d'esprit, vous mettez de l'excès dans vos douleurs. De quoi vous fâchez-vous quand on vous donne ce que vous demandez? Au fond, c'est la même chose; au lieu de la croix du mariage on vous a donné la croix de Saint-Jacques. La plus grande différence, tout respect à part, c'est qu'au lieu de s'obliger à combattre sa femme, on s'oblige à combattre les Mores. Ici on a l'épée écarlate ; là, la palme du martyre ; l'une s'attache sur les habits, l'autre s'attache à l'âme et ne cesse de la tourmenter. Laquelle des deux a des devoirs plus pénibles ? Il faut l'avoir essayé pour le savoir. Mais une ressemblance qu'ont les deux confréries, c'est que, comme les chevaliers, les maris devraient avoir toujours leur femme comme leur croix à leur côté et près de leur cœur. C'est le plus sûr, et j'en connais pourtant plusieurs qui portent cette croix sur leurs épaules. Mes amis, placez-la comme les chevaliers, et celle qui vous pèse tant, vous ne la trouverez que trop légère.

MAZIAS.

A quoi bon ces folies, Nugne ? Telle n'est point l'allusion de cette croix qu'on me donne, elle est l'ornement des tombeaux ; et lorsque je meurs d'amour, le roi lui-même veut bien honorer ainsi mon trépas. Allons l'admirer encore pendant que je traîne ma pénible existence. Allons, si c'est une consolation pour l'amour de voir ce qui le désespère, si c'est une satisfaction pour la jalousie de s'assurer de ce qui peut l'augmenter. Je verrai ce qui déchirera mon âme, la plus grande de toutes les peines, le bonheur d'un rival.

NUGNE.

Oh ! vous n'êtes pas aussi infortuné sous ce rapport que vous voulez bien le penser ; et Tello, par son mariage, n'est pas si heureux, qu'il vous plaît à le dire. Sans doute c'est aujourd'hui une bonne fortune; mais qu'il ait quelques jours de Claire, et vous verrez combien alors combien il échangerait volontiers sa croix contre la vôtre. Raisonnables ou extravagantes, il y a bien peu de jouissances tranquilles qui ne finissent par le dégoût. Mangez tous les jours des perdrix, des chapons, et vous désirerez avec ardeur une salade de bœuf froid assaisonnée d'ognons crus. Croyez-moi, cette divinité d'une femme vue sur une estrade [23], comme sur un autel, s'humanise beaucoup; elle n'est plus la même dans l'épouse qui se trouve côte à côte avec son mari.

MAZIAS.

Quelle folie! L'amour fondé sur le sentiment peut-il diminuer par la possession.

(Il sort.)

NUGNE.

Dans le fait, j'ai raison si la femme montre dans son ménage des défauts qu'elle avait cachés; mais si elle est aimable, vertueuse et de bonne grâce, elle est la gloire et le bonheur de son mari.

(Il sort.)

SCÈNE II (24).

Même décoration.

LA COMTESSE, CLAIRE, LÉONOR.

LA COMTESSE.

Tú me feras plaisir de porter ce soir les habits que je viens de te montrer.

CLAIRE.

Je ne saurais comment vous exprimer toute ma reconnaissance, mais votre bonté est excessive.

LA COMTESSE.

Je ne puis t'aimer et te le témoigner plus que tu ne le mérites. Je veux que tu t'habilles ainsi. Je te donne aussi la ceinture et la chaîne, et avec cela reçois mes tendres félicitations de ce que le ciel a ordonné pour ton bonheur (25); cette union comble le grand-maître de la plus vive satisfaction, et je ne crois pas que ta félicité puisse égaler le désir qu'il avait de l'assurer pour jamais. Tello de Mendoce est des meilleurs gentilshommes de Castille.

(Fernand et Paëz entrent.)

FERNAND, à Paëz.

Parbleu, c'est une charmante fille.

PAEZ.

De Tolède à Séville, on n'en trouverait pas une autre qui eût autant de beauté et d'esprit.

FERNAND.

Tello mérite bien une bonne fortune pareille.

LA COMTESSE, à Claire.

Tout le monde se réjouit de ton mariage, j'en rends grâce au ciel.

FERNAND, à Paëz.

Je vais avoir du souci pour paraître à la course de bagues qu'on a projetée.

PAEZ.

Voyez-moi la belle difficulté! Qu'as-tu à faire pour payer ton costume, qu'à vendre une couple de Mores?

FERNAND.

Nous en avons emmené une telle quantité, qu'on ne me donnerait pas trente réaux des deux.

PAEZ.

Il doit s'en trouver parmi les tiens quelqu'un qui soit riche, et dont on puisse obtenir une bonne rançon.

FERNAND.

Qui sera le mainteneur du tournoi?

PAEZ.

C'est Tello à qui cet emploi est dévolu.

FERNAND.

On m'avait dit que ce serait Mazias.

PAEZ.

Quoi qu'il ait reçu de grandes faveurs, je le vois triste ces jours-ci.

FERNAND.

C'est son éloignement de son pays qui l'afflige sans doute.

PAEZ.

Je vais faire ce que je te conseillais ; je vais vendre un More.

FERNAND.

J'en ferai autant; tâchons de les troquer pour de la soie et de l'or.

(Ils sortent.)

LA COMTESSE.

Les fêtes de ta noce mettent tout en rumeur dans le palais.

CLAIRE.

Je crois que je suis aimée de toute la maison, et l'on se réjouit de me voir, par vos bontés, si convenablement établie.

LA COMTESSE.

On se réjouit encore davantage du bonheur qui attend Tello. As-tu écrit à tes parens ?

CLAIRE.

Si vous me le permettez, je vais leur écrire.

LA COMTESSE.

Claire, vis contente, et que le ciel te rende heureuse !

CLAIRE.

Ah ! madame, vous aurez toujours en moi une esclave reconnaissante.

LA COMTESSE.

Ton mérite suffisait pour assurer ta félicité.

(Elle sort.)

CLAIRE.

Ma chère Léonor, donne-moi ce qu'il faut pour écrire.

LÉONOR.

Puissiez-vous jouir mille ans, sans ressentir les caprices de la fortune, d'un heureux hyménée avec Tello, mon seigneur et votre époux! Mais, quoique j'aie été la première à vous donner ces nouvelles, vous ne m'en avez pas payé l'étrenne, même avec des paroles.

CLAIRE.

Je te donne tous les habits que je porte, puisque madame veut que je me pare des siens. Comme c'est Tello qui t'a donnée à moi, je n'avais pas osé jusqu'à présent te rendre la liberté. Je le fais maintenant avec bien du plaisir.

LÉONOR.

Je baise mille fois vos pieds. Vous voulez m'affranchir?

CLAIRE.

Maintenant tu n'appartiens plus qu'à toi.

LÉONOR.

Et je puis me donner à qui il me plaît?

CLAIRE.

Tu es libre, rien ne t'en empêche.

LÉONOR.

Eh bien! Si je suis libre, si mon âme peut enfin disposer de moi, je veux toujours appartenir à la même maîtresse. Être votre esclave par force ne vous obligeait à aucune reconnaissance; mais si le seul

usage que je veuille faire de ma liberté est de vous
la consacrer, vous m'aimerez un peu pour cela...

CLAIRE.

C'est vouloir, Léonor, que je sois moi-même ton
esclave.

(Mazias et Nugne entrent.)

MAZIAS.

Puis-je, charmante Claire, vous féliciter et de
votre bonheur et de ma mort?

CLAIRE.

Mon bonheur mérite vos félicitations.

MAZIAS.

Il n'est que trop vrai. Oui, vous serez heureuse ;
mais ce bonheur même, c'est la mort de Mazias.
Le roi, satisfait de mes services, m'ordonna de lui
demander une grâce ; je sollicitai la plus grande de
toutes : ce fut toi, Claire, que je le priai de me donner.
Le roi dit au grand-maître qu'il m'accordât cette faveur, et celui-ci lui répondit avec hardiesse que
vous étiez déjà mariée. Le roi, ne voulant pas que
mon service restât sans récompense, commanda au
grand-maître de m'honorer d'un habit de Saint-
Jacques. Il eût raison de me faire accorder des
honneurs. Tu ne peux être à moi, je n'existe plus,
et ces honneurs sont des honneurs funèbres [26]. Je ne
sais comment j'ose vous entretenir, j'oubliais qu'on
ne doit point parler de choses tristes devant ceux
qui sont dans la joie. Votre mariage et ma mort....
comment réunir ces deux idées ? Et cependant....
dans ce contentement qui ravit votre âme, au milieu de la peine que je ressens, j'ose vous adresser

une prière. Vous pouvez m'en octroyer l'objet, Claire; je ne serai point assez discourtois pour vous prier de m'accorder de l'espérance.

CLAIRE.

Si je puis, sans manquer à l'honnêteté, satisfaire à votre demande...

MAZIAS.

Daigne, Claire, avoir pitié de moi.

CLAIRE.

Vous n'exigez pas davantage.

MAZIAS.

Non, demander que tu fusses affligée de mon sort serait aussi trop de hardiesse.

CLAIRE.

Écoutez-moi donc, noble jeune homme. Non-seulement je suis affligée de la peine que vous fait ressentir l'amour que vous avez pour moi; mais encore, si je n'étais déjà mariée, je serais à vous pour jamais. Que cet aveu ne vous donne point d'espérance, n'encourage point votre audace à aller plus loin. Le jour où votre amour franchirait ces bornes, serait celui où je dirais moi-même à mon époux, plein d'honneur autant que de courage, où je lui dirais de vous arracher la vie.

MAZIAS.

Ah! Claire! ne crois pas que je cesse de t'aimer.

CLAIRE.

Vous m'aimerez?

MAZIAS.

Je vous aimerai toujours sans vous offenser jamais.

(Claire sort avec Léonor.)

NUGNE.

Corbleu, c'est une femme celle-là! Ce n'est pas de ces précieuses, toutes ruses et minauderies. Celle-ci dit ce qu'elle pense, Avec quelle grâce les roses de sa bouche se sont ouvertes pour vous dire : si je n'étais déjà mariée, je serais à vous à jamais?

MAZIAS.

Et n'admires-tu pas davantage ce qu'a ajouté cette femme adorable, que si j'osais concevoir quelque espérance, si mon amour osait tenter quelque entreprise, elle-même dirait à son époux de m'arracher la vie?

NUGNE.

Elle a parlé avec autant de noblesse que de raison pour arrêter votre passion. Elle sait à la fois être sensible à votre amour et conserver son honneur. Elle n'imite point ces rusées, qui font les bégueules pour tourner la tête aux hommes, et leur accrocher leur bien. A présent, seigneur, il ne vous reste plus rien à faire qu'à enterrer votre tendresse puisque vous êtes mort comme vous le dites, et que sans doute elle est morte avec vous.

MAZIAS.

C'est très-bien pensé, Nugne! tu vois admirablement les choses! Mais, en t'avertissant que je ne veux point de tes conseils, dès à présent j'aime Claire plus que jamais, et je dévoue ma vie à la servir.

NUGNE.

Qu'osez-vous prétendre? Que penseront son mari, la comtesse, le grand-maître? Si vous faites cette folie, qui ne pourra rester cachée, dites-moi, que deviendrons-nous.

MAZIAS.

Ne puis-je point l'aimer ?

NUGNE.

Sans doute.

MAZIAS.

Mon amour est-il un crime devant Dieu ?

NUGNE.

Non.

MAZIAS.

Est-il offensant pour elle ?

NUGNE.

Moins encore.

MAZIAS.

Que m'importe alors tout le reste ?

NUGNE.

Vous vous perdez.

MAZIAS.

Que puis-je perdre ?

NUGNE.

Votre temps, votre jeunesse.

MAZIAS.

Je n'ai que trop de la vie.

NUGNE.

C'est une folie.

MAZIAS.

J'en conviens.

NUGNE.

N'en convenez pas, et remédiez au mal.

MAZIAS.

Que veux-tu que je fasse?

NUGNE.

Ne pas la servir.

MAZIAS.

Comment puis-je m'en abstenir?

NUGNE.

Vous le pouvez si vous en avez la volonté.

MAZIAS.

Je le veux et ne le puis.

NUGNE.

Eh bien! persévérez.

MAZIAS.

Je Persévérerai.

NUGNE.

Jusqu'a la mort?

MAZIAS.

Pour Dieu, Nugne, laisse-là tes conseils : celui qui est fatigué de la vie, ne sera pas intimidé par la crainte du trépas.

(Ils sortent.)

SCÈNE III.

Le palais du roi.

LE ROI, LE GRAND-MAITRE.

LE GRAND-MAITRE.

Il a fourni sur sa naissance les informations les plus honorables.

LE ROI.

Je suis content de son esprit, comme vous l'êtes de son épée. Enfin voilà ses ouvrages.

LE GRAND-MAITRE.

Il a montré dans ses vers les sentimens les plus passionnés, surtout dans ces derniers temps, à cause des fiançailles de Claire. Couplets, romances, chansons, composés à diverses occasions, mais tous ayant pour objet de peindre le malheur qu'il a eu de ne point l'obtenir.

LE ROI.

Si vous l'aviez marié à sa belle, tous ces beaux ouvrages auraient été perdus.

LE GRAND-MAITRE.

Pourquoi, sire?

LE ROI.

Parce que dans une possession tranquille l'amour n'a plus à désirer, et que rien ne fournit plus de sujets à l'esprit que les dédains qu'éprouve un amant rebuté, ou l'espérance des faveurs qu'il n'a point encore obtenues.

LE GRAND-MAITRE.

Nous avons peu de poëtes qui écrivent aussi bien.

LE ROI.

Il a infiniment d'esprit. Dailleurs les Espagnols ont naturellement de la grâce et de la finesse dans la poésie.

LE GRAND-MAITRE.

Si votre altesse continue à témoigner aux lettres le même intérêt, l'Espagne redeviendra une seconde fois la patrie des Quintilien, des Sénèques, des Martial.

LE ROI.

Ce qui fait que les Castillans montrent plus de talent dans les poésies amoureuses que dans l'histoire et les autres parties, tient au caractère de la nation. C'est l'effet de l'amour. Aucun peuple n'estime, n'aime, n'adore autant les femmes; aucun comme lui ne les préfère avec un si grand dévouement à sa fortune, à son repos, à sa vie même.

LE GRAND-MAITRE.

On le voit bien à leur générosité envers elles.

LE ROI.

Ils les aiment, les servent, et cela sans s'éloigner du respect que nous devons à leur sexe, soit parce que c'est de lui que nous tenons tous notre existence, soit parce que la beauté de la femme est le chef-d'œuvre de la nature. Lisez-moi la dédicace que Mazias me fait de son livre.

LE GRAND-MAITRE.

Si elle vous plaît, votre suffrage mettra le sceau à la gloire du poëte.

(Il lit.)

Prince sage et vaillant que la Castille honore,
De ses rois digne fils, dont les brillans exploits
Soumettront et Grenade et Séville à tes lois;
Doux espoir du Chrétien, épouvante du More!
Quand ta bonté fait trêve à tes travaux guerriers,
D'un enfant d'Apollon encourage l'audace,
Et permets qu'il dépose auprès de tes lauriers
Quelques fleurs qu'il cueillit aux vallons du Parnasse.

LE ROI.

Cette épître est fort bien.

LE GRAND-MAITRE.

Elle est digne de celui à qui elle est adressée.

LE ROI.

Je vous en prie, lisez-moi quelques-uns de ses vers d'amour.

LE GRAND-MAITRE lit.

J'ai chanté les amours; ils m'ont donné la gloire.
Les belles, les amans se plaisent à mes vers;
Mais les vaines faveurs des filles de Mémoire
N'allégent pas le poids de mes chagrins amers.
Nul bien, nulle douleur, contre un mal qui m'opprime,
De la distraction ne m'offre le secours.
O toi! qui comme moi deviendrais leur victime,
Ami, s'il en est temps, n'aime pas les amours.

LE ROI.

Cette composition est excellente. Grand-maitre, vous devez faire cas de ce poëte.

LE GRAND-MAITRE.

Vos désirs sont des lois pour moi. Mais il a tort de persévérer, à présent surtout que Claire se marie.

LE ROI.

Ah! si ces éternelles guerres des Mores ne dirigeaient pas vers d'autres travaux l'énergie de la nation, quels beaux génies verrait briller l'Espagne!

(Ils sortent)

SCÈNE IV.

Le palais du grand-maître.

MAZIAS, NUGNE.

NUGNE.

Quel nouvel accès de délire? vous retirer tout à coup de la salle du banquet ! Avez-vous perdu le sens?

MAZIAS.

Ce que je viens de voir et d'entendre me l'a fait perdre pour toujours.

NUGNE.

Je ne le vois que trop. Mais si votre sensibilité devait vous troubler à ce point, pourquoi avez-vous assisté à la fête?

MAZIAS.

Que veux-tu ? on est venu me dire que je devais accompagner le marié. J'en conviens, je suis obsédé par une erreur cruelle ; mais je me détromperai, et je n'en mourrai pas moins. Je me confiais dans les ombres de la nuit. Je croyais que son obscurité pourrait cacher les trop vives démonstrations de mes sentimens. J'entre avec l'époux, ma couleur était changée comme celle du condamné que l'on conduit au supplice; et mon cœur, déchiré de tant de douleurs, à peine battait dans mon sein. J'arrive, je recule, je tremble, la confusion que j'éprouve arrête mes pas, mon courage se réveille et me porte en avant. Je regarde, je vois, je m'égare, je gémis, et mes sens, entraînés par une puissance inconnue, demandaient en vain à ma pauvre raison de les diriger. Il me semblait que je ne voyais pas cela même qui frappait mes regards. Je n'entendais pas ce que je semblais écouter. J'entendais, je voyais ce qu'inventait mon imagination. Tu as été témoin de quelques incendies : avec plus de violence encore, je sentais mon cœur se consumer; et c'était inutilement que je demandais à la sagesse de tempérer son ardeur [27].

Ainsi qu'au crépuscule du matin, lorsque l'aube commence à répandre sa lumière incertaine et rougeâtre, une rose s'ouvre à la fraîcheur pour boire les larmes de l'aurore, ainsi était ma reine, cette cruelle divinité, si belle que l'Indien qui adore le soleil serait tombé à ses genoux, frappé de son éclat surhumain.

Si le cristal, si la pourpre n'avaient point existé, la nature eût trouvé sur sa belle bouche et la pourpre et le cristal. Ses yeux brillaient comme des astres d'amour; les roses étaient sur ses joues; tout en elle était le ciel; et dans mon sein étaient toutes les fureurs de la jalousie.

Elle se lève de son estrade en même temps que la comtesse; avec cette démarche assurée que donne le bonheur, l'époux vient vers elle accompagné du parrain. Tout est ému, et regarde avec une attention muette. Le parrain s'approche d'eux; il leur prend les mains.... Cieux tout-puissans! et je l'ai vu, et je vis encore!... Il demande à Tello, à Tello, ô désespoir! s'il la veut pour son épouse; il répond oui; je respire encore : un autre oui n'était pas prononcé ; j'étais suspendu sur le bord d'une roche escarpée, et je ne sais quelle folle espérance m'y soutenait encore. Mais la fatale réponse se fait entendre à son tour, et je suis précipité dans l'abîme [28]. Je ne sais comme j'ai pu y survivre. Le croirait-on ? elle me parut laide au moment où elle dit oui. Mais sans doute je me trompai ; elle devait être plus belle encore, car ce que nous allons perdre redouble pour nous d'attraits. Vois, Nugne, jusqu'où allait la folie d'une passion insensée. J'eus un moment le désir de former un empêchement solennel ; mais pendant que j'étais dans cette pensée, la bénédiction leur fut donnée.

Tello a conduit Claire dans la salle destinée à la fête, où, assis avec les autres dames, ils accusent la marche trop lente du temps dont je voudrais arrêter la course. Mais il est déjà deux heures. Je n'entends plus le bruit des danses ni des chants : oui, maintenant tout le monde s'apprête à sortir. Ah ! Dieu ! je meurs de voir s'approcher le moment affreux du bonheur de Tello. Si une main que Claire lui a donnée m'a mis dans de si cruelles angoisses, que sera-ce hélas ! lorsqu'il sera le maître de tous ses charmes ?..

NUGNE.

Sa félicité n'est pas si grande, consolez-vous : n'est-il pas mari ?

MAZIAS.

Et peut-il exister un bonheur égal ?

NUGNE.

Et ne sera-t-il pas obligé de rester auprès de sa femme dans sa maison ?

MAZIAS.

Que peut-il désirer de plus?

NUGNE.

Les femmes sont assurément très-dignes d'amour et de respect; mais cette chose, d'être là tous les jours, à toute heure, ne laisse pas de rendre le plaisir d'autant moins vif qu'il est plus facile.

MAZIAS.

Pourquoi un tel destin ne m'a-t-il pas été réservé!

NUGNE.

Ce n'est pas qu'il n'y ait telle femme, qui pour être plus nouvelle le soir, n'ait, dès le matin, l'attention délicate de s'envoler hors de chez elle pour toute la journée; mais après tout, au bout d'un an ou plus tôt, une femme est une table, un banc, un buffet; elle devient un meuble si elle ne donne point de soucis. La nouveauté est une belle chose!

MAZIAS.

Non pas pour celui qui a pu obtenir une femme aussi aimable que belle.

NUGNE.

Vous n'estimez pas la nouveauté? Je vis un jour, moi qui vous parle, une dame que j'avais connue édentée, et qui porte à présent un râtelier magnifique, et je lui dis : vous avez tort d'employer un ivoire étranger à remplacer les perles qui vous manquaient. Ma foi, me dit-elle, j'avais ces dents-là depuis si long-temps, que je les ai changées pour celles-ci par amour pour la nouveauté. Mais retirons-nous; je crois qu'ils viennent ici.

MAZIAS.

Tout le ciel aujourd'hui, Nugne, est conjuré contre moi.

(Ils se retirent; Tello entre tenant Claire par la main Le grand-maître, la comtesse, Fernand, Paëz, domestiques portant des flambeaux.)

TELLO, au grand-maître.

Je supplie votre seigneurie de ne point passer plus avant.

CLAIRE, à la comtesse.

Madame, c'est assez de faveurs; votre seigneurie ne doit point aller plus loin.

LA COMTESSE.

Soit. Puisse le ciel vous protéger et faire votre bonheur!

LE GRAND-MAITRE.

Claire, je n'ai pu te donner un mari plus brave et plus honnête.

CLAIRE.

Ni accorder à une de vos créatures une faveur plus signalée. Elle est digne de vous; agréez-en mes remercîmens.

FERNAND.

Paëz, vive Dieu! j'envie son sort.

PAEZ.

Charmante fille!

FERNAND.

C'est un ange.

(Ils sortent.)

(Mazias et Nugne reparaissent.)

NUGNE.

Ils se sont retirés; vous pouvez reparaître, et nous ferons bien de les imiter. Vous n'avez plus de Claire à attendre, sinon la claire journée qui va bientôt commencer. Vous vous taisez. Cela vaut mieux que de faire des lamentations comme tous ces amans qui retournent de mille manières leur vieille idée : n'accorde rien à ton époux. Allons-nous coucher; il est tard, et c'est demain que vous devez paraître dans un tournoi. Vous savez qu'indépendamment du rôle que vous y remplirez comme un brave, en votre qualité de poëte, d'inventeur de devises et de nouveaux costumes, toute la ville a les yeux sur vous, et qu'il faut que vous songiez à choisir des emblèmes galans et ingénieux.

MAZIAS

Ah ! inconstantes fortunes de la mer d'amour, où ma malheureuse nacelle fait naufrage, tourmentée par tous les vents!

NUGNE.

Allons, marchons, ne vous arrêtez point.

MAZIAS.

Comment ? Que je marche, maraud ! que je marche!

NUGNE.

Mais oui ; rien n'empêche de parler et de marcher à la fois. Un jour de la fête-Dieu, un comédien disait : je veux détruire le monde. La procession passait en ce moment, et l'alcade lui dit : Venez, Juan Sanchez, vous le détruirez tout en marchant. Faites de même, plaignez-vous en venant vous coucher.

MAZIAS.

Je me plaindrai, oui sans doute ; mais le poids de mes maux m'empêche de me mouvoir.

JOURNÉE II, SCÈNE IV.

NUGNE.

Vous voilà comme le chien de chasse qui a vu passer la perdrix ; où vous l'avez aperçue, vous êtes resté en arrêt. Écoutez ; on sonne laudes dans tous les couvens de la ville.

MAZIAS.

Dis-leur de sonner des glas ; la jalousie m'achèvera bientôt.... Que me voulez-vous, images fantastiques, qui, usurpant le pouvoir de la peinture, retracez à mon âme épouvantée des tableaux qui m'embrasent d'amour et me glacent d'horreur. Je le vois ; c'est Mars sous les traits de Tello qui parle tendrement d'amour. C'est Vénus, Vénus elle-même qui se repose sur une prairie émaillée de fleurs, après avoir embelli le cristal des eaux qui l'arrosent. Je vois sur les branches des saules, voleter des essaims d'amours qui répandent les roses et les fleurs de l'oranger sur ces deux tendres amans... Écoute, Nugne ; sais-tu ce que je crois convenable. Appelle, frappe à grands coups, dis à Tello de se lever, que le grand-maître le demande. Rends-moi ce service, je t'en supplie, mon bon ami Nugne.

NUGNE.

Les mauvais remèdes font au mal l'effet de l'eau sur le feu de la forge, il n'en brûle que plus vite, et cet homme n'est pas si sot qu'il puisse penser que le grand-maître l'appelle en ce moment.

MAZIAS.

Ah ! sois tranquille. Tello connaît le service, et sait parfaitement que lorsqu'un maître croit avoir affaire de ses domestiques, il n'a aucun égard pour ce qui peut leur convenir.

NUGNE.

Comment supposer un événement assez grave pour qu'il pût penser qu'on a besoin de lui. Ce n'est pas facile à cette heure. Prétendre que la comtesse a des vapeurs, cela ne servira à rien, parce que Tello ne s'en mêle pas, et que Claire dira fort tranquillement : brûlez-lui sous le nez des plumes de perdrix. Le grand-maître n'aurait-il pas quelque infirmité incommode ?

MAZIAS.

Tu me donnes de beaux moyens !

NUGNE.

Si vous les savez meilleurs hâtez-vous de me les dire, car l'aube lance déjà des rayons dorés sur la crête du mont qui protége les orangers de Cordoue.

MAZIAS.

Dis-lui qu'il est venu des Maures.

NUGNE.

Pour quoi faire ?

MAZIAS.

Comment, pourquoi ? — Pour se venger de leur défaite.

NUGNE.

Je croyais que vous vouliez parler de ceux qui, au point du jour, courent dans les rues pour vendre de l'eau-de-vie. Mais s'il veut savoir où sont ces guerriers....

MAZIAS.

A Ecija.

NUGNE.

Il répondra qu'ils ont encore huit grandes lieues à faire, et qu'en attendant sa seigneurie peut se reposer. Que ferons-nous donc ?

MAZIAS.

Frappe, frappe, il me suffit de me venger. Réveille Tello.

NUGNE.

Niaiseries sur niaiseries. Croyez-vous donc que Tello dorme ?

MAZIAS

Maudit sois-tu mille fois, Nugne ! tu m'as tué.

NUGNE.

Mettez un terme à cet égarement. Songez que vous êtes à sa porte, que l'aurore qui se lève rit de votre délire, et que les oiseaux le racontent dans leurs chants du matin.

MAZIAS.

Est-il possible que tu ne veuilles pas le faire lever!

NUGNE.

Mais pourquoi tenez-vous tant à le faire enrhumer inutilement. Voyez, seigneur, le jour vient.

MAZIAS.

Qu'il vienne, et qu'avec lui mille chagrins viennent remplir mon âme !

NUGNE.

On entend déjà du bruit dans le palais. Les portes s'ouvrent ; je vois des chiens, des faucons, des chasseurs, des chevaux. Vive Dieu ! c'est le grand-maître lui-même; nous ne pouvons fuir, restez, pour qu'on n'ait pas de soupçons.

(Le grand-maître en habit de chasse, Fernand et Paëz entrent.)

MAZIAS.

Il ne me manquait que ce malheur.

LE GRAND-MAITRE.

N'est-ce pas Mazias.

FERNAND.

C'est lui-même, si l'obscurité ne me trompe pas.

LE GRAND-MAITRE.

Pourquoi donc es-tu levé de si bonne heure?

MAZIAS.

Je suis venu pour vous accompagner : j'ai su que vous alliez à la chasse.

LE GRAND-MAITRE.

Elle me sera plus agréable si tu es de la partie. Tu prendras mon cheval auber, si tu n'as pas amené le tien. Donnez un cheval de suite à Nugne.

NUGNE, à part.

Toute la nuit sur pied, et le jour, sur un cheval de suite, chercher un cerf dans les broussailles, ou suivre de l'œil un héron dans les airs : je suis mort!

LE GRAND-MAITRE.

Allons, Mazias.

NUGNE.

Paëz, savez-vous si l'on emporte quelque chose pour déjeuner?

PAEZ.

Tu sors du lit, et tu veux déjà manger.

NUGNE.

Que Dieu ne donne à aucun de mes amis une nuit comme celle que j'ai passée ! Reviendra-t-on bientôt ?

PAEZ.

Sur le soir.

NUGNE.

Allons [29].

FIN DE LA DEUXIÈME JOURNÉE.

JOURNÉE TROISIÈME.

SCÈNE PREMIÈRE.

Le palais du roi.

LE ROI, MAZIAS avec la croix de Saint-Jacques, **PAEZ, FERNAND, NUGNE,** suite.

MAZIAS.

Sire, le grand-maître m'envoie pour vous baiser les pieds, pour vous rendre grâce de l'honneur dont je porte les insignes sur ma poitrine ; honneur dont je dois être d'autant plus reconnaissant qu'il fut moins mérité.

LE ROI.

Le grand-maître a usé de courtoisie afin que j'eusse le plaisir de vous voir. C'est à lui que vous devez cette faveur, lui seul est le maître de la distribuer ; vous ne m'avez d'autre obligation que celle de vous avoir recommandé, et d'avoir partagé la satisfaction que vous avez eue.

MAZIAS.

Puisse le ciel étendre votre puissance jusqu'aux pays que nul pied n'a encore foulés, et faire naître de vous celui qui reculera jusques à un autre monde les colonnes qu'Hercule posa dans vos états !

LE ROI.

Comment vont les Muses ?

MAZIAS.

La crainte de l'envie les force à se tenir dans la retraite, non pas cependant au point qu'elles oublient de célébrer vos louanges dans leurs chants harmonieux. A peine aujourd'hui celui qui veut acquérir de la réputation par ses vers, commence-t-il à entrer dans la carrière, qu'il prétend avec ses faibles talens détrôner ceux qui possèdent l'empire de la poésie. Vous en voyez tel autre, qui non-seulement veut écrire, mais enseigner, et qui ignore jusques aux principes. La prudence doit éviter ces écueils [30].

LE ROI.

Jamais le talent n'a été à l'abri des attaques de l'intrigue. J'étais occupé pendant le tournoi qu'a donné le grand-maître. Je ne l'ai pas vu. Mais on a loué devant moi les devises, les parures et les exploits d'un soldat qui brille partout où il se trouve. Contez-moi les détails de cette joute. Qui fut le mainteneur ?

MAZIAS.

Le nouvel époux lui-même. L'amour, mieux encore que l'art, enseigne à se servir des armes.

LE ROI.

Continuez.

MAZIAS, à part.

Ah ! cause charmante de tous mes maux ! (*Haut.*)

Tello parut galamment vêtu d'une étoffe blanche, brodée de lauriers. Les soins de son amour ont été en effet couronnés d'une douce victoire, ce qui n'était qu'espérance, est aujourd'hui possession. Sa bonne mine s'embellissait de son assurance. Il portait une lance à poignée dorée ; et balayant au loin le sol, de la queue de son manteau déployé, il paraissait comme une comète qui fend le vague des airs.

Je puis l'assurer à votre altesse, assis sur son puissant coursier, il semblait inébranlable comme une tour ; et cependant, unissant la légèreté à la force, son cheval frappait la terre avec autant de mesure que les baguettes du tambour frappent sa caisse sonore.

Ses parrains étaient deux géans enchaînés par un jeune amour qui leur servait de guide. *Mes désirs*; telle était sa devise. Elle montrait leur grandeur ; et, au moment où il possédait dans un bonheur sans alarmes les divins appas de Claire, il voulait indiquer ainsi qu'un aussi doux hyménée, au lieu de les calmer augmente encore les désirs.

Fortuné Paëz était vêtu de vert et argent ; diverses fleurs étaient brodées sur son manteau. Sa devise, tendre reproche à une ingrate, portait ces mots : « Elles ne passent point des espérances aux faveurs. » Un cheval bai-brun qu'il montait, égalait ceux du soleil ; et si tous les coursiers de ce pays sont les fils des Autans, celui-là l'était de la pensée.

Fernand Giron, que vous voyez devant vous, non qu'il voulût donner des conseils, mais désirant en prendre pour lui un, qu'il ne suivra pas peut-être, avait couvert de miroirs son habit or et incarnat. Il voulait montrer que nouveau Narcisse, ce ne serait plus que lui-même qui serait l'objet de ses soins. Les dames irritées et craintives, ne laissaient pas de se mirer sur les feuilles mobiles. Deux mots expliquaient son costume et rappelaient deux ans d'amour infructueux : *je suis désabusé* [31].

Bientôt après s'avance péniblement dans l'arène un mont vomissant des flammes. Il se partage, et l'on en voit sortir un cavalier qui lance au loin mille feux. Ces comètes brillantes disparaissent et laissent voir Diègue de Lara. Il demande sa lance, et, agité de soupçons, il porte pour sa lettre : *voilà où m'a placé la jalousie*.

Un énorme serpent paraît, tel que celui dont les replis enveloppent le pôle céleste. Déjà Apollon préparaît son arc, lorsque le coursier que montait Dionis Péralte, à la moitié de la carrière laisse tomber cette peau étrangère et reste si blanc et si beau, qu'il aurait fait envie aux cygnes du l'Eurotas [32].

Mais pourquoi vous fatiguerai-je si vous désirez savoir de quelle manière je parus? J'entrai sous la figure de Roland Furieux, couvert d'un habit noir semé de cœurs autour desquels s'entortillaient des aspics. A mon costume français on aurait pu reconnaître que, comme dans l'histoire d'Angélique, j'enviais quelque Médor, heureux possesseur de l'astre que j'adore.

Un cheval noir, que la nuit aurait pu à cause de sa couleur attacher à son char d'ébène, et que sa vitesse aurait rendu digne d'être attelé à celui du soleil, mesura le sable de la carrière pas à pas avec tant d'assurance et de fermeté que si ses pieds recueillaient quelques grains d'arène en se posant sur la terre, ils la rendaient en se relevant. Nugne, mon écuyer, me servait de parrain ; sous la figure d'Astolphe il portait mon bon sens dans une fiole de cristal, avec ces mots : *Je ne le veux plus* [33]. Tous ceux qui parurent à la joute gagnèrent. Moi seul, aventurier sans bonne aventure, je gagnai le prix de galant, erreur évidente puisque je n'ai pas obtenu celui d'époux.

LE ROI.

J'aurais désiré de vous voir, mais il me suffit de vous avoir entendu.

MAZIAS.

J'ai couru à outrance, mais j'étais si outré qu'il n'est pas étonnant que j'aie eu du malheur [34].

LE ROI.

Oubliez ces souvenirs ; et, pour adoucir votre douleur, réparez avec mille ducats de rente, ce que vous avez perdu. C'est ce que vaut le gouvernement d'Arjona [35].

MAZIAS.

Que la renommée célèbre votre nom jusques aux limites du jour !

(Le roi sort.)

PAEZ.

Vous voilà donc, mon ami, gouverneur d'Arjona.

FERNAND.

Le roi vous montre beaucoup d'amour.

(Il sort avec Paez.)

NUGNE.

Vous êtes toujours aussi inconsidéré ; permettez-moi de vous le dire. Maintenant Claire est mariée

et vous pourriez vous dispenser de parler ainsi.
Tello est un homme d'honneur, vous lui faites outrage. Le roi même a montré du mécontentement
lorsqu'il vous a dit avec humeur ; oubliez ces souvenirs. Profitez du moins d'un avis aussi sage.

MAZIAS.

Nugne, ôte-moi mon amour : car ce ne sera aucune crainte qui pourra me donner de la prudence.

SCÈNE II.

Le palais du grand-maître.

LE GRAND-MAITRE, TELLO.

LE GRAND-MAITRE.

Nous pouvons ici causer à notre aise.

TELLO.

Dieu sait, seigneur, avec combien de répugnance
je me suis décidé à vous parler ; mais puisqu'enfin
il faut que je vous entretienne de mes peines, j'ose
espérer que vous les partagerez. Certes j'ai de justes raisons pour vous dire que Claire étant aujour-
d'hui ma femme, homme qui vive ne doit la servir.
Avant qu'elle ne m'eût donné la main, Mazias pouvait y prétendre ; mais maintenant que veut-il ce
Mazias, qui dans sa folle obstination tient toujours
la même conduite ? Je sais bien que l'amour peut
excuser toutes les erreurs, mais c'est auprès d'un
amant, ce n'est point auprès d'un mari. Je suis sûr

que Claire est honnête; je connais sa vertu : mais une sollicitude continuelle, une volonté opiniâtre, un amour toujours constant qui montre dans les yeux l'agitation d'un cœur sensible; toutes ces choses sont parvenues quelquefois à ébranler la vertu des femmes les plus sages. Qui pourrait se promettre, à côté de tels dangers, de vivre honoré et tranquille? Dieu n'a point entouré de fossés et de murailles les yeux de nos épouses. Il n'a point mis de garde dans leur cœur pour que l'honneur offensé par un amour étranger, n'eût pas du moins à concevoir d'alarmes. La volonté d'une femme a-t-elle donc la force du diamant? n'est-elle pas plutôt comme un verre que malgré les soins les plus assidus, une légère atteinte peut briser? Pourrais-je être sans crainte tandis qu'un autre annonce ses intentions sur une âme que je ne puis voir ni garder de ses embûches? Que sais-je? peut-être viendra-t-il un jour où la beauté de Claire parviendra à l'égarer, ou l'obstination d'un fol amour à l'attendrir. Peut-être viendra-t-il un jour où, foulant aux pieds la vertu, elle commencera à ressentir quelque tendresse par pitié, et finira par témoigner une pitié qui m'ôtera l'honneur. D'ailleurs, seigneur, est-il bien que, se confiant sur l'appui du roi et le vôtre, cet homme veuille ternir ma réputation? Est-il bien qu'à Cordoue les enfans même chantent des chansons à la louange de Claire? et tout cela doit-il, au grand étonnement des hommes sages et reservés, continuer encore après mon mariage?

LE GRAND-MAITRE.

Non certainement, Tello, cela ne doit pas être,

et l'on ne doit pas non plus soupçonner Claire d'avoir donné lieu à ces folies.

TELLO.

Pourvu, seigneur, que vous ordonniez à Mazias d'abandonner cette inutile recherche, sans même le prévenir que j'en sois informé, je sais qu'il y renoncera. Mais s'il me donnait une occasion...

LE GRAND-MAITRE.

S'il te donnait une occasion, Tello, c'est moi, et moi seul qui saurais punir son égarement. Mais n'aie point de crainte.

TELLO.

Vous savez bien, seigneur, que l'honneur ne doit jamais être atteint, ni même exposé à des insultes. Il est scandaleux que ce poëtereau prenne tant de licence; que, rassuré par ma prudence, il trouble toute la cour, et qu'il s'avise d'adresser ses vœux à la femme d'un homme comme moi. Avant que...

LE GRAND-MAITRE.

N'achève pas. Tu as raison et je partage ta peine. En vain une femme est vertueuse; sa réputation peut être ternie sans sa faute. De celles dont on dit du mal, beaucoup malgré leur sagesse ont été traitées légèrement, parce qu'elles étaient l'objet d'hommages trop empressés : on juge par les apparences; et la folie des hommes, l'envie des femmes, ont souvent terni des noms qui devaient rester honorables. Je sais que la conduite de Claire est digne d'elle; mais enfin la langue du peuple est telle qu'elle dirait au besoin du mal d'un ange du ciel.

TELLO.

Parlez-lui, seigneur : vous mettrez fin à ses démarches et à mes peines.

LE GRAND-MAITRE.

Je te réponds du succès.

TELLO.

Je remets mon honneur en vos mains.

(Il sort.)

LE GRAND-MAITRE.

Je saurai le garder. Holà?

PAEZ.

Que demandez-vous, seigneur?

LE GRAND-MAITRE.

Mazias est-il là?

PAEZ.

Oui, il lit quelques vers.

LE GRAND MAITRE.

Il aura du temps pour cela. Dis-lui qu'il entre.

(Paëz sort.)

(Mazias entre.)

MAZIAS.

Je vous croyais occupé avec Tello, seigneur ; et je n'avais pas osé pour entrer vous annoncer la grande faveur que le roi vient de m'accorder.

LE GRAND-MAITRE.

Pourquoi retardais-tu un seul moment de me faire savoir tes progrès?

MAZIAS.

Son altesse, mue par son inépuisable bonté et non par mon faible mérite, m'a donné le gouvernement d'Arjona, avec mille ducats de rente.

LE GRAND-MAITRE.

Il ne pouvait les mieux employer.

MAZIAS.

S'il m'a favorisé, c'est à cause de vous; c'est à vous et non pas à moi qu'il a voulu faire honneur.

LE GRAND-MAITRE.

J'ai à m'entretenir avec toi.

MAZIAS.

Ordonnez à votre humble créature.

LE GRAND-MAITRE.

Je suis mécontent de toi, Mazias, et ce n'est pas sans de grands motifs. Lorsque tu vins me servir, tu jetas les yeux sur une des femmes de la comtesse, aussi belle qu'aimable, aussi noble que vertueuse : la comtesse lui avait choisi un parti convenable, celui des gentilshommes de ma maison le plus recommandable et pendant la paix et dans la guerre. Tu demandas sa main au roi, en récompense de tes services. Le roi le voulait, dès lors ce mariage eût été convenable, mais il était déjà impossible; les écritures étaient faites, les paroles et les mains données, et dissoudre une telle union aurait été une impiété et une violence coupable. Tello se maria; dès ce moment toute porte demeura fermée à tes espérances, et il est inconvenant que tu en conserves encore. Tu trouverais sur ton chemin l'honneur d'un homme dont les qualités sont telles que je le tiens pour aussi bon que moi. On m'a dit que tu ne cesses d'adresser des vers à Claire et de l'importuner.

Ces nouvelles m'ont causé beaucoup de peine, parce que Tello est un autre moi-même. Songe à ne point te hasarder à l'offenser. Tant qu'il est chez moi, c'est moi que son honneur regarde, et c'est moi qui dois le défendre. Ce n'est pas qu'il ne soit sûr de son épouse, mais ses parens se plaignent sans cesse, et avec raison, de tes poésies, de tes chansons auxquelles l'élégance de ton talent donne une telle grâce, que non-seulement elles sont ici chantées par tout le monde, mais qu'encore à Grenade les Mores les traduisent en leur langue. Mazias, pour un homme comme toi, il suffit d'entendre cela de ma bouche ; mais prends garde que Tello n'en soit instruit, il ne supporterait pas une offense.

(Il sort.)

MAZIAS.

Cruelle confusion de mon erreur amoureuse ! Ainsi désormais rien ne manque à mon malheur. Comment de simples pensées ont-elles offensé celle a qui été la cause des maux que j'endurerai à jamais ?

O loi cruelle, ô exigeance tyrannique ! ainsi l'on ne voudrait pas que je fusse sensible au mal que j'éprouve ! A quel titre l'honneur pourrait-il m'enlever cette douce illusion de la poésie, qui m'aide du moins à tromper mes espérances ?

M'ordonner que je n'aime pas ! c'est la plus grande violence que je puisse éprouver ; c'est vouloir qu'elle ne soit pas ce qu'elle est, et que moi-même je ne sois pas ce que je suis.

Hélas ! perdu d'amour comme je le suis, la résistance ne fera qu'augmenter ma passion. Il n'y a point de prompt oubli pour une affection éternelle.

JOURNÉE III, SCÈNE II.

(Nugne entre.)

NUGNE.

Vous pouvez bien me donner des étrennes pour la bonne nouvelle que je vous apporte. Écoutez bien. Le printemps va donner des cristaux au Guadalquivir ou des fleurs à ses rivages : aussi fraîche, aussi brillante, Claire....

MAZIAS.

Claire ! ô ciel !

NUGNE.

Claire en personne, seigneur, dans une voiture avec Léonor, ou, si vous voulez, dans une sphère de lumière, a sillonné la poussière du grand chemin ou a émaillé de mille fleurs variées les ornières de ses roues. Claire avait deux yeux qui auraient pu être deux étoiles de la nuit, et même deux soleils du jour. Elle m'a regardé, et j'ai été surpris qu'elle se servît d'aussi beaux yeux pour regarder un homme comme moi, mais sans doute elle n'en avait pas d'autres qui fussent plus à sa portée. Léonor m'a regardé aussi ; alors, j'ai senti je ne sais quelles flèches qui ont pénétré jusque dans mon tendre cœur. J'ai cru que ses regards étaient un signe ; je me suis approché soudain....

MAZIAS.

Tu as bien fait.

NUGNE.

Et si bien, qu'arrivé auprès d'elles, elles ont tiré le rideau de la portière avec tant de rudesse, que la soie ou les mains m'ont presque emporté le nez.

MAZIAS.

Si tu avançais ainsi la tête, ne devinais-tu pas,

Nugne, que cet ange serait choqué de voir qu'un être terrestre s'approchât de son trône divin?

NUGNE.

Trône ou non, mon nez fut choqué à son tour, et cette partie la plus insignifiante, la moins expressive du visage, n'en est pas moins la plus sensible, celle qu'offense davantage la douleur. Est-il encore droit?

MAZIAS.

Dis-moi, mon cher Nugne, quelle impression a ressentie cette heureuse tête, lorsqu'à l'étrier de la voiture, les lis adorables de ces mains divines s'en sont rapprochées.

NUGNE.

J'ai senti très-exactement ce que vous sentiriez vous-même si un lis de pierre vous enlevait le nez.

MAZIAS.

Ah! que n'ai-je été assez heureux pour recevoir de cette belle main, de ce cristal, de ces roses, une pareille faveur!

NUGNE.

Vous appelez cela une faveur! Or bien, je veux vous donner de l'envie. Je les ai suivies, et elles sont descendues au premier jardin; et comme Claire mettait pied à terre, je ne sais si c'était précipitation ou négligence, j'ai vu....

MAZIAS.

Nugne, veux-tu me vendre tes yeux?

NUGNE.

Je n'ai point envie de m'en défaire.

MAZIAS.

Dis-moi, dis-moi vite ce que tu as vu.

NUGNE.

J'ai vu une belle paire de bottes de veau ciré, que portait le cocher qui les aidait à descendre.

MAZIAS.

Rien que cela!

NUGNE.

Ah! vous attendiez peut-être des souliers de maroquin enfermant un pied mignon sous des broderies de cœurs et de flèches en or et en argent. Vous vous attendiez à savoir s'il y avait des festons ou des dentelles pour orner son dernier vêtement. Je n'en sais rien.

MAZIAS.

Je ne veux plus acheter tes yeux.

NUGNE.

Je vous ferai meilleur marché de mon nez; il est trop exposé aux coups de rideau.

MAZIAS.

Qu'un cocher ait ce bonheur de pouvoir tenir un ange entre ses bras!

NUGNE.

N'avez-vous pas vu des porteurs d'eau avec leurs habits de bure, prendre des dames à bras-le-corps pour les placer sur les selles de leurs haquenées?

MAZIAS.

C'est un bonheur que mérite leur innocence.

NUGNE.

Les cochers et les porteurs d'eau sont comme les sacristains des églises ; ils placent et déplacent les images, mais n'y font jamais leurs prières.

MAZIAS.

Ne pourrai-je pas voir Claire ?

NUGNE.

Avec de l'adresse et de la discrétion, si vous voulez la voir sans lui parler, sans doute ; sans cela, non.

MAZIAS.

Nugne, si je parviens à la voir, quel mal peut-il m'en advenir ? Et quand tous les maux fondraient à la fois sur moi, ne serait-ce pas pour elle ? et peut-il exister un bonheur plus grand que celui que me causerait une aussi douce peine ?

NUGNE.

Si nous allons les joindre, je mettrai par précaution un chaperon sur mon nez.

MAZIAS.

Claire peut-elle offenser ?

NUGNE.

Elle frappe fort.

SCÈNE III.

Un jardin hors des murs de Cordoue.

CLAIRE, LÉONOR.

CLAIRE.

Je ne puis, ma Léonor, en deviner la cause.

LÉONOR.

Comment! sitôt il montre de la tristesse?

CLAIRE.

Je n'ai jamais imaginé que son nouvel état fût la cause des soucis qu'il a. Il est toujours aussi empressé près de moi. Le sommeil le retrouve chaque nuit, le jour le réveille chaque matin avec les mêmes amours.

LÉONOR.

Quelle peut donc être la cause de ce chagrin?

CLAIRE.

Je l'ignore; mais il a des soucis cachés.

LÉONOR.

Des soucis!

CLAIRE.

Des soupirs brûlans s'échappent quelquefois de sa poitrine, et, comme des flèches, viennent déchirer mon âme. C'est au point que je soupçonne qu'une jalousie insensée est la cause de sa mélancolie et de ses peines.

LÉONOR.

Comment, madame, la jalousie pourrait-elle inquiéter quelqu'un qui connaît votre vie honnête, votre retraite continuelle? Il suffirait de votre vertu si connue pour dissiper toutes les craintes.

CLAIRE.

La jalousie est une illusion de l'imagination. Comme dans une nuit obscure, le voyageur va errant jusqu'à l'arrivée du jour ; ainsi l'époux jaloux s'abandonne aux erreurs de son imagination jusqu'à ce que la vérité parvienne à les dissiper ; mais, en attendant, celui qui aime a beaucoup à souffrir.

LÉONOR.

Je soupçonne que ce n'est aucune crainte (car la plus légère serait un outrage pour votre vertu), qui l'agite dans ce moment. Le service d'un grand n'offre que trop d'occasions de chagrins.

(Mazias et Nugne entrent.)

NUGNE.

Les voilà.

MAZIAS.

Je les ai vues. Mais comment m'approcher?

NUGNE.

Retournons-nous-en.

MAZIAS.

Je ne le puis. Quelle tentative insensée! pourquoi résisté-je à mes désirs, en même temps que je leur cède? La prudence me fait craindre, la folie me dit d'avancer. La folie! c'est la crainte qui serait folie. Celui qui perd l'occasion semble mépriser la fortune.

Belle Claire, cause chérie de mes chagrins et de mes

vers, tournez vos regards sereins sur la confusion
de votre humble esclave. Je ne veux d'autre récompense d'un amour peut-être insensé, que d'apprendre de votre bouche que votre cœur a pris pitié de la peine qui me dévore. Alors je mourrai satisfait, ma mort sera bien employée. Tout ce que je voudrais de vous c'est que vous dissiez seulement : Mazias, je suis fâchée de vous voir en cet état. Voyez comme il vous est facile, Claire, de calmer mes tourmens. Vous savez que mes désirs n'ont jamais osé prétendre à rien qui pût blesser votre vertu, et que la prière que je vous fais à présent est tout ce que s'est permis mon audace.

CLAIRE.

Lorsque vous me parlâtes, Mazias, de la peine que vous éprouviez de m'avoir perdue, vous m'intéressâtes assez pour me forcer à vous dire que j'étais reconnaissante de vos sentimens. Cela doit suffire à un cœur aussi généreux que le vôtre : rentrez en vous-même ; rappelez-vous à votre courage, si vous m'aimez : mais vous ne m'aimez point, je dois le penser, puisque vous n'aimez pas mon honneur. Celui qui se fait un jeu de causer des peines à sa dame, celui qui cherche à ternir sa renommée, celui-là n'a point d'amour, il ne veut chercher que les intérêts de sa vanité ou de son plaisir. Vous n'êtes pas tel, Mazias, et vous sentirez qu'il n'est pas convenable que je sois assujettie aux caprices de votre plume. N'écrivez plus pour moi ; mon époux s'en irrite, et vous auriez tort de vouloir augmenter votre renommée poétique aux dépens de ma réputation Vos vers et vos couplets, qu'on chante partout, m'ont fait verser des larmes bien amères. Je vous en supplie, que votre muse oublie les amours; chanter la guerre et ses héros, ne sont-ce pas des sujets plus dignes de vous? Ne vaut-il pas mieux célébrer l'étendard de la croix mettant en fuite les bannières africaines, que les rigueurs d'une faible femme?

Écoutez-moi. Vos chants m'occasionent plus de peine qu'ils ne donnent de satisfaction à mon orgueil. Songez, Mazias, que les femmes mariées perdent, dans les éloges qu'on fait de leur beauté, la renommée de leur vertu. Ce qu'il faut pour leur bonheur, ce n'est pas qu'on sache qu'elles ont été jolies, mais qu'on sache qu'elles sont honnêtes. Vous croyez peut-être que ma vanité est flattée de la grande réputation que vous avez acquise. Vous êtes dans l'erreur, je vous l'assure. Adieu, écrivez que vous êtes détrompé, mais ne parlez pas même de mes dédains.

MAZIAS.

Madame, madame, écoutez.

TELLO, se montrant à demi.

Qu'est ceci? que vois-je?

CLAIRE.

A quoi sert une Persévérance qui vous amènera la mort?

(Elle sort.)

MAZIAS.

Je n'ai jamais voulu vous offenser. Léonor, Léonor!

JOURNÉE III, SCÈNE III.

LÉONOR.

Il n'y a pas de Léonor.

(Elle sort.)

NUGNE.

Vous avez fait une folie, seigneur.

MAZIAS.

Comment veux-tu qu'il ait de la raison, celui qui est amoureux et détesté?

NUGNE.

Entre ces arbres, il m'a semblé voir Tello qui avait l'air de se cacher.

MAZIAS.

Il sera peut-être avec le grand-maître qui vient souvent se promener ici. M'aura-t-il vu?

NUGNE.

Je crois que oui. Venez, venez par-ici.

MAZIAS.

Il vaut mieux que nous allions voir partir le carrosse.

NUGNE.

Y pensez-vous?

MAZIAS.

N'attends plus de moi, tant que durera ma malheureuse vie, que des extravagances d'amour.

(Ils sortent.)

TELLO, se montrant tout à coup.

La patience est une infamie lorsqu'elle laisse en doute l'honneur.

(Il met l'épée à la main, et rencontre le grand-maître.)

LE GRAND-MAITRE.

Où vas-tu avec l'épée nue ?

TELLO.

Je voulais couper une branche d'arbre.

LE GRAND-MAITRE.

Pourquoi me tromper ? Je viens de voir Mazias.

TELLO.

Je me suis plaint à vous de son obstination : j'ai remis mon honneur entre vos mains; mais c'est votre favori, et vous avez oublié mon honneur. Si vous lui aviez parlé, il n'aurait peut-être pas tenté de m'outrager de nouveau. Voyant son audace, voyant qu'il osait parler à Claire, j'ai voulu le tuer; c'est vrai.

LE GRAND-MAITRE.

Tello, j'ai dit à Mazias ce que je devais lui dire, et je croyais que cela suffisait. J'imaginais qu'il avait de la raison; mais puisqu'il n'en est point ainsi, puisque les assurances de mon mécontentement n'ont pas pu éteindre sa folle passion, viens avec moi.

TELLO.

Je pensais que vous ne lui aviez point parlé. Pardonnez, seigneur, mon impatience.

LE GRAND-MAITRE.

Cette conduite m'irrite.

TELLO.

C'est de vos bontés seules que j'attends un remède à mon mal.

LE GRAND-MAITRE.

L'offense qu'il t'a faite est peu de chose auprès de celle dont il s'est rendu coupable envers moi. Celui qui n'obéit pas à son maître ne mérite aucune amitié.

(Ils sortent.)

SCÈNE IV.

Une salle du palais du grand-maître.

MAZIAS, NUGNE.

MAZIAS.

Le grand-maître est-il venu?

NUGNE.

Je ne sais; la comtesse l'attend [36].

MAZIAS.

Et moi, je me désespère de ce que ma constance et mon amour soient aussi mal récompensés.

NUGNE.

Que celui qui pourrait vivre et qui se laisse mourir, ne se plaigne pas de son sort.

MAZIAS.

Lors même que je voudrais en perdre la mémoire, comment pourrais-je supporter la douleur de l'oublier?

NUGNE.

En songeant que tout ceci ne peut pas durer longtemps.

MAZIAS.

La quitter? je ne pourrais vivre loin d'elle, sans devenir tout-à-fait insensé.

NUGNE.

Les dents se plaignirent un jour à Jupiter, représentant à sa seigneurie comme elles avaient constamment travaillé pour l'homme, combien d'années, depuis la première, elles avaient chaque jour mâché ses alimens; et que néanmoins, pour une douleur d'un jour, on les arrachait outrageusement. Don Jupiter gronda l'homme, qui lui répondit: pourquoi me font-elles souffrir? À quoi il répliqua: Homme, souffre puisque la douleur est ton lot; un jour tu seras satisfait d'avoir une dent de plus dans la bouche. Eh bien! seigneur, que votre tendresse souffre ce petit chagrin; vous serez quelque jour bien aise de vous trouver en liberté.

(Paëz et le commandant de la tour entrent.)

PAEZ.

Mazias?

MAZIAS.

Qui me demande?

PAEZ.

C'est moi.

MAZIAS.

Que veux-tu, Paëz?

PAEZ.

Je t'apprends avec peine que j'ai l'ordre de t'arrêter.

MAZIAS.

Qui a donné cet ordre?

JOURNÉE III, SCÈNE IV.

PAEZ.

Le grand-maître.

MAZIAS.

Le grand-maître est mon chef, mon juge et mon maître. Ce qu'il fait est bien. T'a-t-il dit ses motifs?

PAEZ.

Non.

MAZIAS.

Allons.

PAEZ.

Voilà le commandant de la tour du palais qui vient pour t'y conduire.

LE COMMANDANT.

Vous pouvez croire, Mazias, que vous n'êtes pas plus que moi peiné de cet événement.

MAZIAS.

Ne vous affligez pas, don Pèdre; c'est un tour de roue de la fortune, elle est sujette à des caprices.

NUGNE.

On vous met en prison! Quelle....

MAZIAS.

Tais-toi, Nugne; celui qui désobéit à son maître mérite un pareil châtiment.

(Ils sortent)

SCÈNE V.

Même décoration.

TELLO, CLAIRE.

TELLO.

Je suis certain de ta vertu, je connais ton honnêteté, mais de telles imprudences m'obligent à veiller à mon honneur. Ne conçois pas de crainte pour cela, ma chère Claire. Le respect que j'ai eu pour le grand-maître a retenu mon bras; car sans cette considération, je n'aurais pas cherché tant de réserve et de discrétion dans ma vengeance. Un mari pourrait-il savoir qu'on courtise sa femme et oublier ce qu'il se doit? Celui qui souffre patiemment un tel outrage n'est pas un homme, n'est pas même un animal, car nous voyons des animaux exercer dans ces cas-là des vengeances terribles comme l'insulte. Entre tous les peuples, l'Espagnol brille par le courage; il fonde son honneur tout entier sur l'opinion des autres, et dans les satisfactions qu'il exige pour sa gloire, lors même qu'il l'a confiée à des femmes, on voit bien que la nation espagnole est de toutes celle qui a le plus d'honneur.

CLAIRE.

Ce n'est pas une faute que j'ai commise; c'est un malheur pour moi, mon cher Tello, que cet insensé ait ajouté tant de hardiesse à son importune persévérance; non pas pourtant que dans son obstination, il ait jamais osé plus qu'exprimer ses sentimens et ses regrets, sans concevoir d'espérance.

TELLO.

Que veut-il donc, s'il n'espère rien ? Pourquoi souffrir, gémir, s'il n'a aucun but ?

CLAIRE.

Ce qui l'engage à poursuivre, c'est sa vanité encouragée par le succès de ses chansons amoureuses.

TELLO.

Et faut-il que ce soit aux dépens de mon honneur qu'il exerce la liberté de sa plume ? Quel délire dans un homme éclairé ! S'il ne veut qu'écrire, pourquoi prend-il ma femme pour le sujet de ses chants ? en manque-t-il donc dans le monde ?

CLAIRE.

Pourvu que tu sois aussi sûr de moi que je le mérite, je me consolerai bien aisément des risques que peut courir ma réputation.

TELLO.

Nos maîtres viennent. Que la comtesse ne devine rien de ce que nous avons dit !

CLAIRE.

Je suis fâchée qu'elle aussi soit instruite de tout ce qui s'est passé ; mais elle aussi connaît ma vertu.

(La comtesse avec le grand-maître, Paëz, Fernand.)

LA COMTESSE.

Je sais bien que votre valeur oblige le roi à vous

confier cette entreprise. A quelle époque croyez-vous que soit fixé votre départ?

LE GRAND-MAITRE.

On ne peut rien tenter d'important avant que les troupes ne soient arrivées de Castille.

LA COMTESSE.

Celle que vous conduirez sera brillante; mais vous nous laisserez Tello. Il est nouveau marié.

TELLO.

Cela ne m'empêchera pas de remplir mes devoirs de soldat, hors que vous ne me donniez des ordres contraires.

LA COMTESSE.

Au lieu de Tello, vous pouvez emmener Mazias.

LE GRAND-MAITRE, à demi-voix.

Je l'ai fait arrêter, parce que, depuis quelques jours, une épée tenue par l'honneur offensé est suspendue sur sa tête.

TELLO, à Claire.

Vive Dieu! Il ne l'a point mis en prison pour le punir; il le défend de ma vengeance, parce qu'il le préfère à moi.

CLAIRE, à Tello.

Je t'en supplie, n'aie pas de telles pensées.

TELLO, à Claire.

Claire, je sais à quoi m'en tenir.

LA COMTESSE.

Comment! vous avez mis Mazias en prison?

JOURNÉE III, SCÈNE V.

LE GRAND-MAITRE, à demi-voix.

Par ce moyen sa vie est mieux défendue, et il oubliera plus vite ses folies.

FERNAND.

Seigneur, les musiciens que vous avez demandés sont arrivés d'Archidona.

(Les musiciens entrent.)

UN DES MUSICIENS.

Le gouverneur d'Archidona nous envoie pour vous servir.

LE GRAND-MAITRE.

Je suis sensible à votre bonne volonté, et au plaisir que m'a fait le gouverneur. Avez-vous beaucoup de nouveautés ?

LE MUSICIEN.

Nous avons, seigneur, quelques romances nouvelles et des couplets.

LE GRAND-MAITRE.

Voyons : chantez quelque chose tout de suite. Vous n'avez pas besoin de vous accompagner.

LES MUSICIENS chantent.

Pars, ô ma douce pensée,
Libre quand je suis aux fers ;
Vole t'offrir, empressée,
A la muse de mes vers.
Dis-lui qu'un amour fidèle
Brûle toujours dans mon cœur ;
Dis-lui que, captif pour elle,
Mes chaînes font mon bonheur.

Dis-lui que le sort contraire
En vain la cache à mes yeux.

Mnémosyne tutélaire
La rend à mes tendres feux.
Dis-lui que mon âme ardente,
Au fond des cachots obscurs,
Voit son image brillante
Percer l'épaisseur des murs [37].

LE GRAND-MAITRE les interrompant.

C'en est assez. Nous en entendrons davantage une autre fois. Venez, madame, nous avons à parler en particulier des apprêts de cette expédition.

(Ils sortent. Claire suit la comtesse, Tello retient Paëz.)

TELLO.

Paëz, Paëz ?

PAEZ.

Tu m'appelles, Tello ?

TELLO.

Es-tu mon ami ?

PAEZ.

Je le suis.

TELLO.

Je te demande si tu es un ami véritable, ou si tu es de ceux qui n'en ont que le masque.

PAEZ.

Je professe l'amitié pour toi, et le respect pour la vérité.

TELLO.

Eh bien ! qu'as-tu pensé, en voyant avec quelle audace Mazias, même étant prisonnier, fait des romances contre mon honneur ? Il aura fait venir d'Archidona à Cordoue des musiciens exprès pour les chanter à Claire [38].

PAEZ.

Tout ce que je puis comprendre, c'est que le grand-maître l'aime beaucoup.

TELLO.

Et moi, qui m'en aperçois aussi, et qui vois quel est le prix dont on paie mes services, que dois-je attendre encore ?

PAEZ.

Je te conseille de ne pas te plaindre, puisque tu ne peux le tuer.

TELLO.

Comment, je ne le puis pas ? Je veux lui tirer un javelot [39] par la grille de sa croisée. Malheur à lui si je l'atteins !

PAEZ.

Tu n'en feras rien, Tello. Tu es prudent; si tu te hasardais à telle chose, je suis sûr que le grand-maître te ferait payer de ta tête cet exploit.

TELLO.

Je suis noble, et je défends mon honneur.

(Il sort.)

(Nugne entre.)

NUGNE.

Tello était avec vous, et je n'ai pas voulu entrer.

PAEZ.

Vous pouvez croire que je suis profondément affligé de la détention de Mazias.

NUGNE.

Il mérite les sentimens que vous avez pour lui. C'est bien le plus honnête gentilhomme ! Il a toujours ressenti pour Claire un attachement si pur, qu'on voit en lui la réalité de ce que Platon avait rêvé, d'un amour parfait. Mazias aime pour aimer. Voici un papier de lui que je dois porter au roi.

PAEZ.

Il voudrait la liberté.

NUGNE.

Il la demande en trente vers, et...

(Bruit dans l'intérieur. Tello entre sur le théâtre l'épée nue, poursuivi par le commandant de la tour et des soldats.)

LE COMMANDANT.

Arrêtez-le ; et si vous ne pouvez le prendre, tuez-le, soldats.

TELLO.

A présent que j'ai vengé mon honneur, je ne redoute pas la mort.

(Il se retire.)

PAEZ.

Qu'est-il arrivé, commandant ?

LE COMMANDANT.

Tello a tué Mazias en lui tirant un javelot par la croisée.

(Il sort à la suite de Tello.)

(Mazias entre appuyé sur des soldats : il a un fragment de javelot dans le corps.)

MAZIAS.

Arrêtez un moment, je meurs. Je ne puis aller plus loin.

NUGNE.

Ah ! mon cher maître, que vois-je ?

MAZIAS.

Cette crainte de ma mort que tu montrais sans cesse, la voilà enfin réalisée. J'aimai, je chantai, je pleurai, j'écrivis; et pour moi écrire, gémir, chanter, être sensible, tout ce que j'ai éprouvé, tout ce que j'ai pensé, tout ce que j'ai fait n'a été autre chose que Persévérer jusqu'à la mort.

Ah! Claire, toi qui me coûtes cette vie que je t'avais déjà donnée; toi à qui j'avais consacré toutes les facultés de mon âme, je t'ai chérie d'une affection pure, tu peux toi-même l'assurer. Et de cette passion si tendre, de ces peines si douloureuses, j'en reçois le juste prix, puisque j'ai voulu, sans espérance, Persévérer jusqu'à la mort.

Dites au grand-maître, mon seigneur, que je pardonne volontiers à Tello. Je lui avais donné des sujets de se plaindre, et il a cru devoir défendre son honneur. Mon Dieu! pardonnez mes erreurs! Je croyais qu'un chaste amour ne vous offensait pas.

(Le grand-maître accourt avec la comtesse, Clara, le commandant, etc.)

LE GRAND-MAITRE.

Il n'est pas mort, je l'espère?

LE COMMANDANT.

Voyez, monseigneur! détrompez-vous.

MAZIAS.

Il est vrai, seigneur, j'expire. J'ai voulu, pour mon malheur, Persévérer jusqu'à la mort.

(Il meurt.)

LA COMTESSE.

Affreux événement!

LE GRAND-MAITRE.

On ne saurait assez le déplorer. Vous n'avez pu arrêter Tello?

LE COMMANDANT.

Non, seigneur, des amis ont protégé sa retraite.

CLAIRE.

Qui peut supporter la vue d'un tel malheur?

LÉONOR.

Mes larmes vous répondent.

CLAIRE.

Hélas! et c'est moi qui en suis la cause!

LE GRAND-MAITRE.

Sois certain, Mazias, que tu seras vengé. Vive Dieu! si je le puis, la tête de ton assassin posée à tes pieds sera le commencement des honneurs funèbres que je veux te rendre. Et pour conserver la mémoire d'un amour aussi pur, aussi sincère, je ferai placer ton corps dans un sépulcre honorable, et des lettres d'or attachées sur le marbre, y feront lire au chrétien pieux : « Ci-gît le modèle de l'amour. »

NUGNE.

Et c'est ainsi, sage assemblée, que finit PERSÉVÉRER JUSQU'A LA MORT [40].

FIN DE LA TROISIÈME ET DERNIÈRE JOURNÉE.

NOTES
SUR PERSÉVÉRER
JUSQU'A LA MORT.

---

(1) Venta est une auberge isolée sur un grand chemin ; celles des villes se nomment *meson*, *posada*, ou *funda*.

(2) Nugne fait allusion dans ce passage à une vieille romance.

(3) Quand on mange devant quelqu'un, en Espagne, on l'invite à prendre sa part du repas, nonobstant la différence des conditions.

(4) *Cebada* vient de *cebar*, nourrir, et veut proprement dire *nourriture*. On a appliqué ce nom à l'orge, nourriture la plus ordinaire des chevaux dans la péninsule. Le mot gascon, *cibado*, qui dérive de l'espagnol, signifie en France l'avoine, par la même raison.

(5) L'insigne ou croix de l'ordre Saint-Jacques est une épée de couleur rouge, qu'on porte brodée sur le côté gauche de l'habit.

(6) (*Litt.*) « Pour que vous partagiez votre faveur entre les deux. » entre le zèle et les recommandations.

(7) (*Litt.*) « A Albe qui se dore avec deux soleils. » Jeu de mots sur *Alba*, nom d'une ville, et *alba*, aube du jour.

(8) Petite ville sur le Tormes, un peu au-dessus d'Albe. Piedra hita, et le Miron sont aussi partie du Val-de-Corneja.

(9) L'espagnol rend la même idée par l'image contraire. « Enfiler l'une après l'autre tant de folies. »

(¹⁰) Le jeu de mots en castillan est un peu différent. Il prend *clara* dans le sens dérivé du latin, d'illustre, de distingué.

(¹¹) Nugne confond les pommes des Hespérides et la toison d'or.

(¹²) A la pensée exprimée par Lope, j'ai ajouté l'idée de deux vers de Mazias que nous a conservés Garci-Sanchez de Badajoz.

> *Loado seas, amor,*
> *Por quantas penas padezco!*

Une glose était une suite de dixains dont chacun était terminé par un des vers du couplet *glosé*.

(¹³) Dans le *Desgraciado Mazias*, le premier acte est assez semblable à celui-ci. Mazias vient de Salamanque, déjà amoureux, et pour suivre Marguerite. En arrivant près de Jaën, il défend Garci-Tellez contre des gardes-chasses qui l'attaquaient. Ils sont rencontrés par la marquise de Villena (la sœur du grand-maître) qui chassait avec son frère. Mazias est admis dans la maison; il fait une déclaration à Marguerite, celle-ci laisse tomber une rose, Mazias la ramasse et a une explication avec Garci-Tellez; ils sont au moment de se battre lorsque le grand-maître les met tous les deux aux arrêts. Marguerite, dans toutes les scènes, montre un amour passionné pour le poëte, tout en obéissant à son père et au grand-maître. (Voyez notes 29 et 40.)

(¹⁴) Porte de Grenade du côté où était l'ancienne *Illiberis*.

(¹⁵) Les esclaves étaient marqués, ou estampillés à la figure avec un fer rouge; on peignait en noir les cicatrices. L'usage s'en est perdu en Europe.

(¹⁶) Cette déclaration sert à donner un caractère d'imprudence à la demande que Mazias fait au roi, au commencement de l'acte suivant.

(¹⁷) (*Litt.*) « Mon valet de chambre, » ou « mon chambellan, » parce que Tello était un *gentilhomme* attaché à la *chambre* du grand-maître; mais on ne pouvait employer ici ni l'une ni l'autre de ces expressions synonymes : j'ai mieux aimé la changer un peu.

(18) Cette circonstance, celle d'avoir eu pour patron le duc d'Albe, celle d'avoir été forcé à quitter son pays, conviennent à Lope, et nullement à Mazias qui était Galicien. C'est ce qui m'a fait penser qu'en peignant le poëte amoureux, notre poëte, qui avait été fort amoureux, avait fait quelquefois usage de ses propres sentimens. Il fait encore une faute généalogique un peu plus loin, en appelant Marie d'Albornoz, Jeanne de Lara.

(19) *El cierzo* : *circius* en latin, *cers* en gascon, vent du nord-ouest.

(20) Le tutoiement est presque général dans la pièce espagnole d'inférieur à supérieur. Je ne l'ai conservé que dans les discours de Mazias au roi. Au reste, la nuance de politesse qui permet envers Dieu et envers les princes les formes de discours réservées à la familiarité et au commandement, existe en Espagne comme en France.

(21) Les fiançailles étaient alors, plus qu'à présent, un contrat religieux, et dissoluble seulement pour cause très-grave. Les mots époux, épouse et épousailles en français, et ceux qui leur correspondent en espagnol et en italien, viennent des mots latins *sponsus*, *sponsa*, *sponsalia*, fiancé, fiancée, fiançailles.

(22) Les ordres de chevalerie étaient d'abord des ordres religieux ; donner l'habit, c'était donner les insignes de l'ordre. Le mot *abito* a conservé exclusivement ce sens en Espagne. Lorsque Gongora dit :

Abitos mil con virgenes espadas.

Il veut dire, non pas : « Mille habits avec des épées vierges, » mais, « mille décorations militaires à gens qui n'ont jamais tiré l'épée » On ne donnait ces *habits*, c'est-à-dire, on ne recevait de chevaliers, qu'après une information de noblesse. Le grand-maître dit au roi que, sur son attestation, il en dispensera Mazias. On verra plus bas que le poëte n'aura point voulu profiter de cette nouvelle faveur.

(23) Les femmes s'asseyaient sur une estrade, dans le fond de l'appartement. Cet usage est aboli.

(24) J'ai séparé les scènes parce qu'il doit se passer quelques jours entre elles.

(25) (*Litt.*) « Pour ton remède. » C'est l'expression universellement employée par Lope de Vega, Calderon et leurs contemporains, pour indiquer le mariage d'une demoiselle, elle est encore usitée dans ce sens. Il me semble que l'on ait dans ce pays regardé le célibat des filles comme une infirmité.

(26) Je crois que le sens de ce couplet est : « Vous recevez des félicitations de votre mariage, et moi de ma nomination : mais les honneurs que je reçois sont des honneurs funèbres ; ainsi on nous félicite à la fois de votre hyménée et de ma mort. »

(27) (*Litt.*) « Que je demandais à mes yeux des larmes pour éteindre ce feu. »

(28) Les métaphores que j'ai prises d'un précipice, Lope de Vega les a prises du supplice de la potence. « Le *détrompement*, mon bourreau, me jeta de l'échelle en bas. » En Espagne, de telles comparaisons ne choquent pas.

(29) D'après le système espagnol, la seconde journée devait finir au mariage de la maîtresse de Mazias. C'est ce qu'ont fait, comme Lope, les trois anonymes qui ont traité ce sujet après lui ; mais leur seconde journée est tout autrement remplie. Paëz vient demander à Mazias des vers pour une belle ; Mazias lui donne un sonnet ; Paëz le perd avant de l'avoir copié ; il tombe entre les mains de Léonor, à qui il était destiné, et qui le montre à Marguerite pour savoir si c'est l'écriture du poëte. Celui-ci arrive : Marguerite est jalouse de Léonor à qui elle croit les vers adressés ; Paëz croit que Mazias aime cette dernière, Mazias à son tour pense que Paëz est un second rival... Mais ce n'est pas assez : on doit jouer le soir un prologue où le héros de la pièce a pris un rôle de femme ; à l'aide de ce déguisement, il pénètre dans un appartement obscur où il croit rencontrer,

SUR PERSÉVÉRER JUSQU'A LA MORT, 381

et où se trouve en effet sa Marguerite. D'autres circonstances y amènent Nugne Mélendez, père de celle-ci, Garci-Tellez, son amant, Léonor et Paëz. Scène d'obscurité et de quiproquos qui finit par l'arrivée du grand-maître, qui envoie Mazias à Tolède avec des dépêches, afin de marier Marguerite pendant son absence.

(30) C'est Lope et non pas Mazias qui semble parler dans ce couplet.

(31) J'ai un peu étendu le sens que j'ai cru trouver à cette octave.

(32) Cette énumération étant un peu longue, j'ai cru pouvoir, sans inconvénient, renvoyer aux notes l'octave suivante, qui d'ailleurs avait besoin de commentaire.

« Couvert de plumes et sous la forme d'une autruche, Récarède entra dans la lice avec un morceau de fer à la bouche; sa bannière portait: « je veux voir si je puis le digérer. » Sans doute il se repentait de quelque erreur (*yerro* erreur, *hierro* fer.) Le cheval couvert aussi de plumes ne craignit pas les erreurs (les fers) de ses pieds; car en les levant il semblait vouloir les porter à sa bouche. »

(33) Mazias était de cent cinquante ans environ antérieur à l'Arioste, mais on peut supposer que celui-ci avait pris son récit dans les traditions antiques qui lui en ont fourni plusieurs circonstances.

(34) *Corri tan corrido*; j'ai tâché de rendre ce mauvais jeu de mots.

(35) *Alcaydia*; gouvernement d'un fort, d'un château, charge de concierge d'une prison et même d'un magasin. Les bureaux de l'octroi (*real aduana*) de Madrid ont un alcayde. C'est sans doute ce nom d'*Arjonilla*, où mourut Mazias, qui a donné à Lope l'idée d'inventer cette circonstance, d'ailleurs assez inutile.

(36) *La condesa está esperando*, ce qui fait un jeu de mots avec *desesperando* qui se trouve au vers suivant.

(37) J'ai délayé en seize vers les deux pensées que Lope a su enfermer en deux quatrains. J'en demande humblement pardon, car ce n'était pas le cas d'être prodigue.

(38) Il est clair que c'est égaré par la jalousie, que Tello suppose que les musiciens ont été envoyés exprès par Mazias; mais on doit supposer un intervalle entre la quatrième et la cinquième scène, pour que le double voyage de Cordoue à Archidona soit possible. C'est pour ce motif que je les ai séparées, quoique la décoration ne change pas.

(39) L'histoire dit une lance, parce que Tello était à cheval, et armé de toutes pièces, quand il tua Mazias. Lope le faisant reparaître à pied, j'ai dû changer la dimension de l'arme.

(40) La troisième journée *del Desgraciado Mazias* comprend les mêmes événemens. Il trouve, à son retour, Marguerite mariée; il va lui parler dans sa chambre; il y est surpris par Garci-Tellez qui est arrêté à temps par l'arrivée du grand-maître. Celui-ci, après avoir réprimandé Mazias, lui ordonne d'épouser Léonor : le jeune poëte refuse. Cette scène est la meilleure de la pièce. L'écuyer rebelle est mis en prison. Tellez y pénètre et s'y cache. Paëz vient délivrer Mazias pour se battre avec lui, soit par jalousie, s'il veut épouser Léonor, soit pour protéger celle-ci, s'il la refuse; le grand-maître y arrive aussi déguisé. Au moment où, par un malentendu, ils ont tous les trois l'épée à la main, Garci-Tellez dénoue la pièce un peu brusquement par un coup de pistolet qui tue Mazias. Le grand-maître fait grâce au meurtrier.

Cette pièce n'est pas plus comparable par le style que par le plan à celle de Lope. Cependant la scène que je viens de citer et quelques autres morceaux ne sont pas sans mérite. Mazias dit pour se justifier de son amour :

« Est-il donc si étonnant que je cède à ma passion, si de quelques peines qu'elle afflige mon cœur, la musique et la poésie savent les adoucir. Pour celui qui connaît l'art délicieux de se plaindre avec harmonie, l'agrément de la plainte peut rendre plus doux le malheur. »

Les anonymes paraissent avoir évité avec soin de se rencontrer avec Lope de Vega. Du reste, les antithèses, les jeux de mots, les *concetti*, ne manquent pas. On met dans la bouche de Mazias, parlant au grand-maître, cette pensée :

« Faites-moi tuer, seigneur; car, pour ne pas mourir, ma vie n'a d'autre remède que la mort. »

Les Espagnols ont beaucoup aimé cette antithèse : entre autres auteurs, sainte Thérèse a fait une romance pieuse, fort longue et fort spirituelle, dont le refrain est : « Je meurs de ne pas mourir. » Et bien avant elle, le commandeur Escribá avait dit :

> Quand tu viendras, trop tard au gré de mon désir,
>   O mort! sans te faire sentir
>   Détache les nœuds de mon âme;
>   Car je craindrais que le plaisir
>   De voir tous mes malheurs finir,
> De mes jours détestés ne rallumât la flamme.

FIN DU PREMIER VOLUME.

www.ingramcontent.com/pod-product-compliance
Lightning Source LLC
Chambersburg PA
CBHW050559230426
43670CB00009B/1184